国家出版基金项目
NATIONAL PUBLICATION FOUNDATION

单中惠 总主编
杜威教育研究大系

杜威教育书信选

徐来群 编译

山东教育出版社
·济南·

图书在版编目（CIP）数据

杜威教育书信选 / 徐来群编译 . — 济南：山东教育出版社，
2024.6

（杜威教育研究大系 / 单中惠总主编）

ISBN 978-7-5701-2706-1

Ⅰ.①杜…　Ⅱ.①徐…　Ⅲ.①杜威（Dewey，John 1859—1952）
- 教育思想 - 文集　Ⅳ.①G40-097.12

中国国家版本馆CIP数据核字（2023）第 197767 号

丛书策划：蒋　伟　孙文飞
责任编辑：董　丁　代长义
责任校对：刘　园
装帧设计：王玉婷

DUWEI JIAOYU SHUXIN XUAN
杜威教育书信选
徐来群　编译

主　　管：山东出版传媒股份有限公司

出版发行：山东教育出版社

地　　址：济南市市中区二环南路 2066 号 4 区 1 号　　邮　编：250003

电　　话：（0531）82092660　　网　址：www.sjs.com.cn

印　　刷：山东临沂新华印刷物流集团有限责任公司

版　　次：2024 年 6 月第 1 版　　印　次：2024 年 6 月第 1 次印刷

规　　格：710 毫米 × 1000 毫米　1/16　　印　张：21.75

字　　数：300 千　　定　价：97.00 元

如印装质量有问题，请与出版社发行部联系调换。（电话：0531-82092686）

总　序

单中惠

美国哲学家和教育家约翰·杜威（John Dewey，1859—1952）走过了93年的人生道路。在整个学术生涯中，杜威从哲学转向教育，既注重教育理论，又注重教育实验，始终不渝地进行现代教育的探索，创立了一种产生世界性影响的教育思想体系，成为现代享有盛誉的西方教育思想大师。凡是了解杜威学术人生或读过杜威著作的人，都会惊叹其知识的渊博、思维的敏锐、观点的新颖、批判的睿智、志向的坚毅、撰著的不辍。综观杜威的学术人生，其学术生涯之漫长、学术基础之厚实、学术成果之丰硕、学术思想之创新、学术影响之广泛，确实是其他任何西方教育家都无法相比的。

杜威的著述中蕴藏着现代教育智慧，他的教育思想具有恒久价值。这种恒久价值主要体现在五个方面：阐释了学校变革与社会变革的关系；强调了教育目标应该是学生发展，倡导了课程教材的心理化趋向，探究了行动和思维与教学的关系，阐明了教育过程是师生合作的过程。特别值得指出的是，杜威的那些睿智的教育话语充分凸显了创新性。例如，关于社会和学校，杜威提出，"社会改革是一种有教育意义的改革"，"社会重构和教育重构是相互关联的"，"学校是一个社会共同体"，"教会儿童如何生活"，等等。关于儿童和发展，杜威提出，"身体和心灵两方面的发展相辅而行"，"身体健康乃各种事业的根本"，"心智不是一个储藏室"，"解放了的好奇心就是系统的发现"，"教育的首要浪费是浪费生命"，等等。关于课程和教材，杜威提出，"课程教材心理化"，"在课堂上拥有新生命"，"批量生产造就了埋没个人才能和技艺的批量教育"，"教师个人必须尽其所能地去挖掘和利用教材"，等等。关于思维和学习，杜威提出，"教育的原理就是学行合一"，"做中学并不意味着用工艺训练课或手工课取代教科书的学习"，"学习就是要学会思维"，"讲课是刺激和指导反思性思维的时间和场所"，等等。关于创造与批判，杜威提出，"创造与批判是一对伙伴"，"发展就等于积极地创造"，"批判和自我批判是通往创造性释放之路"，等等。关于道德教育和职业教育，杜威提出，"道德教育的重要就因为它无往不在"，"道德为教育的最高最后的目的"，"品格发展是学校一切工作的最终目的"，"职业教育的首要价值是教育性的"，"普通教育与职业教育同时并行"，等等。关于教师职业和教师精神，杜威提出，"教师职业是全人类最高贵的职业"，"教师是学校教育改革的直接执行者"，"教师必须是充满睿智的心灵医师"，"教师是艺术家"，"确保那些热爱儿童的教师拥有个性和创造性"，"教育科学的最终实现是在教育者的头脑里"，等等。

杜威的教育名著及其学术思想，受到众多哲学家、教育学家等的推崇。例如，美国哲学家和教育家胡克（Sidney Hook）特别强调了杜威的《民主主义与教育》一书的经典价值："在任何领域中，在原来作为教科书出版的著作中，《民主主义与教育》是唯一的不仅达到了经典著作的地位，而且成为今天所有关心教育的学者不可不读的一本书。"①英国教育史学家拉斯克（Robert R. Rusk）和斯科特兰（James Scotland）在他们合著的《伟大教育家的学说》（1979）一书中则指出："在过去的一百年里，提供指导最多的人就是约翰·杜威。……在教育上，我们不得不感谢杜威，因为他在对传

①［美］约翰·杜威.杜威全集·中期著作第9卷［M］.俞吾金，孔慧，译.上海：华东师范大学出版社，2012：导言.

统的、'静止的、无趣的、贮藏的知识理想'的挑战中做出了自己最大的贡献,使教育更多地与当前的生活现实一致起来。……在20世纪70年代后期,在杜威去世后的四分之一世纪时,有一些迹象表明教育潮流再一次趋向杜威的方向。"①

尽管杜威也去过日本(1919)、土耳其(1924)、墨西哥(1926)、苏联(1928)进行访问或讲演,但他印象最深刻的是在中国的访问和讲演。从1919年4月30日至1921年8月2日,杜威在中国各地访问讲学总计两年零三个月又三天。其间,他的不少哲学和教育著作也在中国翻译出版,对现代中国教育的发展以及现代中国教育家陶行知、陈鹤琴、黄炎培等产生了不可忽视的影响。因此,西方教育学者中对现代中国最为熟悉,对现代中国教育影响领域最广、程度最深和时间最长的,当属杜威。

杜威在华期间,蔡元培在他的60岁生日晚餐会演说中曾这样说,杜威"博士不绝的创造,对于社会上必更有多大的贡献"②。我国近现代学者胡适在《杜威先生与中国》(1921)一文中也写道:"自从中国与西洋文化接触以来,没有一个外国学者在中国思想界的影响有杜威先生这样大。"③ 因此,杜威女儿简·杜威(Jane Dewey)在她的《约翰·杜威传》(1939)一书中这样提及杜威和中国的交往:"不管杜威对中国的影响如何,杜威在中国的访问对他自己也具有深刻的和持久的影响。杜威不仅对同他密切交往的那些学者,而且对中国人民表示了深切的同情和由衷的敬佩。中国仍是杜威所深切关心的国

① [英]罗伯特·R.拉斯克,詹姆斯·斯科特兰.伟大教育家的学说 [M].朱镜人,单中惠,译.济南:山东教育出版社,2013:266-289.

② 蔡元培.在杜威博士之60生日晚餐会上之演说 [M]//沈益洪.杜威谈中国.杭州:浙江文艺出版社,2001:330.

③《晨报》,1921年7月11日。

家，仅次于他自己的国家。"①

教育历史表明，如果我们要研究美国教育的发展，要研究世界教育的发展，要研究中国教育的发展，那我们就必须研究杜威教育思想。正如美国学者罗思（R. J. Roth）在他的《约翰·杜威与自我实现》（1961）一书的"序言"中所指出的："未来的思想必定会超过杜威……可是很难想象，它在前进中怎么能够不通过杜威。"这段话是那么睿智深刻，又是那么富有哲理。

在中华人民共和国成立后，杜威教育研究在相当长的一个时期里成为学术禁区。1980年，我国著名教育史学家、华东师范大学教育系赵祥麟教授在《华东师范大学学报（哲社版）》当年第2期上发表了《重新评价杜威实用主义教育思想》一文，首先提出对杜威教育思想进行重新评价，在我国教育界特别在教育史学界产生了很大的影响。应该说，这是我国改革开放后对杜威教育思想重新评价的"第一枪"，引领了对杜威教育思想的再研究。赵祥麟教授这篇文章中最为经典的一段话——"只要旧学校里空洞的形式主义存在下去，杜威的教育理论将依旧保持生命力，并继续起作用"，它不仅被我国很多教育学者在杜威教育研究中所引用，而且被刊印在人民教育出版社2008年出版的5卷本《杜威教育文集》的扉页上。

自改革开放以来，在实事求是精神的引领下，我国教育学界对杜威教育思想进行了重新评价，并使杜威教育思想研究得到了深化。其具体表现在：杜威教育研究的成果更加多样，多家出版社组织翻译出版杜威教育著作，研究生开始关注杜威教育研究，中小学教师对阅读杜威教育著作颇有兴趣，等等。

特别有意义的是，华东师范大学出版社出版了由刘放桐教授主编、复旦大学杜威与美国哲学研究中心组译的中文版《杜威全集》38卷，其中包括《杜威全集·早期著作（1882—1898）》5卷、《杜威全集·中期著作（1899—

---

① Jane M. Dewey. Biography of John Dewey [M] // Paul Arthur Schilpp. The Philosophy of John Dewey. Evanston and Chicago: North-western University Press, 1939: 42.

1924）》15卷、《杜威全集·晚期著作（1925—1953）》17卷以及《杜威全集·补遗卷》。刘放桐教授在《杜威全集》"中文版序"（2010）中强调指出，杜威"被认为是美国思想史上最具影响的学者，甚至被认为是美国的精神象征；在整个西方世界，他也被公认是20世纪少数几个最伟大的思想家之一"。应该说，《杜威全集》中文版提供了珍贵的一手资料，不仅有助于杜威哲学思想的研究，而且也有助于杜威教育思想的研究。

2016年是杜威的最重要的标志性著作《民主主义与教育》出版100周年。作为对这位西方教育先辈的一个纪念，美国杜威协会（John Dewey Society）于2016年4月、欧洲教育研究学会（European Education Research Association）于同年9月28日至10月1日分别在美国华盛顿和英国剑桥大学召开了《民主主义与教育》一书出版100周年纪念会。2019年是杜威诞辰160周年，也是他来华访问讲演100周年。美国芝加哥大学、哥伦比亚大学师范学院等高等学府的学者，分别举行了纪念杜威访华100周年的学术研讨会。

与此同时，在我国，不仅众多教育学者发表了与杜威教育相关的文章，而且一些教育学术期刊也开设了相关的纪念专栏或专题，还有一些全国或地方教育学术团体举行了各种形式的纪念性学术研讨活动。中华教育改进社、北京师范大学教育历史与文化研究院等还共同发起了纪念杜威来华100周年系列活动。其中，2019年4月28日举行了"杜威与中国教育高端学术会议"，人民网、新华网、光明网、中国社会科学网等分别对此进行了报道。事实表明，如果没有改革开放，我国教育学界就不会有对杜威教育思想的重新评价，也就不会有杜威教育研究的深化。

杜威是20世纪美国乃至世界上最有影响的教育家之一，他给教育带来了一场深刻的革命。杜威教育研究是西方尤其是美国教育研究中的一个重要领域，也是一个既有恒久价值又有现实意义的重要课题。对于当今我国学校的教育教学和课程改革，杜威教育思想也具有重要的现实意义。"杜威教育研究大系"的出版，既可以展示我国改革开放以来杜威教育研究的成果，又可以推动杜威教育研究在我国的进一步深化，还有助于教育学者和学校教师更深入更理性地认识与理解杜威教育思想。这是"杜威教育研究大系"出版的目的之所在。

"杜威教育研究大系"由我国杜威教育研究知名学者、华东师范大学教育学系单中惠教授任总主编，由合肥师范学院教师教育研究中心朱镜人教授、沈阳师范大学教育学院关松林教授和河南大学教育学部杨捷教授任副总主编。"杜威教育研究大系"共11分册，具体包括：

《杜威与实用主义教育思想》（单中惠/著）

《杜威教育经典文选》（朱镜人/编译）

《杜威在华教育讲演集》（王凤玉、单中惠/编）

《杜威教育书信选》（徐来群/编译）

《杜威教育名著导读》（单中惠/著）

《杜威心理学思想研究》（杨捷/主编）

《杜威教育信条》（单中惠/选编）

《杜威教育在日本和中国》（关松林/主编）

《杜威教育在俄罗斯》（王森/著）

《杜威评传》（单中惠/编译）

《学校的公共性与民主主义——走向杜威的审美经验论》（［日］上野正道/著，赵卫国/主译）

在确定"杜威教育研究大系"的总体框架时，我们主要考虑了四个原则：一是综合性。不仅体现杜威在理论与实践结合的基础上对教育各个方面进行的综合性论述，而且阐述他把哲学、心理学和教育学结合起来，以及对世界各国教育产生的广泛影响。二是创新性。凸显杜威教育著述中的创新精神和教育智慧，以及杜威教育研究的新视角、新发现、新观点和新方法。三是多样性。既有西方学者的研究，也有我国学者的研究；既有总体的研究，又有专题的研究，还有比较的研究；既有理论研究，又有著作研究，还有资料研究。四是基础性。对于杜威教育研究这个主题来讲，整个研究无疑具有重要的学术价值，但有些研究在某种意义上还是基础性研究，冀望在研究视野及研究深度和广度上推进我国杜威教育研究。当然，这四个方面也是"杜威教育研究大系"力图呈现的四个特点。

杜威教育研究是一项具有重要意义的工作，又是一项十分艰辛的工作。就拿一手资料《杜威全集》（*Collected Works of John Dewey*）来说，南伊利诺伊大学卡邦代尔分校杜威研究中心前主任博伊兹顿（Jo Ann Boydston）主编英文版《杜威全集》，从1969年出版早期著作第1卷到2012年出版补遗卷，这项38卷本的汇编工作前后共花费了43年时间；由复旦大学刘放桐教授主持翻译的中文版《杜威全集》启动于2004年，从2010年翻译出版早期著作起，至2017年最后翻译出版补遗卷，也历时13年。因此，就杜威教育研究而言，如果再算上难以计数的二手资料和三手资料以及大量的相关资料，那要在相关研究中取得丰硕的创新成果并非一件易事，这需要我国教育学者坚持不懈地潜心研究。在这个意义上，"杜威教育研究大系"的出版虽然是我国改革开放以来杜威教育研究的一个具有标志性的系列成果，但也只能说是初步的研究成果。

对当今我国教育改革和发展来说，杜威教育思想仍然具有重要的现实价值。那是因为，尽管杜威与我们生活在不同时代，但杜威所探讨的那些问题在现实的教育中并没有消失，后人完全可以在杜威教育思想探讨的基础上对那些教育问题进行更深入的思考和分析，并从杜威教育思想中汲取智慧。在杜威教育研究不断深化和提升的过程中，首先要有更理性的研究意识，其次要有更广阔的研究视野，还要有更科学的研究方法。当然，展望杜威教育研究的未来，我国教育学者应该努力把新视角、新发现、新观点、新方法作为关注的重点。

"杜威教育研究大系"是山东教育出版社承担的"十三五"国家重点图书出版规划项目，也是2022年度国家出版基金资助项目。"杜威教育研究大系"的出版，得到了山东教育出版社领导的高度重视和大力支持，在此谨致以最诚挚的敬意。"杜威教育研究大系"项目从启动到完成历时5年多，在此应该感谢整个团队各位同人的愉悦合作。

在西方教育史上，约翰·杜威无疑是一位具有新颖的教育理念和产生巨大影响力的伟大教育家，但他自己还是最喜爱"教师"这一称呼，并为自己做了一辈子教师而感到无比的自豪。在此，谨以"杜威教育研究大系"献给为教师职业奉献一生的约翰·杜威教授。

2023 年 8 月

目　录

第三部分　芝加哥大学时期（1894.08—1904.05）

第四部分　哥伦比亚大学时期（1904.05—1930.04）

第五部分　国外访问时期（1919.03—1928.11）

第六部分　退休后时期（1931.06—1951.12）

编译者前言

一

约翰·杜威（John Dewey，1859—1952）是具有广泛影响的世界著名哲学家、教育家。他的一生致力于哲学、心理学和教育学的结合，不仅潜心于教育理论研究，而且探索教育理论和教育实践的结合。为了更好地阐述自己的教育思想，杜威不仅出版了《学校与社会》《儿童与课程》《我们如何思维》《教育中的道德原理》《教育中的兴趣与努力》《明日之学校》《民主主义与教育》《经验与教育》等教育名著，而且做过大量精彩的教育讲演。还值得注意的是，杜威在他的一生中还写过大量的书信，通过书信，他阐述了自己的学术活动和教育思想。根据《杜威书信集》（*The Correspondence of John Dewey*）的"前言"，从1871年至1952年，杜威的全部往来书信以及涉及杜威的其他人的书信超过21 000封。

《杜威书信集》收集和整理了杜威书信，于2005年由南伊利诺伊大学出版社出版。对杜威哲学和教育研究来说，这是具有重要学术价值的、很有意义的一件事。南伊利诺伊大学卡邦代尔分校杜威研究中心（The Center for Dewey Studies, Southern Illinois University at Carbondale）主任拉里·希克曼（Larry A.

Hickman）担任《杜威书信集》的总编辑，芭芭拉·莱文（Barbara Levine）、安妮·夏普（Anne Sharpe）、哈丽雅特·F. 西蒙（Harriet F. Simon）等编辑倾力对杜威的书信进行了收集和整理。整个《杜威书信集》分为 3 卷：第 1 卷（1871—1918），第 2 卷（1919—1939），第 3 卷（1940—1952）。

书信（英文 Letter），亦可称为"鸿雁"。《新编现代汉语词典》把"书信"释义为："按照习惯的格式把要说的话写下来给指定的对象看的东西。"因此，相比人类社会的公开发表或出版的文字，作为一种文字表达手段，书信无疑具有交流性、私密性、真实性、情感性的特质。虽然书信有一定的限制，确实不能像著作甚至不能像论文那样放开来写，但是在书信的有限文字中，写信者却可以画龙点睛地或言简意赅地阐释他的睿智思想和精辟观点。如果是学者的书信，那也会体现出他的学者人格和学术精神。

特别是，在杜威生活的年代，书信是人们之间主要的交流工具，也是人们工作和生活中最常用的沟通手段。正因为如此，杜威书信也是杜威教育研究必不可少的一手资料，将有助于杜威教育研究的全面和深化，尽最大可能地展现这位美国教育家乃至世界教育家的全部教育思想。因此，编译一本《杜威教育书信选》很有必要。

杜威教育书信中，主要包含三类书信：

第一类是写给个人的书信。其中，有杜威写给他老师的书信，如 H. A. P. 托里（H. A. P. Torrey）、威廉·托里·哈里斯（William Torrey Harris）、G. 斯坦利·霍尔（G. Stanley Hall）等；有杜威写给他同事的书信，如詹姆斯·麦基恩·卡特尔（James McKeen Cattell）、詹姆斯·H. 塔夫茨（James H.Tufts）、威尔伯·S. 杰克曼（Wilbur S. Jackman）等；有杜威写给他校长的书信，如密歇根大学校长詹姆斯·B. 安吉尔（James B. Angell）、芝加哥大学校长威廉·雷尼·哈珀（William Rainey Harper）、哥伦比亚大学校长尼古拉斯·默里·巴特勒（Nicolas Murray Butler）等；有杜威写给他朋友的书信，如艾伯特·C. 巴恩斯（Albert C. Barnes）、安妮塔·麦考密克·布莱恩（Anita McCormick

Blaine）等；有杜威写给他学生的书信，如悉尼·麦考密克·胡克（Sidney Hook）、威廉·H. 克伯屈（William H. KilPatrick）、弗兰克·A. 曼尼（Frank A. Manny）等；有杜威写给他的中国学生的书信，如胡适、陶行知、樊星南等。

第二类是写给机构和团体的书信。其中，有杜威写给出版公司的书信，如纽约麦克米伦出版公司等；有杜威写给报刊杂志编辑的书信，如《民族》（*Nation*）、《纽约时报》（*The New York Times*）、《学校与家庭教育》（*School and Home Education*）等报刊杂志的编辑；有杜威写给教育组织的书信，如美国大学教授协会（American Association of University Professors）、美国教师联合会（American Federation of Teachers）、美国教育联谊会（American Fellowship of Education）、全国幼儿园协会（National Kindergarten Association）等。

第三类是写给家人的书信。其中，有杜威写给他夫人艾丽丝·奇普曼（Alice Chipman）的书信；有杜威写给他的孩子弗雷德里克（Frederick）、伊夫琳（Evelyn）、简（Jane）、露西（Lucy）、萨比诺（Sabino）的书信。

上述三类杜威教育书信所涉及的主题、内容和范围相当庞杂。在主题方面，涉及求学、教学事业、家庭子女教育、著作出版、人际交往、公共服务、社会民主等；在内容方面，涉及哲学、心理学、教育学、伦理学等学科；在范围方面，涉及中国、美国、日本、苏联、墨西哥、土耳其等国家的教育。

书信是一种非公开出版的资料，收集、整理和辨认的困难之大实在是难以想象的。因此，杜威书信在我国仅有少量翻译出版，例如《寄自中国和日本的家书》（*Letters from China and Japan*，亦译为《杜威家书》）。这显然也是编译《杜威教育书信选》一书的重要原因。

二

《杜威教育书信选》以《杜威书信集》为基础，精挑细选了其中 300 余封颇具代表性的杜威教育书信，以此展开一幅杜威教育学术人生的炫丽画卷。

在《杜威教育书信选》一书的编译中，为突出教育主题，我们对其中一小部分主题庞杂和篇幅较长的书信进行了节选，并用"……"表示句子省略，用"…………"表示段落省略。本书秉持按照杜威学术活动的不同时期进行编排的基本原则。由此，把所选杜威教育书信分为以下六个部分。

第一部分：中学任教与研究生求学时期（1881年5月—1884年1月）。

这一时期的杜威教育书信收录了9封，主要涉及他与《思辨哲学杂志》编辑威廉·托里·哈里斯讨论学术论文发表事宜，与约翰斯·霍普金斯大学校长丹尼尔·C.吉尔曼（Daniel C. Gilman）沟通奖学金事宜，与佛蒙特大学H. A. P. 托里（H. A. P. Torrey）教授、密歇根大学乔治·西尔维斯特·莫里斯（George Sylvester Morris）教授等讨论学业并征求意见，等等。这些教育书信很好地从另一个侧面反映了这一时期杜威的学习生活。在与这些美国当时的知名学术领军人物的接触学习和探讨学术人生中，杜威不仅确定了哲学博士论文的主题，而且确立了研究哲学的志向。

第二部分：密歇根大学时期（1884年7月—1894年6月）。

这一时期的杜威教育书信收录了22封，主要涉及青年杜威在密歇根大学任教时的课程教学、学术研究、论文出版，以及家庭等方面。在这一时期，密歇根大学哲学系为了更有效地开展工作，聘请了詹姆斯·H. 塔夫茨等教授。杜威还建议詹姆斯·R. 安吉尔（James R. Angell）校长按照哈佛等知名大学的做法，建设大学研究生院。在经历了多次学术挫折之后，杜威于1894年2月开始给时任芝加哥大学校长哈珀写信，表明了想去同在美国中西部的芝加哥大学建立哲学系的想法，并最终成行。应该说，在密歇根大学期间，杜威完成了从青年学生到青年学者的华丽转身，并对教育产生了浓厚兴趣。也正是在这一时期，杜威与他所教过的学生艾丽丝·奇普曼产生了爱情，并结为终身伴侣。

第三部分：芝加哥大学时期（1894 年 8 月—1904 年 5 月）。

芝加哥大学是杜威教育生涯中最具重要意义的一个时期，深刻影响了他的教育理论和教育实践。这一时期的杜威教育书信收录了 151 封，主要涉及芝加哥大学哲学、心理学和教育学系的相关事宜，以及后来成立的教育学院的发展战略、办学理念、人力资源、财务管理、课程教学、学生奖学金等事宜，还有芝加哥大学初等学校（或称实验学校）的整体运行等方面。此外，还涉及芝加哥大学初等学校创立的《学校评论》《初等学校教师》《初等学校纪事》等刊物，以及杜威所出版的《学校与社会》等著作。另外，就哲学系、心理学系和教育学系以及初等学校的工作，杜威与芝加哥大学校长威廉·雷尼·哈珀、教育学院院长威尔伯·S. 杰克曼有很多书信往来，这些教育书信在某种意义上可以看作他的工作汇报或讨论。当然，从这些教育书信中，可以明显看出他们在初等学校的发展方向、经费预算、课程教学、人事任命，以及在教育学院的课程设置、人事招聘、财务预算等事务上存在较大分歧。杜威的一些主张和建议得不到支持，很多教育教学工作无法按照自己的设想运行。最后，杜威于 1904 年 4 月 11 日向哈珀校长递交辞职信，5 月 2 日芝加哥大学董事会批准杜威辞职。获批辞职同日，哥伦比亚大学校长尼古拉斯·默里·巴特勒来信正式任命杜威为该校哲学系教授。至此，杜威结束了在芝加哥大学的任教和在芝加哥大学初等学校的教育实践。

第四部分：哥伦比亚大学时期（1904 年 5 月—1930 年 4 月）。

杜威任哥伦比亚大学哲学系和师范学院教授之后，没有日常行政管理事务缠身，因而可以把大部分精力倾注到教育理论、课程教学、人才引介、学生奖学金等学术活动方面。杜威还亲自发起成立了美国大学教授协会并任第一届主席，维护了大学教师的学术自治和学术自由，有力促进了美国高等教育现代化的发展。这一时期的杜威教育书信收录了 82 封，主要涉及杜威的教育哲学课程讲授，教育理论著作的写作和出版，教授聘任推荐信和学生奖学金相关事宜，校际学术交流活动的开展，学术界公共服务，家庭子女教育，等等。因为杜威的《民主主义与教育》《我们如何思维》《明日之学校》等重要教育著作相继出版，所以这一时期成为杜威一生中教育著作最高产的一个时期。此外，在写给社会各界朋友的书信中，杜威重新解释了自己离开芝加哥大学并不是因为杜威夫人无法连任初等学校校长，而是因为自己得不到哈珀校长和杰克曼院长的支持。

第五部分：国外访问时期（1919 年 3 月—1928 年 11 月）。

在哥伦比亚大学任职时期的学术休假中，杜威先后到日本、中国、土耳其、墨西哥和苏联进行访问讲演，传播自己的哲学和教育思想。这一时期的杜威教育书信收录了 33 封，主要涉及杜威在不同国家的见闻、对不同国家的印象，以及对不同国家教育的看法，并提出了自己的教育改革主张，还有对这几个国家社会、政治、教育的比较。这一时期的教育书信，更多是一种家书，特别是在日本和中国给孩子们写的家书。在中国写的家书中，杜威还提到，需要扩大哥伦比亚大学在中国留学生中的影响，还特别提及清华学校的课程改革，提出要为东亚学生开设单独的招生课程和英语课程。在所访问的国家中，杜威最喜欢的就是中国，印象最深的也是中国。他曾接受蒋梦麟发出的在 1946 年访问中国的邀请，为重建中国大学教育提供建议咨询，但最终因身体原因未能成行。

第六部分：退休后时期（1931 年 6 月—1951 年 12 月）。

1930 年 7 月 1 日，杜威正式从哥伦比亚大学退休，被校方授予"驻校荣誉退休教授"，又继续负责研究生教学工作，直到 1938 年。杜威退休后的教育书信从 1931 年 6 月至 1951 年 12 月，共收录了 70 封，主要涉及杜威个人著作的撰写、出版、海外译介以及讲座，还涉及杜威积极维护大学学术自由和学术自治、促进社会民主公平正义等方面的工作。后期因身体原因，杜威逐渐减少参与学术活动和社会活动。这一时期是杜威人生的最后一段时期，他的教育书信所显示的观点也更为成熟。例如，人类为了生存就不得不学习，因此在很大程度上人是学习的动物；哲学从最广泛意义上理解是教育，而不是把教育限制在学校里；教师和学生的精神、课堂氛围、操场、社区都是培养具有创造性智慧和负责任社会成员的关键因素；学校教育实际上就是培养学生充分认识问题并能够提出问题的能力；文化教育与职业教育是互相联系的重叠关系；建立一个新的美国文化，就是在一种不断生长的美国生活中建立一种与美国过去或者欧洲没有联系的新文化；等等。

三

虽然杜威的女儿简·杜威（Jane Dewey）早在 1939 年就出版了《约翰·杜威传》（*Biography of John Dewey*），杜威的学生马克斯·伊斯特曼（Max Eastman）、悉尼·胡克、威廉·H. 克伯屈等也都撰写过回忆杜威学术生涯的文章，但是对杜威来说，除了 1930 年的自传性提纲《从绝对主义到实验主义》（*From Absolutism to Experimentalism*）外，他并没有像其他西方著名哲学家或教育家那样写过本人的自传，这实在有点遗憾。然而令人欣慰的是，杜威所写过的众多书信给我们留下了十分珍贵的一手资料，可以从"自传"的角度对其审视，有助于对杜威的学术活动、教育实践、教育思想以及心灵进行更广泛的研究。当代美国杜威研究知名学者乔治·戴克威曾（George Dykhuizen）教授在他 1973 年出版的在学术界具有广泛影响力的《约翰·杜威的生平与精神》（*The Life and Mind of John Dewey*）一书中，就采用了杜威的很多书信。

基于书信的特质，《杜威教育书信选》一书不仅弥补了现有的杜威自传性资料的不足，而且为杜威教育研究提供了更为全面真实的一手资料。通过《杜威教育书信选》，读者可以从中汲取很多新的资料和新的观点。

在《杜威教育书信选》的编译过程中，我们发现 1920 年由杜威女儿伊夫琳·杜威编辑出版的杜威《寄自中国和日本的家书》一书在内容上与《杜威书信集》中杜威寄自中国和日本的书信有所不同，应该是伊夫琳·杜威在编辑该书时做了一定的删节。在这个意义上，可以说《寄自中国和日本的家书》

中的杜威书信并不完整。而且,《寄自中国和日本的家书》并没有包括杜威从1920 年 1 月至 1921 年 7 月间寄自中国的书信,而只包含杜威 1919 年寄自中国和日本的书信。

　　本书不可避免地存在一些谬误和不足之处,敬请学界方家不吝指正!

徐来群

2023 年秋于莲城静心斋

第一部分
中学任教与研究生求学时期

（1881.05—1884.01）

（一）致威廉·托里·哈里斯①（John Dewey to William Torrey Harris，1881.05.17—1881.10.22）

1. 致威廉·托里·哈里斯（John Dewey to William Torrey Harris，1881.05.17）

亲爱的先生：

随信附上了一篇拙作，题为《唯物主义形而上学的假设》（*The Metaphysical Assumptions of Materialism*）②的短文。我衷心希望此文能够得到您的认可，并在您评阅后有机会被录用。当然，若文章未能符合您的期望，也请您直言相告，我会附上邮票以便您轻松退回。

我深知您日常公务繁忙，必定收到过许多类似的信件。因此，在此打扰您实属冒昧，还请您多多包涵。如果此文能够引起您的兴趣，并蒙您不弃，赐以宝贵意见，即使最终文章未能被录用，我也会深感荣幸并受益良多。

作为一名青年学者，我在学术道路上尚处于摸索阶段。我非常渴望知道您对此文的看法，以及您是否认为它展现出了一定的研究潜力，值得我进一步深入探究此类主题。您的指点和建议将对我未来的学术发展产生深远的影响。当然，我并不奢求过多地占用您的宝贵时间和精力。

诚挚的约翰·杜威

2. 致威廉·托里·哈里斯（John Dewey to William Torrey Harris，1881.10.22）

亲爱的先生：

您 17 日的来信已收悉，心中甚是感激。蒙您谬赞，实不敢当。若您有意

---

① 威廉·托里·哈里斯（William Torrey Harris），1868—1880年任圣路易斯学校（St. Louis schools）督学；1867年创立了《思辨哲学杂志》（*The Journal of Speculative Philosophy*），并担任编辑到1893年；1899—1906年任美国联邦教育局局长。——原注

② 杜威的第一篇文章《唯物主义形而上学的假设》1882年4月发表在《思辨哲学杂志》（第16期）上。——编译者注

将拙作①付梓，我将不胜欣喜。由于我并未订阅贵刊，若文章真的见刊，恳请您能惠赐一二册，以作留念。

在收到您的回信之前，我已将另一篇《斯宾诺莎泛神论》（*The Pantheism of Spinoza*）的文章寄出。此文亦是我近期的研究成果，若能得到您的指点与斧正，并酌情录用，我将感激不尽。

我虽年轻，研究哲学时日尚短，但一直秉持着对学术的热爱与追求。对于您认为值得发表的文章，我并不特别要求获得稿酬。

您真诚的约翰·杜威

（二）致丹尼尔·C. 吉尔曼②（John Dewey to Daniel C. Gilman，1882.08.11—1882.09.04）

1. 致丹尼尔·C. 吉尔曼（John Dewey to Daniel C. Gilman，1882.08.11）

亲爱的先生：

我热切希望能继续我的哲学和心理学研究。尽管未能获得奖学金让我深感失望，但我仍衷心期待您能为我提供一份奖学金，这将是我明年能够继续学业的关键所在。当然，若非我经济状况窘迫，几乎无法在没有资助的情况下继续学业，我也不会提出这样的请求。我坚信，只要拥有了这份资助，我必能充分发挥其作用，并且不负众望。

我已经收到了新学年的教学指南，并发现我已经读完了这上面几乎所有推荐的预备书籍，甚至还超额阅读了其他很多更有价值的书籍。如果您能告知我获得资助的可能性以及具体条件，我将感激不尽。这将对我未来的规划产生

---

① 即《唯物主义形而上学的假设》一文。——编译者注

② 丹尼尔·C. 吉尔曼（Daniel C. Gilman，1831—1908），1876—1901年任约翰斯·霍普金斯大学校长。——原注

极大的帮助。

诚挚的约翰·杜威

2. 致丹尼尔·C. 吉尔曼（John Dewey to Daniel C. Gilman，1882.09.04）

尊敬的吉尔曼先生：

我打算在今年秋季学期前往约翰斯·霍普金斯大学攻读哲学研究生。您能提供一下有关贵校食宿等方面的情况吗？比方说物价什么的。不知这些情况对我入学是否有帮助？我想任何东西都是有一定作用的。

诚挚的约翰·杜威

（三）致H. A. P. 托里[①]（John Dewey to H. A. P. Torrey，1882.10.05）

尊敬的托里先生：

……现在我们已经安顿下来并着手开始工作了，我目前的工作是跟随莫里斯教授[②]负责每周 4 小时的"英国哲学史——从培根到斯宾塞"（The History of Philosophy in Great Britain—From Bacon to Spencer）课程和一周两次的哲学研讨班，后者受益更多。研讨班主要研究与科学相关的文本。我们从阅读柏拉图的《泰阿泰德篇》（*Theaetetus*）开始，并给出了与此相关的一些主题，包括赫拉克利特（Heraclitus）、德谟克利特（Democritus）、普罗泰戈拉（Protagoras）等人的作品。每一个学生都分配到了一个主题，他们要在课前搜集资料、咨询专家，写出一份研究报告。亚里士多德的《灵魂论》也采用类似的方式。在课程结束的时候，学生将掌握丰富的古希腊哲学知识，至少要掌

---

① H. A. P. 托里（H. A. P. Torrey），佛蒙特大学的知识和道德哲学讲座教授。——原注
② 乔治·西尔维斯特·莫里斯（George Sylvester Morris），约翰斯·霍普金斯大学哲学教授。杜威选修了莫里斯教授的科学研讨班以及英国哲学史等课程。——原注

握古希腊哲学中有关知识的起源、知识的意义等相关方面的知识。目前我们已经开设了知识科学（Science of Knowledge）方面的讲座，介绍了相关具体研究。

您看过莫里斯教授关于康德哲学三大批判的研究成果吗？他的观点有了很大发展。我没有选逻辑学课程。这门课程是很数学化的，皮尔斯先生[①]所说的逻辑学只是对自然科学的方法进行描述，并尽可能用数学的形式表达出来。与其说这是一门哲学课程，毋宁说它是一门科学课程。事实上，我觉得在皮尔斯先生的心目中，除非能用物理科学加以概述，否则不存在什么哲学。

我还要在亚当斯博士（Dr. Adams）的指导下学一点历史，同样也是哲学史。他也像莫里斯教授一样，以黑格尔的著作作为教材。我不是很喜欢这份工作，如果能从中获取经济回报的话，我会更用心地对待工作的。

祝家人安康，代我向他们问好。

约翰·杜威敬上

（四）致威廉·托里·哈里斯（John Dewey to William Torrey Harris，1882.12.29）

亲爱的先生：

我已经如期收到了关于斯宾诺莎的那篇论文的预印稿，非常感谢！

我又寄了一篇题为《认知和感觉相对性》（*The Relativity of Feeling*）[②]的文章给您。在这篇文章里，我试着把之前用来阐述唯物主义的那套论证方式，用在了感觉主义的某个方面。如果您觉得这篇文章适合发表在《思辨哲学杂

---

① 查尔斯·桑德斯·皮尔斯（Charles Sanders Peirce，1839—1914），杜威1883年选修了皮尔斯的高级逻辑学和哲学术语等课程。——原注

② 杜威1883年1月在《思辨哲学杂志》上发表的第三篇论文。——编译者注

志》上，我将不胜感激。

由此给您带来不便，敬请谅解！

您真诚的约翰·杜威

（五）致H. A. P. 托里（John Dewey to H. A. P. Torrey，1883.02.14）

亲爱的教授：

霍尔教授①已经在约翰斯·霍普金斯大学任职了，并已经开始了他的心理学课程。但到目前为止，他的课程都是有关生理学方面的。他水平高超，是一位十足的心理学大师。虽然我尚未悟透心理学与哲学的密切关系，但学习一下心理学起码能给我的知识仓库添砖加瓦。他建立了一个实验室，并尽可能多地做一些实验研究。我每天应该花费1小时工夫，从一些关于注意力的小实验入手——如果可能的话，其中一组实验是确定将注意力集中于一点后会产生何种效果，另一组是检测无意识的肌肉运动对注意力的影响。

我还想在今年剩下来的时间里学些古典哲学，但恐怕抽不出时间了。

您真诚的约翰·杜威

（六）致威廉·托里·哈里斯（John Dewey to William Torrey Harris，1883.03.29—1884.01.17）

1. 致威廉·托里·哈里斯（John Dewey to William Torrey Harris，1883.03.29）

亲爱的先生：

---

① G. 斯坦利·霍尔（G. Stanley Hall），美国儿童心理学家、教育家。1883年，在约翰斯·霍普金斯大学任教期间建立了美国第一个心理学实验室。于1888年创办克拉克大学，并任首任校长。1892年，倡导成立美国心理学会，并任首任会长。在约翰斯·霍普金斯大学求学期间，杜威参加了霍尔教授的高级心理学讲座，每周4小时，并有实验室实验课程。——原注

我可以询问一下我撰写的《认知和感觉相对性》一文能在《思辨哲学杂志》上发表吗？我想以此申请约翰斯·霍普金斯大学明年的奖学金。原创性的论文发表对于申请下一年度的奖学金有极高的权重影响，所以我想知道能否询问一下此事。

若有打扰，敬请谅解！

诚挚的约翰·杜威

2. 致威廉·托里·哈里斯（John Dewey to William Torrey Harris，1884.01.17）

亲爱的先生：

您的来信已如期收悉，衷心感谢您的关注。我很乐意分享我们这里大学哲学领域的最新进展，事实上，我渴望能与您分享更多的内容。

目前，我仍在协助莫里斯教授，负责两门哲学课程。其中一门是深入探讨德国哲学的讲座课程。我们以莱布尼茨为起点，逐步展开。然而，由于时间所限，今年我们主要聚焦于康德之前的哲学家。目前，莫里斯教授正在讲解谢林，并计划在课程结束前简要概述黑格尔的思想。另一门课程则专注于研究斯宾诺莎的《伦理学》。我们采用研讨班的形式，深入剖析其中的哲学精髓。在这门课程中，莫里斯博士和每位同学都会轮流利用 1 小时的时间来详细阐述某些命题，探讨它们在斯宾诺莎哲学体系以及更广泛的哲学讨论中的地位和意义。这样的学习方式不仅让我们对斯宾诺莎有了更深刻的理解，还帮助我们厘清了泛神论和一般的同一性体系的逻辑脉络。同时，我们也特别关注了数学方法与哲学方法之间的显著差异。这两门课程都给我带来了极大的启发和收获。

就我个人而言，我正在攻读博士学位，我的研究工作主要围绕我的论文展开。我的论文主题是"康德的心理学"（Kant's Psychology），即探讨他的精神哲学（如果他有此表述的话），或者说他的知识理论的主观层面。在论文中，我不仅会对康德的感觉、想象等理论进行一般性阐述，还试图指出康德将理性或精神视为人类全部经验的中心和有机统一体的观念。正是这一观念使他成为现代哲学方法论的真正奠基人。然而，由于他在某些方面背离了这一观念，也导致了他自身的一些缺陷和矛盾。目前，我对哲学方法论的问题特别感兴趣。

下个月，霍尔博士将莅临我们学校开设心理学课程，这将为我们带来新的学习机会。除了他擅长的生理心理学课程外，他还将讲授思辨心理学（Speculative Psychology），我相信这将特别涉及伦理学的心理学基础。同时，他还将开设一个研究教学法的研讨班，从伦理学的角度深入探讨教学方法。对于了解霍尔博士的人来说，上边最后一句话可能显得有点多余，因为在他广泛而富有启发性的伦理学和教育学论述中，这两者总是紧密相联的。

…………

如果我不了解您对教育和哲学问题的浓厚兴趣，我就不会冒昧地占用您宝贵的时间来分享这么多信息。我希望当公众开始关注教育中的科学问题时，能够有人予以支持，在某处悄然引入哲学元素。我相信我们的神学、政治学乃至科学本身，都不会因为在大学和学院中对哲学进行彻底和科学的研究而变得更糟。相反，这样的研究哲学的主张并非是完全荒谬的，而是值得我们深思的。

您真诚的约翰·杜威

第二部分
密歇根大学时期
（1884.07—1894.06）

（一）致詹姆斯·B. 安吉尔[①]（John Dewey to James B. Angell，1884.07.19）

亲爱的先生：

我非常高兴，有幸收到了密歇根大学讲师职位的聘书。我很希望与您一起工作，决不辜负您的任命。

非常感谢您为此付出的辛勤劳动，同时也感谢您赠予我个人的良好祝愿！我向您保证，我感谢这份祝愿，并且很荣幸能被您记住这么多年。我父母也表达了对您和您夫人的敬意。

您真诚的约翰·杜威

（二）致H. A. P. 托里（John Dewey to H. A. P. Torrey，1886.02.16）

亲爱的托里先生：

很久以前，我便想给您写信了，却迟迟未能动笔。随函为您附上的这份宣传单，恰好为我提供了这样一个写信的契机。您或许已经注意到，莫里斯教授正在筹备一个小型的出版项目。这份宣传单应该已经向您阐明了一切，唯有一点需要额外强调：倘若这个看似不起眼的计划能够成功，那么我们便有望进行更为宏大的尝试——比如，出版一份哲学季刊，一份综合性的刊物。

我恳请您尽力支持当前取得的这一系列学术成果，以及未来可能出现的任何进展。当然，目前的出版规模尚小，难以引起广泛关注，但或许能吸引大学图书馆的订阅，以及一些高年级学生的阅读兴趣。在我看来，美国似乎即将迎来能够支持一份高端哲学期刊的时代，而我们对目前表现出的"希望与潜

---

① 詹姆斯·B. 安吉尔（James B. Angell），曾在布朗大学教授语言学，1866—1871年任佛蒙特大学校长，1871—1909年任密歇根大学校长。——原注

力”尤为看重。倘若我们学院的教师能够团结起来，他们必能为哲学事业提供更为充分的支持，远胜于我们目前所拥有的。

…………

不知您今年的工作进展如何？我更换了心理学教科书，这对我来说似乎是一种有益的改善，尽管课堂成果的提升可能更多地归功于我个人经验的增长而非教科书本身。新书是《默里手册》（*Murray's Handbook*），默里先生是麦吉尔大学（McGill University）的一位教授。这本书的部分内容颇具挑战性，但在哲学基础以及明晰度和精确性方面有着显著的进步。我们的第一学期即将落下帷幕，下周我们将迈入新的探索领域。

至今为止，我今年上过的最有趣的课程是为 8 位高年级学生开设的讨论班，主题是柏拉图的《理想国》——这或许是我们共同研读过该主题的结果。这门课程完全通过报告、讨论、论文等方式进行，逐渐演变为对伦理理想及其与社会和历史关系的研究。下学期我们将继续以同样的方式学习亚里士多德的伦理学。当然，从古希腊哲学学起确实有着巨大的优势，古希腊哲学所散发出的清新和人性，似乎在现代哲学中已经难以寻觅。

我对我的个人工作信心满满，并试图进行心理学研究。我能否成功改进现有的成果并得以出版，目前尚是未知数。现在，我正在尝试撰写一本关于“最大的统一性原则”（The Greatest Possible Unity of Principle）的著作。希望它不仅能成为心理学著作，更能成为领人入门的哲学导论。

相信我，并请代我向您的家人问好！

您真诚的约翰·杜威

（三）致威廉·托里·哈里斯（John Dewey to William Torrey Harris，1886.12.17）

亲爱的哈里斯博士：

我想，您不久就会收到由哈珀兄弟出版公司转交的由我撰写的心理学专著。在我的第一本著作①出版之际，我不知道您是否会对我从事哲学事业给予鼓励，这种鼓励将成为我的永恒动力。当我给您寄送第一篇投稿论文的时候，我还是一名中学教师，没有太多的时间从事哲学学习和研究工作，但我还是冒昧地询问了您对该文的看法。您的远见卓识让我拾起了一项我长期以来思量徘徊的计划，但我却为自己的能力而感到担忧，生怕无法完成这一计划——研究哲学，进而以讲授哲学为业。在某种程度上，您是心理学的先驱。幸运的是，对于一个并非您门生的后学晚辈，您不需要负任何责任。我还记得，在我第一次研究德国哲学家的时候，读到过您写的相关著作，其中有一句话至今历历在目，那就是：您认为从康德到黑格尔诞生了伟大的心理学运动。当时，这一观点对我来说是颇为难以理解的。但是，现在我已渐渐理解了。我试图做的一件事就是至少把该运动的意义的一部分，翻译成我们当今的心理学语言。我希望在翻译的过程中不至于词不达意。

您真诚的约翰·杜威

（四）致H. A. P. 托里（John Dewey to H. A. P. Torrey，1888.03.28—1889.01.03）

1. 致 H. A. P. 托里（John Dewey to H. A. P. Torrey，1888.03.28）

亲爱的托里先生：

我很高兴，一如既往地再一次收到了您的来信。知道您已经为《安多弗》写了评论，对此十分感谢。我们这里的图书馆没有采购《安多弗》这本杂志，但我知道必须感谢您，感谢您的付出。我父母待在这里已经有差不多一个月了，我们在这儿过得很愉快，我想让他们再待上一段时间，但我想园艺季节一

---

① 即杜威1886年出版的《心理学》。——编译者注

旦到了，我父亲可能就会考虑回老家去。但是，除非老家的春天比这边更早到来，否则时间还早着呢。

　　虽然我不愿意离开这里，但我最终还是接受了明尼苏达大学的职位，形单影只，漂泊他乡。当然，明尼苏达大学的学术工作环境不会像这里一样优越，我也不会觉得那里的工作比这里更加重要，因为在这里，工作之间是紧密结合的。我也不会认为，在那里可以发现基础相当扎实的学生，当然他们那里学生数量也有限。但是，明尼苏达大学现在发展得很快，诺斯罗普校长① 很有雄心地想让它进入一流学府名单。对于一所正在塑造其政策的新学校而言，当然有其优点，特别是对年轻人来说，像明尼阿波利斯这样的大城市吸引力是巨大的。我想我们会在 8 月份的某个时候搬家——无论如何，都要赶在最糟糕的冬季到来之前。明尼苏达之行看起来就像是一场极地旅行。

…………

　　祝您身体健康。

您真诚的约翰·杜威

2. 致 H. A. P. 托里（John Dewey to H. A. P. Torrey，1889.01.03）

亲爱的托里先生：

　　自从我收到您的来信之后，就一直想着给您回信，但迟迟未能写出。我非常乐意把这本书送到图书馆，本来应该送给您一本的，但是格里格出版公司给我的样书实在太少了。我想，他们大部分书是赔钱的，不能随意送书。

　　这所大学② 从立法机构获得拨款了吗？我从来没有听说过此事。我真希望他们能获得拨款，即使是一小笔拨款，也是一个契机，足以开创新纪元。我们的大学行政当局向立法机构申请了 25 万美元拨款，大部分都是基建项目，因

---

① 赛勒斯·诺斯罗普（Cyrus Northrop），明尼苏达大学校长（1884—1911）。——编译者注
② 即明尼苏达大学。——编译者注

为我们刚刚增加了法学系和医学系，它们之前附属于机械学院和农业学院。增加新院系的必要性，将会阻碍大学现有机构的发展——比如增加图书馆、增加文学系的教师和课程，但是看来并没有增加其他课程。未来几年内将需要更为雄厚的基金支持。今年所有院系的学生大概有 700 名，仅文学系大一新生就超过了 100 名。

我在这里看到了很多来自佛蒙特州的人，偶尔有来自柏灵顿的，但是大部分来自佛蒙特东部。我刚刚对自己的心理学工作做了一下概括总结——一位来自加拿大多伦多的先生，安大略省师范学校校长与多伦多大学教育学教授，正在撰写一本关于教育理论和实践的书，[①] 他希望增添一篇《心理学导论》，因此我现在正在和他合作，进行相关内容的写作。

…………

衷心的约翰·杜威

（五）致詹姆斯·B. 安吉尔（John Dewey to James B. Angell, 1889.04.19）

亲爱的校长：

您的电报昨天早上已收悉，感谢您的及时通知以及您和董事会对我的高度评价。我本想在离开安阿伯（Ann Arbor）之前去见您一面，哪怕只是向您道个别，但是时间就这样在不知不觉中溜走了。我昨天见到了诺斯罗普校长，他在对待这件事上很宽容。当然，我有理由相信他的态度会是如此。但看到他完全理解我在这件事上的感受，还是令我倍感欣慰。

---

① 即詹姆斯·亚历山大·麦克莱伦（James Alexander McLellan）及其著作《应用心理学：教育原理和实践导论》（*Applied Psychology: An Introduction to the Principles and Practice of Education*）。——原注

我随函附上了一份正式的接收函！

您真诚的约翰·杜威

（六）致密歇根大学校长和董事会（John Dewey to University of Michigan President & Board of Regents，1889.04.19）

先生们：

我谨对选择我担任因莫里斯教授去世而空缺的哲学教授一职深表感谢，并特此接受这一殊荣！

您真诚的约翰·杜威

（七）致詹姆斯·H. 塔夫茨[①]（John Dewey to James H. Tufts，1889.06.20—1889.08.24）

1. 致詹姆斯·H. 塔夫茨（John Dewey to James H. Tufts，1889.06.20）

亲爱的先生：

在我们寻求哲学讲师的过程中，有人向我们推荐了您。安吉尔校长让我给您写信，询问您是否不管情况如何，都愿意进入候选人名单。我询问这样的问题主要是因为安吉尔校长不知道您的安排，也不清楚您是否有执教的意愿。该讲师职位的薪水是 900 美元。该职位自然要承担助教工作，二者相加，共 1600 美元。如果您对此事依然充满兴致，您分享的任何信息我们都会热情相

---

① 詹姆斯·H. 塔夫茨（James H. Tufts），毕业于耶鲁大学神学院。1889年，应杜威邀请来到密歇根大学教授哲学。当他离开的时候，杜威用乔治·H. 米德（George H. Mead）接替他的职位，后来米德也加入芝加哥大学哲学系。1894年，塔夫茨向芝加哥大学校长威廉·雷尼·哈珀（William Rainey Harper）建议聘请杜威，至此，杜威、塔夫茨、米德成为了芝加哥大学教育学院的核心成员。——原注

待——顺便补充一下，这里的哲学系还处于建设之中，无法预知将来的发展状态。我相信，告知一下这些信息是有益无害的。

您真诚的约翰·杜威

2. 致詹姆斯·H. 塔夫茨（John Dewey to James H. Tufts，1889.08.16）

亲爱的塔夫茨先生：

安吉尔校长来信告诉我，您已被任命为明年的哲学讲师，这个消息让我感到非常高兴，因为我相信我们可以共度愉快的一年。虽然之前我已经概述过您将要承担的工作，但若您想在开学前就着手开展一些工作的话，我还是再充分概述一遍。

第一学期有一门普通心理学课程，每周三次，每次两节，使用我编写的教材。这个班级有70—90名学生，大部分是大三的学生，也有一部分大二、大四的学生。还有三门面向大三、大四学生开设的哲学史讲座课程，课程长度都是3小时，学生人数预计在25—50人之间。第一学期的讲座重点放在古代和中世纪方面，包括复习课在内，共约50节课。另外，莫里斯教授一直要求学生完成一定量的额外阅读任务，每个学生都要选择某个时期、某位哲学家或某部作品，作为指定阅读主题。

有时我会想，这样的阅读量并不算太大，除了鼓励尽可能多的一般性阅读之外，还要在讲座的基础上对哲学史教科书中的内容进行考试。有时我还会想，教科书是否与课堂进行了紧密结合，以发挥出最大优势。我认为，以大班授课的哲学史课程，拥有显而易见的不足，它缺乏足够的课时，确保学生对课程内容的掌握。看看您能不能思考一下这个问题，寻求一下克服这一困难的良方，观察一下该学科的各种课堂教学，类似的困难您也一定遇到过。我想您不必在第一年承担任何额外工作。

明年，我希望再增加一门时长为1—2小时的课程。当然，如果您已经打算好要新开哪些课程，那就向我们提出来。无论如何，为未来揣摩筹划并无什么坏处。哲学史这一主题非常广泛，任务十分繁重，这足以让您今年不再开设其他讲座课程。至于我提到的美学课程，英语系的斯科特博士[①]对此很感兴趣，英语系的教授也同意他每周花 2 小时在哲学系授课，以弥补今年的空缺。请及时告知您对这些事情的看法。

如果能给您提供任何帮助，望不吝打扰！

您真诚的约翰·杜威

3. 致詹姆斯·H. 塔夫茨（John Dewey to James H. Tufts，1889.08.24）

亲爱的塔夫茨先生：

…………

至于纪律方面，我很高兴地告诉您，目前此类问题很少。每个人都按照自己设想的最好方式管理着自己的课堂。如果教师有任何理由认为哪位学生一直以来表现不佳，持续违反学校纪律，那一般会向校长报告，以某种方式解决问题。对了，学校目前还没有建立评分系统。

学校有一个不错的图书馆，但是由于经费有限，目前还不够完善。我想，按照您所说的方式让学校去购买参考书，恐怕很难实现。可以从我们购买哲学图书的经费中，划拨一定的数额去采购参考书，但当前我们这方面的需求不是很大。我认为，您在讲授哲学史方面有很多好主意，并且能够将其中的大部分付诸实施。大部分学生会在图书馆阅读指定参考书，也愿意购买价钱合理的图书。除伦理学课程之外，哲学史课程很受欢迎，是我见过的出勤率最高的选修课。莫里斯先生没有把这门课弄得很难，他有一种极强的天赋，能够传达作者的精神实质。他给学生规定了读书报告，在进行了可观的阅读之后，大部分学生完成得相当好。对于大部分学生来说，哲学史课程是一门文化课程而不是

---

① 弗莱德·牛顿·斯科特（Fred Newton Scott），1889—1890年，任密歇根大学英语系讲师；后任密歇根大学修辞学教授。——原注

一门技术课程。我想如果您愿意的话，从古代或者现代哲学讲起都可以，不需要做大的改变。在我看来，如果学生可以参透文字背后的精神的话，会发现古代哲学纯朴与简洁的优点。我给您提到过伯茨（B. C. Burts）的《古代哲学史》（*History of Ancient Philosophy*）吗？这是一份很好的古代哲学史讲义和报告纲要。

我自己承担的第一学期课程如下：

高级逻辑学（Advanced Logic），每周 3 小时；

政治哲学（Political Philosophy），每周 2 小时；

康德纯粹理性批判（Kant's Critique of Pure Reason），每周 2 小时。

第二学期课程如下：

哲学导论（Introduction to Philosophy），每周 2 小时；

伦理学（Ethics），每周 2 小时；

黑格尔逻辑学（Hegel's Logic），每周 2 小时；

政治哲学史（History of Political Philosophy）研讨班（研究生与其他高年级学生），每周 2 小时。

我想斯科特博士会在第一学期开设一门美学课程，在第二学期开设一门高级美学课程。

我会在明年新增一个学期的以实验、生理学或心理学中的特殊主题为主的课程，在明年第二学期开设一门讨论当前心理学理论的课程，可能会以《大英百科全书》中沃德[①]的文章为主。

您真诚的约翰·杜威

[①] 詹姆斯·沃德（James Ward），英国哲学家、心理学家，曾任剑桥大学研究员。——编译者注

（八）致赫伯特·巴克斯特·亚当斯[①]（John Dewey to Herbert Baxter Adams，1891.06.20）

亲爱的亚当斯博士：

　　密歇根大学文学年鉴《卡斯泰林》（*The Castalian*）的编辑们计划在下一年度的年鉴中举办一期"不同大学，不同生活"的专题研讨。他们希望约翰斯·霍普金斯大学作为万千学子仰慕的研究型大学的典型代表，参加这次研讨。贵校学子都是年轻有为、富有担当的年轻人，如果您能给他们提供任何资助，无论是您亲自参与还是选派合适人选去处理相关事宜，我都会非常感激。我相信这次研讨活动将使约翰斯·霍普金斯大学受益匪浅。

您真诚的约翰·杜威

（九）致约瑟夫·维利尔斯·丹妮[②]（John Dewey to Joseph Villiers Denney，1892.02.08）

亲爱的丹妮：

　　您的来信已经详细叙述了您对选修制的看法，我想我已不能对此再做什么补充了。但有一点除外——表达个性、获得发言权应从婴幼儿时期开始，所有的初等教育都应该从个体出发，并致力于发现和解放个体的精神运动（Individual Mental Movement）。……

　　…………

约翰·杜威敬上

---

　　① 赫伯特·巴克斯特·亚当斯（Herbert Baxter Adams），约翰斯·霍普金斯大学元老级教授，以历史研讨班知名。杜威参加了几次亚当斯的制度史研讨班与英语历史资源、比较宪法史和国际法等课程。——原注

　　② 约瑟夫·维利尔斯·丹妮（Joseph Villiers Denney），1885年毕业于密歇根大学；1890—1891年，在密歇根大学担任英语教师；之后，在俄亥俄州立大学任教，撰写过一些有关英语修辞和写作的著作。——原注

（十）致赛思·洛[①]（John Dewey to Seth Low，1893.01.25）

亲爱的先生：

密歇根大学研究生院教授会（The Graduate Faculty of the University of Michigan）成立了一个委员会，并选举我为委员，负责审议研究生工作的相关问题，特别是博士生的入学要求及考试方法。我们想学习一下其他大学的相关经验，以改进我校目前的研究生工作状况。我们首先想了解的是，有多少科目是必需的，在几门科目之间应如何分配时间；还有博士生的资格要求，特别是除毕业于名校外，是否还有其他专业要求，如通晓拉丁语、法语、德语等。其次，还想了解一下，入学考试是口试还是笔试，还是二者皆有；考试时间要多久；文献研读以及博士论文答辩的传统；参与考试工作的人员来源，不论是来自校内还是聘自校外。

非常感谢您的帮助，不仅代表我自己，更代表密歇根大学。

我相信，您的宝贵经验远不止我上面所提到的这几点。若您能不吝赐教，我将感激不尽。

衷心的约翰·杜威

（十一）致詹姆斯·R. 安吉尔（John Dewey to James R. Angell，1893.05.10）

亲爱的詹姆斯[②]：

非常感谢您还能记得我。我对您所描绘的当地的人和事非常感兴趣，真心感谢您能抽出时间想到我。看起来，我国在哲学领域亟待有所作为。我们当

---

① 赛思·洛（Seth Low），哥伦比亚大学校长（1889—1901）。——原注
② 詹姆斯·R. 安吉尔（James R. Angell），密歇根大学詹姆斯·B. 安吉尔校长的儿子，在密歇根大学时曾在杜威的指导下学习心理学，后在哈佛大学师从威廉·詹姆士。——原注

然满怀热忱，而且我们身上还融合了保守与激进的特质，这在您那边似乎相当罕见。我们似乎只欠东风，也就是对工具的熟练掌握。回顾上一代的德国哲学，我深感其中鲜有直接源于纯粹哲学兴趣的内容。依我之见，大部分成果归功于德国人对语言学方法的精湛掌握，其余则间接产自他们的科学实验室。我不确定我们是否能在语言学领域与德国人并驾齐驱，尝试这样做又是否划算，毕竟术业有专攻。然而，在历史学领域，我们或许可以更多地从人类学和政治学视角来解读思想史，将其视作一种社会现象。这个想法在我脑海中萦绕，是因为我最近一直在研究如何以雅典社会生活为背景来解读柏拉图。我愈发觉得，即便是柏拉图的理念，也并非形而上学的产物，而是美学与政治学的结晶。待您归来，我定要与您分享这一发现。至于科学领域，我们很快便有望与德国人一较高下，尽管方式或许不尽相同。如今，我们这里也拥有了同样优秀的实验室。

…………

我们一直在缓慢地推进研究生工作，就我们目前掌握的资源而言，这一工作确实推进缓慢。哈佛大学、约翰斯·霍普金斯大学、康奈尔大学的研究生会正在联手制定研究生工作手册，试图总结我国大学所做的各方面工作。据我所知，其目标之一是推广德国的游学精神，一个人可以在两三所不同的大学游历，以寻找合作者与学术思想。……实验室已经初步搭好了框架，明年，我将和米德（Mead）在心理图像方面进行实验，以期在注意力和心理规律方面获得数据。……我个人的主要学术方向还是伦理学，希望明年能够开设一门新的人类学伦理（Anthropological Ethics）课程。我的意思是，要对原始社会的社交和心理条件进行阐述，这些条件似乎决定了他们的道德习俗与观念。目前为止，您那里有类似的课程吗？在接下来的 1 年或 15 个月中，我要全面重写我的伦理学教材，以获得一个全新的版本。……我面临的一个问题是，我需要从实际和实践的角度，而不是形而上学的角度，来解释自我实现的概念。您可以在《哲学评论》上的格林①的伦理动机一文中，看到对其消极方面的提示。我会尽最大努力展示所有的伦理范畴，不论是理想还是现实，抑或是义务、法律、美德与恶行，都源于自我活动。当自我被如此构想时，这种伦理观与享乐主义伦理观相比，就不具备任何超越性了。与此同时，当我从黑格尔哲学中吸取了越来越多的养料后，我与所谓的黑格尔主义者却渐行渐远。当他们应当对主题内容进行分析时，他们却选择了不断重复陈词滥调。形而上学的时代业已远去，如果不能将黑格尔所阐述的真理转化为直接的、实践化的东西，那么，这种真理就不是真实的。……

您真诚的约翰·杜威

（十二）致爱德华·卡尔·黑格勒②（John Dewey to Edward Carl Hegeler，1893.11.19）

亲爱的先生：

……………

我随信附上了一份《大众心理杂志》（*The Zeitschrift Fuer Völkerpsychologie*）的降价广告。密歇根大学图书馆从来没有订购过这份重要的学术期刊。现在我们有机会以折扣价格订购此刊，却苦于资金不足，所以想写信坦率地询问一下，您是否愿意资助我们订购这份刊物。

……………

我们今年拥有 75 名实际注册的研究生，足以进行相当出色的研究工作。

---

① 托马斯·希尔·格林（Thomas Hill Green，1836—1882），英国哲学家、政治思想家，1878年担任牛津大学怀特伦理哲学讲座教授。——编译者注

② 爱德华·卡尔·黑格勒（Edward Carl Hegeler），冶金行业的成功商人，组织和捐赠了开放法庭出版公司（The Open Court Publishing Company）。1890年，他创办了《一元论》（*Monist*），一份主要以宗教哲学问题为主的杂志。——原注

但我们的精力被大大局限在了本科教学上，资金也被大量用在了满足本科教学需求上，比如为本科生建设各种图书馆与实验室，以至于我们缺乏足够的资金去创办研究期刊，从而激励与指导研究工作。我们仅仅拥有一个奖学金名额来吸引研究生就读。目前来看，我们每年都能增加一点学生人数，同时也能提高研究工作的质量。这意味着，我们完全发挥了资金的作用。

现在我们拥有得天独厚的条件，可以极高成效地发挥资金的作用。这个条件就是我们业已具备的本科学科结构，充分利用这样的条件，在此基础上仅投资 100 万美元建立一个研究生院，其效果与投资两三百万美元建设一个全新的研究机构不相上下。我们需要特别的研究生教授职位，这些教师将投身于高级别的研究工作，免于大量的课堂教学。我们还需要更多的奖学金来吸引外来学生与留住我们自己最优秀的毕业生，我们最好的学生在毕业后都转投了哈佛大学和芝加哥大学，仅仅出于奖学金和助学金的原因。我们还需要一个出版基金，以及能够满足高深研究需要的图书馆和实验室。例如，在哲学相关领域，我们需要比较宗教学、社会伦理学的教授职位以及一个特别的生理心理学教授职位，要提供几千美元的经费以保障生理心理学实验室的运转。我正努力按照随信附上的书单为图书馆采购馆藏书刊，但还需要四五百美元购买图书，以建立一个特别奖学金，使理论基础扎实的研究生能够亲赴底特律和芝加哥，用公正、科学的方法对贫穷、犯罪和慈善事业进行调查研究，收集第一手数据，为解决这些急迫的社会问题提供启示。不能因为缺乏资金而使这些事业陷于停滞，而且现在也不能指望州政府对此进行扶持。

我衷心希望您能明白，我并非在拐弯抹角地请您帮忙处理这些事情——除了最初提到的买书一事。我给您写信，是因为深知您对所有在充分科学自由环境下开展的高等教育工作都抱有浓厚兴趣。芝加哥大学正获得大笔资金——作为西部进步事业的关注者，我为此感到欣喜。然而，我不免为该机构受到宗派影响而感到遗憾。我难以避免地想到，无论芝加哥大学自称多么开放，实际上也在努力变得开放，但在某些研究领域，如果不时刻留意宗派的影响，就无法顺利进行——比如他们已经着手的比较宗教学领域。在我看来，那些没有直接或间接受到宗派影响的州立大学，才是高等自由研究的天然摇篮。我不禁觉得，如果我们能更积极地让公众尤其是那些有财力的人了解我们的需求和地位，我们现在的处境就会更好。我不禁认为，有许多有财力的人会对支持一个自由的机构感兴趣。如果我们能找到这些人，并更积极地让他们了解我们的处境，那么高等教授职位等资助也会向我们招手。如果你或卡勒斯（Carus）博士能就方法或人选给我一些建议，我将感激不尽。

我并非说密歇根大学在探究和言论自由方面应当享有绝对的自由，不受任何束缚，但我认为，在这方面，它至少要与康奈尔大学并驾齐驱，并仅次于哈佛大学。而且，那些旨在开展独立研究的特定主题的特别基金会，将确保我们获得彻底的解放。

您真诚的约翰·杜威

（十三）致威廉·雷尼·哈珀①（John Dewey to William Rainey Harper，1894.02.15—1894.03.19）

1. 致威廉·雷尼·哈珀（John Dewey to William Rainey Harper，1894.02.15）
亲爱的哈珀博士：

我对这一问题思考良久，也与我夫人多次商量。随着时间的推移，有一种学术念头对我产生了愈加强烈的吸引力：建立哲学系，与主要志在高深研究的人士进行合作探究，投身于此种工作并安居芝加哥。所有这些想法以及您提出的其他需要考虑的因素，对我来说都很重要。基于此，我将即刻接受贵校（芝加哥大学）聘任。剩下的是财务方面的问题，我认为 4000 美元不足以支

---

① 威廉·雷尼·哈珀（William Rainey Harper），芝加哥大学第一任校长（1891—1906）。——原注

撑我们一家人在芝加哥的生活。就第一年而言，您额外提供的3个月假期为我们解决了困难。基于此，我们几乎不会考虑第一年就在芝加哥定居。此外，实际工作期间的收入应该高于每年5000美元。因此，我的结论如下：若能确保我第二年可以获得5000美元的收入，我将欣然接受邀请，去往芝加哥，尽全力帮助贵校加强学术建设，并通过建设哲学系来达成该目标。我不希望过多地揣测未来，但也期望您能就将来的薪酬事宜给予明确答复。我希望您能保证我的上述请求。

您真诚的约翰·杜威

2. 致威廉·雷尼·哈珀（John Dewey to William Rainey Harper，1894.03.05）

亲爱的哈珀博士：

我对前往芝加哥不怀丝毫犹豫之情，这个职位对我而言充满了吸引力。然而，有些事情并不因我个人的好恶而有所改变，不能靠任何因素颠倒乾坤。比如，我们一家几乎不可能靠每年4000美元的收入在芝加哥顺利生活。对此，您应该有所体悟。

坦白地说，如果芝加哥大学建立哲学系，那最好建立在一种内外充分尊重的基础之上，即意味着哲学系在实质地位上应与贵校其他院系平等相处。我想，贵校不会苛求一个远在异乡的哲学系教师，为了区区4000美元的薪水，放弃已经打拼下的天地，去承担筚路蓝缕的重任。

我想这件事对你我都很重要，应该尽早做出决定。如果问题能够得到妥善解决，那我将在7月1日正式开始新的工作。除了一般性的准备之外，如果我要搬家，那还要迅速进行一些商业安排，这可能会对我产生一些影响。

您真诚的约翰·杜威

3. 致威廉·雷尼·哈珀（John Dewey to William Rainey Harper，1894.03.19）

亲爱的哈珀校长：

我对您的来信无以言表，非常感谢您以充满热情与鼓励的方式为我带来这个好消息。我相信这是一个极其难得的机会，我想我能紧紧抓住并利用它。虽然很遗憾地无法明确未来的薪资状况，但还是很期待在适当的时候获得全额薪水。

我希望7月1日起开始上班的想法不会遭到任何质疑。由于一次性得到了9个月假期，所以第一年的4000美元薪水是可以接受的。我与密歇根大学的合同也将在7月1日终止。因此，我还要等3个月才能领到薪水。

或许，我最近就可以去芝加哥与同事们就建立哲学系做一些准备工作。如果没人反对的话，那本周晚些时候我就赶赴芝加哥大学。

您真诚的约翰·杜威

（十四）致詹姆斯·H. 塔夫茨（John Dewey to James H. Tufts，1894.03.26）

亲爱的塔夫茨：

我想，毫无疑问，明年您的薪水应该可以达到2500美元。

哈珀博士希望投入1000美元聘请一位讲师，来负责逻辑学、心理学和伦理学课程。哈珀个人并不欣赏梅泽斯[①]，也不急于续聘他，更不想赋予他过高的权限。哈珀校长说他不清楚梅泽斯在布林莫尔学院（Bryn Mawr College）时是不是好老师，哈珀校长认为，教师应该比高年级学生更善于教导本科生，对

[①] 西德尼·爱德华·梅泽斯（Sidney Edward Mezes），1892—1893年，在布林莫尔学院担任哲学讲师；1893—1894年，在芝加哥大学担任讲师；1894—1908年，任得克萨斯大学哲学讲师。——原注

此我表示赞同。但问题的关键还是哈珀校长并不看好梅泽斯。如果我愿意担责的话，哈珀校长就会考虑留任他，但哈珀校长自己不愿承担这份责任。自然，这件事是私密的，梅泽斯本人应该不知道哈珀校长的计划。您可以在下学期多关注梅泽斯的工作，看看他是否适合做教师。另外，哈珀校长更看好威斯康星大学的斯玛特·夏普（Smart Sharp）。

我想，我们可以得到的购书资助，不是 500 美元就是 1000 美元。如果我去校长办公室反映情况的话，我想 1000 美元是有希望的。

哈珀校长还考虑增加额外的两名讲师（在逻辑学、心理学和伦理学范围之外），但是校长希望我推迟对实验人员的任命和对实验设备的进一步采购。一是我明年仅在芝加哥待 3 个月，我无法身处现场监督进度，可能会对工作进度不利；二是明年芝加哥大学会加大投入，以便聘任一名更有声望的教师。我承认这些事情对我个人有所影响。我现在想让哈珀校长以 2000 美元的薪水聘任米德，并附带一名 500 美元薪资的实验室助理。二者将进行充分的实验心理学工作，以保证这一年的实验室运转。我与米德达成了共识，今年年底将聘任另外一个人，米德的工作将发生一些变动。在接下来的一年里，我们会留意能够启动实验工作的人才，若有必要，薪资可以开到 2500 甚至 3000 美元。我会看看是否有海外人才愿意前来任职。凭借米德与唐纳森[1]、勒布[2]共同提供的实验课程，我们可以在这一年里很好地吸引外来人才。但抱歉的是，我无法与您见面商讨这些事情。

我与斯莫尔（Albion Woodbury Small）博士见过面，他同意讲授 27 号课

---

[1] 亨利·赫伯特·唐纳森（Henry Herbert Donaldson），1892—1906年担任芝加哥大学奥格登科学院院长和神经学教授。——原注

[2] 雅克·勒布（Jacques Loeb），德国出生，1891年来到美国，1892—1895年在芝加哥大学教授生理学。——原注

程——伦理学，我也询问过亨德森博士 [1] 讲授的课程。

现在印刷宣传单并没有什么困难。我们进展得很顺利，哈珀校长也为犹太学生开设了一门希伯来哲学（Hebrew Philosophy）课程。他认为，赫希博士 [2] 的工作应该全部在英语方面，这事我等会儿再给他写信。

我想您会遇见勒布先生的。请替我向塔夫茨夫人及孩子们问好。

约翰·杜威敬上

（十五）致威廉·雷尼·哈珀（John Dewey to William Rainey Harper，1894.04.10）

亲爱的哈珀校长：

上次的信我没有留底，但我不怀疑我确实误解了您的意见。对您提到的关于等一年再建设实验心理学实验室，届时将获得更加充沛的资金一事，我曾深表不解，您的眼光可能远远超过我。很抱歉，目前我确实无法前往芝加哥，不得不同您进行远程沟通。

经过深思熟虑，我坚信，对于大学和哲学系而言，若实验室未能吸引到最优秀的人才，那将是一个糟糕的开端。该领域的竞争异常激烈：哈佛大学有全职教授孟斯特伯格（Munsterberg），他在普通心理学领域的声望仅次于詹姆士 [3]；普林斯顿大学和哥伦比亚大学也都设立了全职教授职位；康奈尔大学则有一位副教授；而规模较小的学校，如威斯康星大学和斯坦福大学，也都有全

---

① 查尔斯·里士满·亨德森（Charles Richmond Henderson），1892—1915年任芝加哥大学神学院社会学教授，1904年成为院长。——原注

② 埃米尔·古斯塔夫·赫希（Emil Gustav Hirsch），芝加哥大学拉比文学和哲学教授。——原注

③ 威廉·詹姆士（William James，1842—1910），美国哲学家、心理学家，被誉为"美国心理学之父"。此人旧译为"威廉·詹姆斯"，改革开放后，我国哲学界将其译为"威廉·詹姆士"。——编译者注

职职位。毫无疑问，我们最终能够找到一个在四五年内可以崭露头角的人选，但新人始终存在不确定性，在此期间我们可能会浪费许多时间。因此，我坚信一点：等待是明智的，直到我们拥有足够的资金，比如用 2500 美元或 3000 美元甚至更多的资金来购置实验设备。

现在，我想知道，如果我们能迅速解决问题，您是否愿意为今年增加人力资源设定一个额外的具体目标？这样的预算将保证我们明年再增加一名实验人员，比如 2500 美元的预算。3000 美元是否是一个合理的预算？如果能得到您的确认，我们就可以继续推进工作安排，并让明年加入的人员能够相互适应。有了这笔资金，我相信明年我们可以找到一些能够有出色表现的人选，让事业保持良好的发展态势。在任何情况下，我都应该假设明年会有更多的资金投入到我们系。如果我们打算与哈佛大学和康奈尔大学在平等条件上竞争的话，这样做确实是必要的。值得注意的是，这两所学校的哲学系都是这些学校当中最强大的系。哈佛大学有 4 位全职教授（算上皮博迪［Peabody］则为 5 位），康奈尔大学大约有 7 名教师。

至于米德，我并不想轻易地招募他，除非 3 年来的工作经历让我对他有足够的把握。确实，就像我第一次谈论人选时提到的那样，他一开始在教学上有困难，因为他完全没有教学经验。但现在他已经掌握了教学技巧，从来没有人抱怨过他所从事的高层次工作。他首先是一个在哲学上有原创思想的人，拥有一种尚未成形但完全可行的工作方法。在我过去 6 年遇到的年轻人中，他的原创性是最为突出的。但这里并没有机会让他开展他想从事的工作。

但归根结底，就目前而言，最重要的事情似乎是：明年我们能否获得远胜于预期的拨款，同时不会干扰后年的前景？如果我们能明确这一点，我想我们可以着手发布我们的部门公告了：姓名处留白，相当准确地概述工作职责。

您真诚的约翰·杜威

（十六）致艾丽丝·奇普曼·杜威及孩子们（John Dewey to Alice Chipman Dewey & children，1894.06.13）

明天将是我在这座学府的最后一课，也是我常规教学任务的终结。紧接着就是考试课，这是我的最后一讲，也是我聆听的学生们的最后一次背诵。若非安吉尔夫人（Mrs Angell）和董事会的影响，我恐怕会深感离开此地的艰难。但她如此细致入微地帮我斩断了与安阿伯（Ann Arbor）的牵绊，我惊讶于自己竟能如此轻松地面对告别。我对在芝加哥是否还能拥有如此愉快的教学生涯颇有疑问；但另一方面，能摆脱这等琐碎之事也实为一种解脱。我决心前往芝加哥，投身于新的热潮。这将是一种解脱，让我摆脱这里普遍存在的吹毛求疵和死气沉沉的氛围。

前几日的教授会会议上，一个生动的例子便印证了这一点。两名代表研究生俱乐部的研究生阐述了一项计划：在研究生俱乐部的支持下创办一份月刊，旨在联络校友，了解研究生院的需求和奖学金情况，同时发表毕业生的学术作品。他们提议承担每年约1500美元的财务风险，并请求教师们考虑任命一些咨询编辑，这些编辑将发挥积极作用，而非仅仅是装点门面。他们已做好准备推进这一计划，包括在毕业典礼上进行宣传、获取订阅等。只要他们能得到教师们的衷心支持，计划便可推进。当他们进行陈述时，亚当斯（Adams）和赖格哈德（Reighard）发表了简短讲话，提出了问题并附带了一些反对意见，但总体上鼓励了这个想法。在他们离开后，赫德森[1]、德蒙[2]等人纷纷发表评论——他们个人非常支持这项计划，他们向编辑们保证，将尽一切可能提供帮助。但他们也强调，教师们应该谨慎行事，不要轻易将整个教师团队卷入这样的计划之中，因为无人知晓这些年轻人的判断力如何，或者说这个计划是否能

---

[1] 理查德·赫德森（Richard Hudson），1879—1911年在密歇根大学教授历史。——原注

[2] 伊萨克·牛顿·德蒙（Isaac Newton Demmon），1881—1903年任密歇根大学英文和修辞学教授。——原注

成功。

　　我离开了会场，因为我不想参与这场与我无关的争论。我在心中已经起草了一份决议：鉴于这些年轻人愿意奉献自己的时间并承担所有财务风险来帮助建立大学研究生院，教师们应向他们保证，将提供热诚的合作——但前提是他们必须证明这个计划能够成功。

　　我相信，这些人会真心实意地支持这个计划。从那时起，我就一直想见见亚当斯，想问问他现在是否明白了我为何如此渴望离开这里前往芝加哥。

　　亲爱的孩子们，我希望能将我在安阿伯学到的几课东西应用到我的余生中。其中一课就是：持续不断、咄咄逼人的自我保护态度并非最成功的做法，更不用说它是否最慷慨了。——好吧，这篇冗长的文章就算是我的告别辞吧。

　　亲爱的孩子们，得知你们已到巴黎，我很高兴。我很期待你们能用新打字机给我写一封法文信。你们觉得莫里斯能学会法语吗？他可是个聪明的孩子。

约翰·杜威

（十七）致艾丽丝·奇普曼·杜威（John Dewey to Alice Chipman Dewey，1894.06.25）

　　最后一批家具已经装车运往芬顿（Fenton，密歇根州城市），运费 17.4 美元也已经付过了。不过我明天才能抵达芬顿，还有些琐事需要处理。另外，明早我打算去邓迪（Dundee，密歇根州城市）见一位女士，就是去年让我很感兴趣的那位，和她谈谈房子的事情。奇弗（Cheever，一位法官）觉得房租定在 45 美元左右比较合适，但另一个中介说 40 美元就足够了。现在的租房需求特别大，几乎没什么房源可寻。

　　我随函附上了一张 505 法郎的汇票。如果这些钱太少，不够你维持到我拿到 8 月份的工资，记得立刻告诉我。

　　董事会要么今天下午要么明天上午开会讨论。今天早上我跟校长聊过了，他显然不打算推荐劳埃德[①]升职。我看他也没找好顶替我或者劳埃德、米德位置的人选，至少他表面上没流露出来。从校长偏重教学的立场来看，他对劳埃德所做的结论虽然合理，但未必公正。如果换作是我，我可能会更看重一个人的创新能力和实力。这也许就是不同世代之间的观念差异吧。我只是有点担心，校长最后会找一个在教学方面看起来更成功但实际上并不怎么样的人来接替我们的位置。考虑到他各方面的看法，我认为他能选择的最佳方案就是找塔夫茨来顶替我的位置。

············

约翰·杜威

　　[①] 阿尔弗雷德·亨利·劳埃德（Alfred Henry Lloyd），1886—1891年在哈佛大学攻读博士学位，1891—1927在密歇根大学教授哲学。——原注

第三部分
芝加哥大学时期
（1894.08—1904.05）

（一）致艾丽丝·奇普曼·杜威及孩子们（John Dewey to Alice Chipman Dewey & Children，1894.08.05）

············

我已经同意在明年秋季学期的周六给教师们开设课程。如果能有 25 人参加的话，那将会带来 200 美元的收入。若能吸引合适的教师群体听课，那这将是我在这里发现的最有发展前景的事业。在夏季学期，我的班上有 3 名男教师，他们都在芝加哥从事教育工作，他们对心理学在学校内外的应用似乎很感兴趣。斯坦利·霍尔正在全县展示一种被大量虚饰的心理学。……

············

约翰·杜威

（二）致艾丽丝·奇普曼·杜威（John Dewey to Alice Chipman Dewey，1894.11.01）

亲爱的：

············

我对这所师范学校进行了一下调查，母亲也来听了我的讲座。……

从一年级开始，每个教室都摆放着鸟类、松鼠等小动物的标本。一间小屋里还布置了小型水族馆。每个教室也都收集了岩石之类的收藏品。这所学校提倡"自然学习"原则，孩子们主要通过写作来学习阅读。他们想写什么就写什么，看到什么或者有什么故事想说都可以写下来。遇到不会写的词，老师就直接写在黑板上，写完就立马擦掉。除非孩子自己要用到某个词，老师才会教，而且都是在具体的语境里教。这种非常符合常识的教学方法，效果还不错。孩子们写字从一开始就写得挺快挺大的，他们也不太在乎自己写得好不好看，主要是想把手臂活动开，写得自在点。帕克上校组织了培训班，并要求学员们讲述他们在实例中具体运用了哪些我所提出的心理学原理。我发现，通过他们的实际案例阐述，我反而比他们更深入地领悟了这些心理学原理。我开始觉得自己在某种程度上正逐渐变成一个教育领域的怪人。我有时在想，我是否应该放弃直接教授哲学，转而通过教授教育学来达成同一目标。因为，每当我想到成千上万的年轻人在现今的教育体系中虽未遭受明显的摧残，但实际上却在消极的环境中渐渐受损，我就深感忧虑。

在我的脑海中，始终勾勒着一所学校的成长图景。在这所学校里，实际和富有建设性的活动被视为核心和源泉，同时这些活动会沿着两个方向不断拓展：一方面，它们作为社会性产业的基石；另一方面，它们与自然的紧密联系为这些活动自身提供了源源不断的材料。从理论层面来看，我能够清晰地认识到，诸如建造模型房屋所涉及的木工技能等，不仅能够成为社会性培训的中心内容，还能在科学领域中占据一席之地。而这些都根植于积极的、具体的眼手协调能力的发展过程之中。目前，构建这样一所学校所需的教育材料和方法虽然存在，但却以零散的形式分布在各处，包括幼儿园的教学方法、手工技能培训、自然科学研究以及跨学科研究等等。

学校作为社会生活的一种特殊形态，被抽象出来并置于一定的控制之下，它直接成为了实践的场所。倘若哲学有朝一日能够演变为一门实验性科学，那么，学校的构筑与发展无疑将成为这一变革的起点。在我们这个时代，当许多孩子甚至无法踏入一所破旧不堪的学校时，这样的宏观理论显得尤为启人心智。然而，从某种程度上说，正是这些理论引导着我走向与莫里斯这样心智正常的人为伍的道路，让我倍感愉悦。同时，我也为孩子们能够摆脱大部分刻板的学校教育而感到欣慰。我深知你所指出的孩子们生活中的种种不幸，也认同他们现在急需接受学校的规范化教育。但值得庆幸的是，他们至少依旧保持着独立思考的能力和自发的反应——这在同龄孩子中已属难能可贵。然而，令人痛心的是，由于他们所处的特殊环境，他们不得不为这份天赋承担比常人更多的不幸福，以此作为代价。

爱你的约翰

（三）致威廉·雷尼·哈珀（John Dewey to William Rainey Harper，1895.07.20）

亲爱的哈珀校长：

　　塔夫茨先生给我来信谈到了米切尔（Mitchell）先生，由于我23日前无法抵达芝加哥，我想在此简单表达一下我的看法。对于米切尔先生的哲学学识，我一无所知，也不确定他是否具备哲学家的潜质。但从塔夫茨先生转述的您对他的评价来看，我认为他作为教师的个人素质相当高。当然，如果他没有哲学方面的才华，那我们自然不会考虑他。但如果他有，我有几点想法。

　　我们本已有一位非常优秀的人才——穆尔先生，我不希望因为任何原因而失去穆尔这样一位出色的本科生教师。然而，预计我们的课程规模会变得相当大，让一个人反复教授同样的基础内容似乎并不明智，这对教师和学生都不利。因此，如果有可能的话，我希望我们能同时拥有两位教师。这样我们既能留住穆尔先生，也能给米切尔先生一个机会。如果塔夫茨先生对米切尔先生的印象持续良好，并且米切尔先生表现出色，那我相信我们系和整座大学会增添一位宝贵人才。

您真诚的约翰·杜威

（四）致弗兰克·A. 曼尼[①]（John Dewey to Frank A. Manny，1895.10.04）

亲爱的曼尼先生：

---

　　① 弗兰克·A. 曼尼（Frank A. Manny），1893年，在密歇根大学获得艺术学士学位；1896年，获得艺术硕士学位；1896—1897年，任杜威教育学助理；1898—1900年，任威斯康星奥什科什州立师范学校的观察和方法主任；1900—1906年，成为纽约伦理文化学校（Ethical Culture School，New York）校长。——原注

　　您好，来信已收悉，心中甚喜。您提及的中学部拓展计划，对我来说是个新鲜的想法。不过，我深信此举将会与大学的拓展工作同等重要，甚至有过之而无不及。您在此项目中担任教师，我由衷为您感到高兴。请代我向安德伍德（Underwood）小姐、多普小姐①以及令堂大人问好，祝她们一切安好。

　　说起莫兰妮这个地方，我其实不太清楚它具体在哪里。不过，如果距离适中，我定会欣然前往。关于费用，我通常的收费标准是25美元，但这次我愿意稍作让步，收取15美元及其他相关费用即可。这样做，也是希望能为你们的事业略尽绵薄之力。

　　另外，我听说哈里森小姐②在幼儿园教育方面颇受好评，想必她的讲座一定精彩纷呈。当然，弗里贝尔幼儿园培训学院的帕特南（A. H. Putnam）女士也是位不可多得的人选，她的表现同样令人期待。至于约瑟芬·洛克小姐，她在公立学校的艺术教育领域颇有建树，只是我不太清楚她的演讲能力如何。

您真诚的约翰·杜威

（五）致保罗·卡勒斯③（John Dewey to Paul Carus，1895.10.10—1895.10.19）

1. 致保罗·卡勒斯（John Dewey to Paul Carus，1895.10.10）

亲爱的保罗·卡勒斯博士：

---

　　① 凯瑟琳·伊丽莎白·多普（Katharine Elizabeth Dopp），1893年，获得密歇根大学哲学学士学位；1902年，获得芝加哥大学哲学博士学位；后成为芝加哥师范学校（Chicago Normal School）校长。——原注

　　② 伊丽莎白·哈里森（Elizabeth Harrison），美国幼儿园教育的开拓者，在儿童文学、心理学和关注少年儿童社会问题等方面发表了很多文章。他和约翰·N. 克劳斯（John N. Crouse）女士任芝加哥幼儿培训学院共同校长。——原注

　　③ 保罗·卡勒斯（Paul Carus），德裔美国人，开放法庭出版公司（The Open Court Publishing Company）的建立者和编辑。——原注

关于本校的哲学研究活动，我们设有一个哲学俱乐部，其中汇聚了教师及优秀学子。我衷心期盼您能莅临俱乐部发表演讲，因为我和学生们都渴望聆听您的智慧之语。演讲的主题将完全由您来定夺，我们也会根据您的日程来安排合适的日期与时间。

我深知这可能对您来说是一项额外的请求，但我想先向您保证，如果您能够找到一种为俱乐部发表演讲的合适方式，那对于我们所有人来说都将是一份莫大的恩赐。我们热切期待着您的光临与分享，相信您的智慧将为我们带来深刻的启迪与影响。

您真诚的约翰·杜威

2. 致保罗·卡勒斯（John Dewey to Paul Carus，1895.10.19）

亲爱的先生：

我已于15日收到您的来信，感激不尽。能聆听您对中国哲学的独到见解，对我而言将是莫大的荣幸，相信俱乐部诸位同人亦然。为便于您莅临芝加哥，我们会妥善安排会议时间。若能在数周内与您相见，那我们会更加喜出望外。恳请您在方便时尽早告知，以便我们有充足的时间筹备并通知与会人员。

期盼能与您结识，不胜荣幸之至！

您真诚的约翰·杜威

（六）致威廉·雷尼·哈珀（John Dewey to William Rainey Harper, 1895.10.19）

亲爱的先生：

目前教学任务的繁重已超乎想象，仅凭现有师资队伍实难应对。因此，恳请上级考虑增派至少一名教师，以协助承担心理学、伦理学及逻辑学等本科课程的教学工作。由于选课学生人数众多，因此我们不得不采取大班授课的方式。

经我了解，目前系内尚无急需晋升以挽留其不接受他处职位邀请的教师。米德教授与安吉尔教授均已担任助理教授满两年，若有机会应为他们争取更有利的晋升条件。我非常乐意推荐他们升任副教授。

…………

心理学实验室目前至少需要 400 美元以满足基本需求。这笔资金将主要用于完善现有实验场所的设备配置，以确保实验教学的正常进行。若后续有特殊研究需要，再另行申请相关设备经费。

现有的 110 美元经费具体分配如下：心理学实验室 75 美元，哲学系图书馆 25 美元，办公室 10 美元。

我们系一直热切期盼能启动一系列专著的出版工作，正如过去两年系里宣告的那样。预计从 1896 年 7 月开始，在 1896—1897 年期间，我们将陆续完成逻辑学、伦理学、哲学史、心理学乃至教育学等领域的专著出版。我深信，这些专著的出版将极大裨益于本系及整座芝加哥大学。为此，我恳请拨款 250 美元以资助此项工作。同时，作为《心理学评论》的编辑之一，我希望获得 50 美元的额外经费，以支持该刊物的发展。这样算下来，总计需要 300 美元。请允许我再次强调，在当前的环境下，没有什么举措能比出版这些专著更能激发教师们的工作热情，并向外界展示我们所取得的学术成果了。我们迫切希望通过这些出版物，让更多人了解并认可我们的努力与付出。

我必须补充一个关键议题，那就是奖学金。与哲学系相当的其他系，通常都拥有 4 至 6 个奖学金名额，但哲学系却仅有 2 个。我恳请校长和董事会能对此给予关注并认真考虑。另外，为教育学系增设奖学金名额已是刻不容缓。我们每年至少需要增设 1 个，最好是 2 个奖学金名额，且每个名额的资助金额不应低于每年 320 美元。鉴于目前越来越多的毕业生对教育工作充满热情，以及教育学系的重要地位，增设奖学金无疑是必要的举措。

很有可能我们将不得不提出补充请求，以增加教育学领域的教学力量。

然而，现在来具体确定这一请求还为时过早，因为教育学领域的工作相对而言还很不完善。

约翰·杜威（哲学系与教育学系主任）谨呈

（七）致克拉拉·I. 米切尔[①]（John Dewey to Clara I. Mitchell，1895.11.06—1895.12.14）

1. 致克拉拉·I. 米切尔（John Dewey to Clara I. Mitchell，1895.11.06）

亲爱的米切尔女士：

芝加哥大学教育学系期望建立一所与其紧密关联的初等学校，并试图以幼儿园为起点，将教育体系逐步拓展至覆盖全部学段。这所学校将独树一帜，主要注重探索教学方法论，其次才是教学实践——换言之，其核心使命在于系统地构建课程体系，从心理学和实践角度双管齐下，深入探索并不断优化教学方法。目前，学术工作已部署完毕。我们期待在圣诞节后的冬季，正式启动这一重大项目。尽管起步规模不大，但我们有信心通过不懈努力，充分展示这一宏伟蓝图的可行性。您在此领域享有盛誉，特别是得到了帕克上校的极力推荐。我将于本周五前往多沃贾克（Dowagiac，密歇根州城市）参加研讨班，若您方便，我非常渴望能前往巴特尔克里克（Battle Creek，密歇根州城市）与您当面探讨相关事宜。若您因故无法接受此重任，请务必在收到此信后立即发送电报告知。然而，若您对此计划充满热忱，并有意携手共进，我将不胜荣幸，期待与您面谈共商。

诚挚的约翰·杜威

---

① 克拉拉·I. 米切尔（Clara I. Mitchell），库克县师范学校（Cook County Normal School）教师。1896年，库克县师范学校改名为芝加哥师范学校（Chicago Normal School）。后在芝加哥大学皮博迪实验学校教授历史和文学。——原注

2. 致克拉拉·I. 米切尔（John Dewey to Clara I. Mitchell，1895.11.12）

亲爱的米切尔女士：

我此刻欲向您提出一项明确建议——待新年伊始，您将面向约 25 名 6 至 9 岁的孩子展开工作；而本校将向您支付剩下的 800 美元薪酬。至于工作时间，我尚未定夺，或许是早晨 6 点至 9 点，又或是 9 点至 12 点。每周的若干午后时光，您将带领着孩子们探访周边乡村、游览博物馆。我目前难以预料此举能带来怎样的教育收益。当然，我们已达成共识，将不时邀请某些领域的专家前来，以助您一臂之力。

我至今尚未找到合适的校舍，但是哈珀博士告诉我，某座教堂拟于 1 月搬迁，教堂旧址有几间教室尚可利用，周边亦有充足的土地，可以用来建设一座花园。

我希望您身体康健，能够胜任此项工作。当然，我不会强求于您，令您感受到任何压力。倘若您真的感受到了压力，那便说明，我们的事业推进得不够自然，未能如愿以偿。

您真诚的约翰·杜威

3. 致克拉拉·I. 米切尔（John Dewey to Clara I. Mitchell，1895.11.14）

亲爱的米切尔女士：

我很高兴您能够承担建设大学初等学校的重任。

关于缝纫课的事情，我之前的想法有些改变，或者更确切地说，我之前对此考虑得还不够成熟。现在我坚信，一定量的缝纫工作将大有裨益。如果我们能引入一些机器，那么精细的活儿应该也可以在机器上完成。我想在教室里放置一些能运作的机器，而缝纫机或许就是最佳选择之一。您可以列张清单，随时记下所需的材料。

我想，还有个大问题，即每个孩子应该掌握多少有关烹饪的知识。我夫人建议，在理想情况下，每个孩子都该有自己的烤箱，以确保他们能学会观察和控制火候。当然，我们或许不需要做到这种程度。但是，经我了解，一些工业培训学校的烹饪课情况很糟糕，每个孩子只能分到一点点食材——比如半个鸡蛋或者其他根本没法烹饪的东西。

或许凯洛格博士[①]或赖利（Riley）博士对卫生座椅等有所了解。您可能也有所耳闻，斯塔尔小姐[②]坚持认为，出于审美和健康两方面的考虑，黑板不应被涂成黑色。在我看来，只要能避免让孩子们反复进行相同的操作，利用纸板进行一些特定的活动也是大有裨益的。（今天我读到一篇报道，介绍夏威夷群岛上的一所幼儿园，那里的日本孩子通过将彩色木钉插入木板来学习颜色！）而就在昨天，我从师范学校了解到，库克小姐班里的一位小男孩用纸板巧妙地制作了一个火车头模型。显而易见的是，在这个年龄段，孩子们利用纸板能够完成比木材更加复杂的手工制作。然而，我认为真正的挑战在于如何为这类活动提供充分的动力。不过话又说回来，如果孩子们能偶尔将自制玩具当作真正的玩物，那或许比毫无目的地制作玩具要有意义得多。

哈珀校长也急切地想要规避那种千篇一律的学校，他渴望寻找一种像"幼儿园"这个词最初被使用时那样新颖的教育方式。然而，学校原本应是休闲之所——这里的休闲并非指娱乐，而是古希腊意义上的那种高尚的享受时光。学校本身充满着意义与价值，学校不代表着机械或奴役，更不应对未来充满焦虑。

您真诚的约翰·杜威

4. 致克拉拉·I. 米切尔（John Dewey to Clara I. Mitchell，1895.11.24）

亲爱的米切尔女士：

---

① 马丁·凯洛格（Martin Kellogg，1828—1903），1893—1999年任加州大学大学校长。——编译者注

② 艾伦·盖茨·斯塔尔（Ellen Gates Starr），1889年，与简·亚当斯（Jane Adams）在芝加哥市共同建立赫尔会所，后来一起制定社会福利计划。——原注

我偶然间看到了阿伯女士[①]去年列出的一份清单，我已经摘出了其中的要点。您会发现，她的 14 927.5 美元的计划相当大方。这份清单是基于 40 个孩子的规模来筹划的。您或许能从中得到一些灵感——我猜想，她的初衷是给孩子们准备书桌和餐桌。很显然，有些东西并不着急，我们一开始只需要准备一些必需品。同时，我希望在几天内能确定我们是否可以使用教堂里的那些房间。那些房间似乎在新楼里，不在旧楼，而且离大学很近。地下室可以用作木工坊和体育馆——当然，体育馆里只会放置一些固定器械。

您真诚的约翰·杜威

5. 致克拉拉·I. 米切尔（John Dewey to Clara I. Mitchell，1895.12.14）

亲爱的米切尔女士：

我一直在耐心等待，希望等初等学校的事情都尘埃落定后再写信告诉您。尽管目前还没有明确的结果，但哈珀校长已经向我保证，今天就会有最终的决定。您知道，有那么一两次，我们差点就决定今年彻底放弃了。而且，我们获得的资金也远未达到我原先的期望值。

您在信中提到的织布机引起了我的极大兴趣。如果孩子们能够轻松操作，那我们一定会考虑购买，只不过可能需要等到我们的资金更为充裕的时候。我一直想抽空去看看您提到过的那台织布机，但总是被各种事情耽搁。

眼下的情况，我们不得不将设备精简到最基本的程度：木工的工作台和工具、炊具、缝纫材料，当然还有椅子和桌子。我有个想法，不知道能不能实现——您有没有什么好办法，可以把普通的桌子改造成需要时就能用来写字或画画的书桌呢？我记得阿伯女士曾经有过这样的设计，可惜我现在联系不上她。

---

① 玛丽·罗斯·阿林·阿伯（Mary Rose Alling Aber），曾在芝加哥大学学习哲学。1880年，在波士顿的保利娜·肖女士的学校任教。1886年，在库克县师范学校任教，也在罗得岛州立师范学校任教。——原注

至于窗边的花园、水族馆等那些非急需的东西，我想我们还是暂时放一放，让孩子们先对他们的已有收获和成长充满兴趣。我有个小小的提议，我们每周可以在学校安排一两次午饭，这样既能激发孩子们做饭的兴趣，又不会增加太多的开支。我相信大多数孩子会对此感兴趣的。就像我问弗雷德（Fred）他想不想学做饭时，他满脸兴奋地告诉我："这正是我一直想要的，这样妈妈生病的时候我就可以为她做好吃的了。"

另外，教堂要到1月底才能完工，所以那里的房间我们暂时无法使用。我现在正在考虑租一栋房子或者公寓，至少要租到5月1日。您个人觉得这样安排如何？……

诚挚的约翰·杜威

6. 致克拉拉·I. 米切尔（John Dewey to Clara I. Mitchell，1895.12.14）

亲爱的米切尔女士：

写过上封信后，我又有了新发现：一栋私人住宅里有三间朝南的屋子，而且附带宽敞的前后院。我已经询问过房东，看我们能不能把后院改造成一个小花园，明天就能知道结果了。我还会量好每个房间的确切尺寸，然后告诉您，这样您就能帮我们参谋参谋，看这些空间是否够用。

哦，对了，关于孩子们的座位问题，我也想听听您的意见。您觉得是让他们分开坐小课桌好，还是围坐在几张大桌子旁边更好呢？或者您有其他更好的建议吗？

我刚刚收到哈珀校长的便条，他说董事会今天下午开会时已经为初等学校拨了款。既然这件事现已经尘埃落定，我希望我们能尽快敲定具体细节。

您真诚的约翰·杜威

（八）致《芝加哥晚报》编辑（John Dewey to Chicago Evening Post Editor，1895.12.19）

《芝加哥晚报》编辑：

　　这所学校^①的归属问题，无疑会深刻影响芝加哥的教育质量。如果决策正确，将为芝加哥的教育事业带来显著益处；反之，则可能造成严重损害。若市政府能够给予充分支持，使学生的学习时间和师资力量得到有效保障，并积极推动教育创新，那么这将为芝加哥的学校带来前所未有的发展机遇。然而，如果这一决策是出于个人恩怨、财政紧缩或短视的考虑，导致教育标准降低、教学方法僵化，那么这将成为芝加哥教育事业的一大败笔。

　　我这样说，并非为了维护帕克上校的利益。他所需要的，仅仅是公平竞争的保证：为了公共教育利益而进行的公开转交，不应成为引发私人恩怨的借口。比任何个人利益都更为重要的，是公平和正义的实现，是城市能够抓住进步所带来的机遇，而不是在教育上出现倒退。

　　我并没有制订什么特别的计划，但我想建议一下，如果学校被市政府接管，那么应保证它至少能维持在 7 月 1 日前的状况。这对于那些即便没有法律保障，却依然献身于教育的教师来说，无疑是公平的。同时，学校董事会应与教育专家协商，探讨如何使这所学校发挥出最大潜力，使其成为芝加哥的宝贵资源，为我们打造全美最优秀的公立学校系统。我深信，公开与透明可以解决当下的全部复杂问题。作为大学教育学系的负责人，我可以提前承诺，将尽我所能，为芝加哥的公立学校提供一切可能的合作与支持。

　　在结束这封长信之际，我想说的是，我之所以有勇气写下这些话，是因为《芝加哥晚报》（*The Chicago Post*）和《时代先驱报》（*The Times Herald*）始终秉持着极为开明和睿智的立场。正是这种态度，鼓舞了我的信心。

约翰·杜威

---

　　① 即库克县师范学校。——编译者注

> **附：** 这封信由杜威撰写，他与索尔兹伯里[①]、张伯伦（Chamberlin）和塔夫茨共同出席了芝加哥教育委员会的一场关键会议，主要议题是讨论是否将帕克上校领导下的库克县师范学校纳入市教育系统的管辖范围内。会议讨论的题目是"逃避责任"。

（九）致克拉拉·I. 米切尔（John Dewey to Clara I. Mitchell，1895.12.22—1895.12.31）

1. 致克拉拉·I. 米切尔（John Dewey to Clara I. Mitchell，1895.12.22）

亲爱的米切尔女士：

....

化学、物理学、数学，这些都是科学的基础领域。说到化学，在我看来，它在生命的相互关系网中占据着一个特殊位置。化学关乎生命中无机物与有机物的相互作用，关乎能量在无机世界中的储存，以及在作为有机组织的化学结构中的储存。化学过程就像是把这些能量转化成生命可以利用的形式，然后将其释放出来。同时，生命也会对周围的无机环境产生影响，比如产生需要处理的废物等。简单来说，化学就是生命的能量转换器，让一切得以活跃起来。

....

化学深谙质量变化的玄妙之道，将这些法则与途径娓娓道来。它宛如一把神奇的钥匙，为我们揭示了无机物与生命间那千丝万缕的联系。在化学的指引下，我们目睹了无机物如何一步步孕育出生命的奇迹，同时，也洞察了生命如何以其独特的方式对无机物施加影响、进行改造。

[①] 罗林·D. 索尔兹伯里（Rollin D. Salisbury），1892年从威斯康星大学来到芝加哥大学，任地理地质学教授。——原注

物理学提炼出各种机械的精髓与运作之道，使我们得以巧妙驾驭自然之力，维系并推动万物的自由变幻。我深感物理学的魅力，在于其始终探寻如何巧妙地将物质与力量融为一体，达成所愿。而化学过程，则如同一位魔法师，既能创造奇迹，亦能带来毁灭；然而，若无明确的法则与方向，它便难以施展魔法。物理学恰如明灯，照亮化学变化的迷途，揭示其奥秘与规律。因此，若将物理学比作巧夺天工的木匠，那化学便是一位烹饪美味的厨师。然而，在烹饪的舞台上，物理学亦不可或缺：它悄然现身，助我们精准掌控食材的分量与火候，实现化学变化的和谐与平衡。这般相互依存、相得益彰的美妙关系，正是科学与生活的交融与共鸣。

数学抽象出物质与能量如何高效调配以达成目的的理论。它揭示了这一过程的简洁之道：认识到质量和能量的限制，是为了将其以最大效率调配至生命的各个角落。简洁之道总是要求着一种和谐的节奏。数学不仅是一门科学，更是一种智慧，它让我们在纷繁复杂的经济世界中，探寻一种优雅而高效的解决方案。

在以生命作为中心的理念中，孩子作为正在生活、正在行动的小生命，自然成为了这个中心。我们前面提到的三个主题，都是围绕着孩子如何生活、如何行动来展开的。这些主题无处不在，贯穿在孩子成长的每一个环节，没有固定的位置，却又处处都在。

另外，还有一组研究是与材料息息相关的。简单来说，我们的原则就是追根溯源，从最终的产品一步步往回推，看看它是由什么构成的，这些构成部分又是如何影响最终产品的。比如，如果是木材，我们就会研究木材的质地、纹理等，看看它们是如何影响木工作品的；如果是烹饪，我们就会研究食材的来源、营养成分等，看看它们是如何影响菜品的口感和营养的。这样的研究，最终会涉及矿物学、气象学等领域，帮助我们了解材料的形成条件和过程。

当然，对于孩子来说，我们不需要他们深入理解这些研究的细节，但激发他们的想象力却是非常重要的。让孩子想象木材是如何从一棵小树苗长成参天大树的，想象牛奶是如何从草原上的小牛变成餐桌上的美食的，这样的想象能够帮助他们更好地理解世界，更好地欣赏生活的美好。而且，孩子的想象力一旦启动，就会像脱缰的野马一样奔腾不息，除非我们刻意去阻止它。

生活有多种多样的表达方式。就像材料在语言的演进、社会制度的发展、历史的沉淀中不断前进和整合，而历史本身也只是对现存社会生活的剖析。现在的生活是复杂多变的，需要被当作一个整体来理解和体验；而历史则通过筛选和凸显某些当下的片段来简化它。换句话说，历史源于当下，并最终要回归到当下。

文学如果脱离实际，就是一种迷信；它直接地反映生活，承认生活的社会性。文学是一种对话和交流，它暗示着每个人都有值得分享的经验，这些经验可以被他人借鉴和利用。无论是分享自己的经验，还是从他人那里寻求帮助以获取新的经验，比如在使用口语和书面语进行材料收集时，都是如此。当然，线描和彩绘也主要是一种表达和传达的方式。过去的文学作品大多与历史或纯粹的故事紧密关联。

地理则是联结自然与文化的桥梁：它反映了环境如何融入人类生活，以及人类生活如何改变环境。对孩子来说，湖泊可能只是"被陆地包围的一大片水域"，显得乏味无趣。然而，对成年人来说，湖泊可能是船只的港湾、物资的运输通道，意义非凡。除此之外，实际观察到的地理形态和结构，如山川、河流等，都蕴含着深刻的美学意义。而当土壤的形成、侵蚀等自然过程与植物、动物乃至人类的生活紧密关联时，也显得生动而富有意义。

我在写这篇文章时并没有完全按照逻辑顺序来组织内容，但我认为在阅读和写作的过程中，应该更多地关注与社会职业（Social Occupations）的联系。比如，我们日常生活中所需的物品是从哪里来的？我们的钱花在了哪些地方？劳动是如何分工的？社会成员之间是如何相互依赖的？这些问题都涉及社会学的内容。在我看来，地理学是社会学最基本、最朴素的形式。

教育的顺序大抵如此：首先是学会表达，接着是熟悉材料，再是磨炼技巧，然后再次提升表达能力，以此类推。

前些日子，我写了一篇关于"相关性"（Correlation）的文章，随后会寄给您。不过我要着重强调的是，倘若此文让您觉得束手束脚，或者像是一个您必须遵循的条条框框，那就请把它抛到九霄云外去吧。

再说另一桩事：在聊起这些要做的事务时，您兴许会觉得我把咱们当初关于"稳扎稳打、逐步成长"的共识给忘到脑后了。其实不然，那才是我们的根本原则。哪怕有人向您提出了万千事项，您也得牢记这个前提：给自己和孩子都留出充裕的时间，千万别处于一种匆忙状态。我这么说，并不是因为想要催促您，而是因为在出谋划策的过程中，恐怕会冒出许多事情来，让人应接不暇。我深信，教育实验最应坚守的就是：慢工出细活，成长路上稳步走，才能走向成熟。

您真诚的约翰·杜威

2. 致克拉拉·I. 米切尔（John Dewey to Clara I. Mitchell，1895.12.24）
亲爱的米切尔女士：

哈珀校长在 12 月 21 日的回信中，提到了爱德华·阿特金森（Edward Atkinson）的有关自动烹饪（Automatic Cooking）的文章，详细描述了他发明的阿拉丁烤箱的工作原理。我正在根据校长提供的波士顿的地址来写信，以做进一步了解。

我附上了一些关于燃烧的笔记，虽然这只是我个人的副本资料，但希望能给您一些参考。当然，这些只是建议，如果您觉得不适合或有所困扰，完全可以忽略。关于科学研究的顺序，我认为不必拘泥于某种固定的模式。您可以从自己认为最方便的主题开始，比如发酵或其他您感兴趣的内容。我整理这些笔记主要基于我个人的视角，可能不完全适合孩子们，所以请从儿童的立场出发自行斟酌。

我一直坚持一个原则，那就是要将事实与某个过程相关联，这样才能形成完整、生动的理解。我发现，即使我们对某个过程的理解还不够深入，它也能自然地吸引并保留与之相关的信息。这种现象让我深感惊奇。从理论层面来看，这或许能够解答教育学中一直争论不休的问题，如分析与综合、归纳与演绎以及个别与一般的关系等。我认为，过程才是最重要的，它承载着所有的细节和特性，而这些细节和特性又不断滋养和发展着这个过程，使其愈发丰富多彩。

关于您昨日提及的阅读材料方面的问题，我确实有些多虑了，这或许是因为我日常读书较多所致。然而，这些材料仍需以条理清晰、易于理解的方式加以整理。我正在考虑，是否可以将孩子们所发现并陈述的各项事物整合起来，按照一定的顺序重新编排，以便更加清晰地实现对材料的整理。至少在整理材料方面，这应该是一种比较理想的处理方式。此外，我还考虑到了两种不同的阅读方式：一种是并不直接给出信息，而是引导读者去思考新的问题，或从新的角度去看待事物；另一种是提供一些与主题相关的信息，但又不完全局限于这些信息，比如相关的诗歌、历史故事等。关于对具体的工作方向、任务内容以及执行方法等方面的指导，是否可以以书面或印刷品的形式提供给孩子们呢？

关于弗雷德（Fred）目前的心理状态，我不太确定这是他的个性特点，还是同龄孩子共有的特性。他现在似乎非常注重秩序和系统，希望每件事情都能按照某种既定的规则进行。这种变化是在过去的半年里逐渐显现出来的。如果在 8 岁左右的男孩子中这是比较普遍的现象的话，那么它或许揭示了对该年龄段孩子开展教育的一些关键所在。如果这种注重秩序和系统的心理是其他孩子也有的共性，那么提供明确的书面指示可能会对他们产生很大的吸引力。这不仅能激发他们的阅读兴趣，还能为他们提供具体的行动指南。当阅读内容超出年幼孩子的理解能力时，年长的孩子可以协助他们进行阅读和理解，从而实现知识的有效传递。

谈到算术，我深感我们尚未充分挖掘"节奏感"（The Sense of Rhythm）

这一宝藏。想象一下，若能将数字关系融入某种自然律动之中，那孩子们或许能更轻松地掌握，且记忆深刻。我一直在思索，是否能将体操的优雅动作或行进的坚定步伐与算术和几何的精髓相融合。或许，古希腊人早已在无意中实践了这种融合。

穆尔博士向我推荐了马修·威廉姆斯[①]的《烹饪化学》一书，盛赞其深入浅出，富有启发性。我计划购买一本，而您或许能在图书馆中先睹为快。在与穆尔博士的交谈中，他对烹饪教育的见解令我印象深刻。他强调，教授烹饪时，应引导孩子们理解烹饪的目的和意义。这样，他们便能自发地评判烹饪的优劣。穆尔博士认为，当前的烹饪教育过于流于表面，忽略了深层次的探索。烹饪不仅仅是简单地加工食物，更是一门科学，关乎口感和营养的平衡。孩子们的味蕾是纯净的，只要未被垃圾食品所侵蚀，他们便能敏锐地辨别出食物的美妙之处。例如，我们可以引导孩子们尝试咀嚼生米，再品味不同烹饪时长的米饭，探寻最佳的口感。同时，水量和火候的微妙变化，也会为米饭带来截然不同的风味。除了米饭，我们还可以引导孩子们比较米饭与土豆中所含淀粉的差异，拓展他们的味觉和认知。穆尔博士坚信，即便是简单地研究一下米饭的烹饪，也能耗费孩子们一两周的时间，而这期间将充满探索与发现的乐趣。他还提到，在其他烹饪学校中，孩子们往往各自为战，缺乏交流与合作。若能让一个孩子承担起主要责任，而其他孩子作为观察者和评论者，那么这种互动与合作将极大地提升学习效果。遗憾的是，在普通学校中，孩子们往往只关注自己的任务，而忽略了与他人分享与交流的重要性。

我原本只是想发些关于燃烧的笔记资料给您，顺便提一下，我今天早上还没搞清楚怎么提取那笔资金，所以采购的事情可能得稍微延后一下。不过准备工作可以提前做好，比如让那个做黑板的人来估算一下整体费用等等。我

---

① W. 马修·威廉姆斯（W. Matthieu Williams），撰写了《烹饪化学》（*The Chemistry of Cookery*，1885）。——原注

已经跟贝内特（Bennett）先生说了，我们会买下这栋房子，但无论怎么商讨，他就是不肯降价。

诚挚的约翰·杜威

3. 致克拉拉·I. 米切尔（John Dewey to Clara I. Mitchell，1895.12.31）

亲爱的米切尔女士：

附件里的情况一看便知，我把它转发给您……

您真诚的约翰·杜威

> **附件**：芝加哥大学由约翰·D. 洛克菲勒创立。本校欣然宣布，在教育学系的引领下，不日将创办一所初等学校。管理该校的重任将由克拉拉·米切尔女士担当。我们计划招收 25 位年龄介于 6 至 8 岁间或学业程度相当于小学前三年级的儿童。具体招生名额届时当视学校接收能力而定。想进一步了解有关申请事宜或其他信息，敬请垂询我校哲学与教育学系主任约翰·杜威先生。每学期的学费定为 12 美元，书本费用全免。
>
> 敬请注意：学校将于 1 月初启幕，具体开学日期及地点将在近日公布。

（十）致威廉·雷尼·哈珀（John Dewey to William Rainey Harper，1896.01.11）

亲爱的哈珀校长：

若巴尔克利（Bulkley）小姐仍然不改变她 28 日的感受，那我将同意您的看法，这个问题确实需要引起所有相关人士的严肃关注。

首先，虽未明言对于学校的一些评论，但这分明是在质疑我的能力。如果担心学校工作缺乏总体的目的、计划和方法，如果已经面临缺乏特色且混乱无序的危险，如果孩子们被人在那里随意摆布，那么，就让我知难而退，抑或另请能够胜任这项任务的人。尽管饱受如此质疑，但我相信情况还远远没有达到无法挽回的地步。我不仅期望这项工作能够赢得专家的尊敬，为教育学领域添砖加瓦，而且更斗胆预见，它将成为初等教育组织方面公认的权威之作。

其次，有人直截了当但或许并非刻意地指责说，巴尔克利小姐被人束之高阁了。对此我保留我的个人看法。若您愿意，在需要的时候，我可以提供一些与此相反的事实。目前看来，更有必要阐明的是，由于这项事业本身的性质，必须有人站出来承担最终责任并负责相关事宜。这一点本是不言自明的，我们甚至无须多此一举地加以强调：一些迹象显示，这种被束之高阁仅仅是因为她缺乏领导头衔而已。在我看来，事业负责人应该善于采纳他人建议并与人合作，以此充分借鉴他人的经验，同时高度重视他们在大学内的地位与人脉。这一点同样不言而喻。之前我已经提过，您可以随时调取任何与此相关的事实证据。

再次，我想提醒大家注意这整个事情的发展脉络。我们在 12 月 14 日之前缺乏任何足以开展行动的基础，米切尔女士也是在几天后才加入的。自那以后，我因为忙于他事而离开了一周。除了来自开设常规课程和拓展大学课程的压力外，一直以来，我们都被筹备教室和提供设备等方面的烦琐细节工作牵绊，这也是巴尔克利小姐被邀请参与却拒绝了的工作。当理解了这所学校与普通小学相比，更加依赖教学设备后，您就能明白这些烦琐工作意味着什么了。在此种压力之下，可能有些事情来得及做，而有些事情却无暇顾及。若是可以坐拥更多闲暇时光，这样的情况可能会得到一定程度的改善。但对此，我们或许不应抱有过高的期待。在此种情形之下，为何对待巴尔克利小姐如此操之过急呢？

实际上，若您能采取任何措施来缓解这一异常局面，或是就如何处理这一问题给予我任何建议，我都将感激不尽。

您真诚的约翰·杜威

（十一）致弗兰克·A. 曼尼（John Dewey to Frank A. Manny，1896.01.16）

亲爱的曼尼先生：

……周六上午，我就按您建议的来简单讲几句（我大概周五晚上就出发）。周六晚上，如果"学校与品格"这个话题不算太沉重的话，那我可以深入谈一谈。不过，周日早上我就没法讲了，真的抱歉。如果您想让我周日早上讲的话，那就得把周六晚上的讲座给替换掉。说实话，我现在真的忙得不可开交，承受不了连续两场的报告。

您真诚的约翰·杜威

附：我之前写信的时候并没有参考您的信。谈及晚上的主题，除了我之前提到的那些，还可以考虑这几个："教育中的想象力"（Imagination in Education）、"以生活的常态去准备生活"（Preparation for Life as Life）（其实跟我之前说的那个话题意思差不多），还有"儿童生活的时代"（Epochs of Child Life）（"想象力"的话题比其他话题要轻松一些，可能会更受欢迎）。周六上午的发言，就按您建议的来，咱们好好讲一讲"中学问题"（High School Problem）。

（十二）致保罗·卡勒斯（John Dewey to Paul Carus，1896.03.11）

亲爱的卡勒斯博士：

我们团队里有一位非常出色的日本学生，即田中先生[①]。他已经在芝加哥大

---

① 田中喜一（Tanaka Kiichi），1895年在芝加哥大学获文学学士学位。作为教授，他以文化批判知名。他的著作包括《通过个人主义和国家哲学》（*Through Individualism and National Philosophy*，1919）。他曾在东京邀请杜威访问日本。——原注

学获得了文学学士学位，现正在继续攻读博士学位。他的研究兴趣是中国哲学的某些领域，特别是日本佛教唯心主义和中国现实主义之间的交融。他正在使用的研究材料尚未被翻译成英文，这对他来说是一个不小的挑战。

在经济方面，田中先生确实有些捉襟见肘。虽然大学贷款协会（The University Loan Society）已经为他提供了一些援助，但他仍然需要靠做些零工来维持生计。我之所以写信给您，是因为我知道您与一些热爱东方哲学的人关系不错。我想，或许有人愿意为田中先生提供资金支持，帮助他在接下来的一年里继续开展研究事业。他真的是一位非常值得资助的学生。如果我们不是受到了那么多限制，那早就为他提供固定的奖学金了。

回忆起您上次来访时的情景，我们都很开心，真心希望您能再次来访。向您与黑格勒（Hegeler）先生表达我的诚挚问候。

您真诚的约翰·杜威

（十三）致弗兰克·A. 曼尼（John Dewey to Frank A. Manny，1896.03.16—1896.03.26）

1. 致弗兰克·A. 曼尼（John Dewey to Frank A. Manny，1896.03.16）

亲爱的曼尼：

我现在对明年为初等学校寻找若干好老师而发愁。我理想中的好老师需满足以下三点要求：第一，有全面扎实的教育背景，尤其在科学方面得出类拔萃，这样才能把科学知识恰到好处地讲给小学生们听；第二，拥有同小学生打交道的经验，至少得知道怎么跟他们相处得来，让他们感到自在、轻松；第三，还具备实践和执行能力，能把教学工作落到实处。当然，如果还有第四点就更好了，那就是有心胸和眼光，能把专业知识和技能融进整体的教学计划和目标中去。换句话说，既要有理论上的组织能力，也要有实践上的操作能力。不过，我不太在意老师们是否接受过哲学方面的专业训练。

您认识安阿伯或其他地方的优秀女毕业生吗？我或许可以找到一些能够运用当下流行的教学方法的老师，也能找到一些学识渊博、技术过硬的大学毕业生，但我更想找的是那种能同时满足上述条件，而且还能在教学上有所创新的人。

我给您寄了一份我校的教学计划，您阅览后就知道我上面所讲的意思了。拉什（Rush）小姐在某些方面还不错，但我不太确定她是否拥有足够的主动性和活力。安德伍德（Underwood）小姐我就不知道了，我感觉她可能更偏向于文学方面，而且我也不确定她是否有和小孩子相处的经验。您能帮助我满足心愿吗？

约翰·杜威敬上

2. 致弗兰克·A. 曼尼（John Dewey to Frank A. Manny，1896.03.26）

亲爱的曼尼：

…………

说到想象力和情感方面的事情，我在想，能不能引导学生们去观察他们自己的内心世界，包括各种视觉感知和其他感知，然后再慢慢地把这些内容和他们的学习联系起来，特别是在文学、历史、地理这些方面。我觉得，如果每天都能和学生见面，多了解了解他们，那么我们之前在一些会议上尝试过的那些活动，就会变得更有成效。

所谓的情感观察，一部分是关注与情感相关的意象和内心感受，另一部分则是观察图画、手势等外在表现。当然，这只是个大概的想法。提出这种想法主要是想以实际的观察工作为基础，来进行更深层次的理论探讨。

您真诚的约翰·杜威

（十四）致大拉皮兹学区教育委员会（John Dewey to Grand Rapids，MI，School Board，1896.03.26）

密歇根州大拉皮兹学区教育委员会的先生们：

我与曼尼先生已有多年的交往，早在他在安阿伯当学生的时候，我们就已经熟识了。近年来，他一直在伊利诺伊州的莫林（Moline）担任教师，我对他的工作一直保持着关注。我听说贵学区的中学即将有职位空缺，因此我想向您推荐这位非常优秀的教育工作者。

在我看来，曼尼先生是一位非常出色的教育工作者，他既是一位优秀的组织者，也是一位出色的教师。他无论做什么事情都能够取得非凡的成功，而且他的工作能力一直在不断进步。他学识渊博，勤奋努力，举止得体，与学生和公众沟通的能力也非常出色。

我非常愿意向您推荐曼尼先生，因为我相信他一定能够胜任贵学区的中学教师工作。虽然我本来可以写得更详细一些，但是再怎么描述也无法表达我对他的强烈推荐之情。如果您需要了解更多的关于他的细节信息，请随时告诉我，我会尽力为您提供帮助。

衷心的约翰·杜威

（十五）致弗兰克·A. 曼尼（John Dewey to Frank A. Manny，1896.04.15—1896.07.28）

1. 致弗兰克·A. 曼尼（John Dewey to Frank A. Manny，1896.04.15）

亲爱的曼尼：

关于您的工作安排，我们还没有制订非常具体的计划。我只是向校长强调，教育学的工作类似于实验室研究，需要一名得力的助手来协助。以下是我为您指定的几项任务：

一是负责我们初等学校的日常运营工作，包括跟踪采购进度、管理教学材料等。这项工作更注重责任心，而不是花费大量时间。

二是收集各学校的教学材料、报告等资料，以便我们更好地了解教育行业的最新动态。（这是一个假设：今年，国际幼儿园协会向所有幼儿园提出了很多问题。这些回复需要送给斯坦利·霍尔进行处理。如果我们这里有人负责处理这些回复，我们同样可以在这里收到它们。这就是我所说的一个例子。）同时，要与公立学校建立良好的合作关系，为我们提供更多的教学资源和机会。

三是协助推进中学拓展项目的开展，确保项目顺利推进并取得预期成果。

四是协助设计大学继续教育部的教育学课程，结合您在暑期学校的教学经验，为城市教师打造更具实用性的课程。如果您愿意承担暑期学校的教学任务，我们将为您提供额外的薪酬。

五是我计划在明年秋季学期开设一门教育学课程，引导学生们进行观察和开展批评实践。我希望这项工作能够持续进行下去，但在秋季学期之后，我可能无法投入太多时间。因此，我考虑与您共同合作，将这门课程系统化，以便我们在接下来的一年里能够继续推进。参与这门课程的都是研究生，他们的学术水平较高，相信我们能够共同取得良好的教学效果。

只有第三项任务可能会让您与其他人产生一些交集，也就是与大学继续教育部的人员合作。不过目前这还只是我的设想，具体情况还需要进一步确认。

总的来说，我认为我们可以携手合作，共同推进教育学系的发展。我希望教育学系能够成为大学与外部学校进行联系的桥梁和纽带，以此促进教育资源的共享和交流。我已经看到了一些可行的行动方向，但还需要您的协助来完善和执行。我们创办的观摩学校应该成为教学改革的焦点，吸引更多优秀的教育专家和学者加入我们的团队。同时，我们也需要关注研究生的培养和发展，引导他们将所学知识与公立学校的实际需求相结合，为教育事业做出更大的贡献。

教育学系的一位副教授曾在德国深造过教育学，她有着丰富的学校管理经验。但目前她的研究方向似乎还有些模糊，既不完全偏向理论也不完全偏向实践。我希望我们能够携手合作，共同探索教育学系在大都市大学中的发展方向和定位。我相信只要我们齐心协力，一定能够取得更加卓越的成果。

在这个过程中，您将有充足的时间来完成您的研究生学业。但更重要的是，您将获得宝贵的实践经验和未来发展的机遇。我相信这对您来说将是一个非常有意义的挑战和机遇。

约翰·杜威敬上

2. 致弗兰克·A. 曼尼（John Dewey to Frank A. Manny，1896.05.10）

亲爱的曼尼先生：

…………

很高兴收到您关于表达方式的来信。我之前是不是给您寄过我们教育学系初等学校的计划书副本？让我欣慰的是，我们不约而同地关注着同样的问题。虽然我一直以来更关注低年级的教学，但我们的核心理念是一致的。随着教学层次的提升，我们也会继续深入研究这个问题。我们当前的教育重点是如何从表达入手，进而引导学生获取信息。特别是在阅读和写作方面，我们希望能够与学生的日常沟通或实践活动相结合，激发他们的学习兴趣。不过，我们目前还较少关注如何给教学工作增添一些艺术气息，如何让学生在学习过程中感受到美的存在。实际上，孩子们对美有着天然的兴趣，但目前的教育方法似乎并没有充分利用这一点。

我们学校从 1 月的第一个星期就开始运作了，现在已经逐渐步入正轨，教师们也开始放手让学生们自主管理。前几天，一位非常有经验的教师来学校参观后，感慨地说，这是她第一次见到孩子们完全出于兴趣而学习，而不是为了追求所谓的成绩。之所以能取得这样的成果，全因为我们重视为孩子们创造表达的机会、提供表达的工具，并任由他们自由发挥。

我本来希望明年能与多普小姐有更多的合作，但计划似乎要落空了。预计明年我们会增加一名新教师，可能还会有一些学生来帮忙。这位新教师可能是凯瑟琳·坎普小姐 ①，您或许在密歇根州见过她。她在科学和家政方面有着丰富的教学经验，而且管理能力也很强。相比之下，我们更需要她在科学和烹饪方面的专长，所以只能暂时搁置与多普小姐的合作计划了。希望未来还能有机会与多普小姐携手合作。

约翰·杜威敬上

3. 致弗兰克·A. 曼尼（John Dewey to Frank A. Manny，1896.06.20）

亲爱的曼尼：

我已安排把各种资料给您送去，如果迟迟没有收到，烦请跟我知会一声。

过几天，我会写信跟您商讨明年学校的办学地址。我们不得不搬迁学校，这项重任我就托付给您去操心了。

有几件事，我想请您多加留意：一是找些真正懂教学、热爱教育的教师；二是看看哪些研究生能偶尔来学校提提建议，或是来客串讲课；三是我们要寻找一些愿意定期来学校学习并支付学费，还愿意额外承担诸如制订教学计划或实施教学工作等责任的人。同时，我们也要留意与本市公立学校建立合作关系，比如开设由我们高年级学生授课的拓展课程等。此外，我们还要探索某种最佳的方法，以此组织对学校的参观及调研，确保这些活动能够取得实际效果。

前几天，我们的研究生自己开了个会，商量明年一起做点实事。他们选了几个人组成委员会，去探探路，并于明年秋天汇报成果。到那时，哲学俱乐部就是咱们交流心得、讨论问题的大本营了。您会发现，坦纳女士 ②、福里斯特（Forrest）夫妇以及亨德森先生，他们都挺热心的。

您真诚的约翰·杜威

---

① 凯瑟琳·坎普（Katherine Camp），芝加哥大学初等学校教师，《杜威学校》一书作者之一。——原注

② 埃米·伊丽莎·坦纳（Amy Eliza Tanner），密歇根大学的毕业生，1898年在芝加哥大学获得哲学博士学位。——原注

4. 致弗兰克·A. 曼尼（John Dewey to Frank A. Manny，1896.07.22）

亲爱的曼尼：

我原本期待能在这里见到您，但因为我不得不更改日期，所以来迟了。由于担心找不到您，我就没写信。不过，我有很多事情想和您商量。非常感谢您关于密歇根那位女士的来信。我们留住了现在的米切尔女士，并新聘了普拉特学院（Pratt Institute）的坎普小姐。

琳女士[1]捐赠给我们2500美元，克兰女士[2]捐赠了250美元。我们必须从中支付两笔共1200美元的薪水，然后靠学费来支付租金、添置设备，以及支付一些特殊工作的报酬。我们打算招收40名学生——如果我们能招到的话。我们的教室将设在位于伍德罗恩大道第56号的浸信会教堂。

我们现在的租期截止到8月15日，您能在这之前赶到吗？如果能，那我会让您负责搬家的事宜。东西可以储存在教堂的地下室，如果那里太潮湿，就放在阁楼里。您和古德斯皮德博士[3]，也就是那位秘书，商量一下合作事宜，看看他们有没有什么一贯的搬迁方式可以减少开支。请向他介绍一下您自己。如果我发现您能在15日之前赶到，那我会写信告诉他您的职责，或者会给您寄一封介绍信。无论如何，要让他告诉您商业操作模式。我的住址将是：纽约州埃塞克斯县基恩（Keene, Essex Co., N.Y.）。我两三天后就会去往那里。

明年我们可能会招收一些12岁的孩子。如果这样的话，那我们想把历史和文学课程组织起来。我希望您能在这方面费点心思。

您真诚的约翰·杜威

①内莉·B. 琳（Nellie B. Linn），芝加哥大学的主要捐赠者。——原注
②科妮莉亚·史密斯·克兰（Cornelia Smith Crane），查尔斯·克兰的夫人。她是芝加哥大学初等学校的财务委员会委员，也是初等学校的主要捐赠者。查尔斯·克兰是芝加哥克兰公司（一个生产水电工程零部件的公司）的经理。——原注
③托马斯·W. 古德斯皮德（Thomas W. Goodspeed），芝加哥大学通信秘书。——原注

5. 致弗兰克·A. 曼尼（John Dewey to Frank A. Manny，1896.07.28）

亲爱的曼尼先生：

请告诉负责发放大学访客卡的人我离开后的新规定，哈珀校长跟我说过，曼尼女士[1]可以随意地听课，不用交纳任何学费。至于您的工作，您直接去找相关的系主任报到，跟注册老师说您有官方的任命书。如果任命书的日期是10月1日，有人对此有疑问，您就解释说我们之前已经商量好了，您从8月5日就开始工作。如果还有问题，那就推到我身上。虽然我没拿到什么书面证明，但我相信不会有任何问题。

我建议您选穆尔先生[2]的课，虽然可能没什么新内容，但可以帮助您复习。穆尔先生接手了我这方面的工作，正在努力拓展课程内容，我觉得你们可以在很多方面互相帮助。至于其他课程，我也说不好，罗斯教授[3]的课应该挺有启发性，但我不太了解具体情况。如果这学期找不到更吸引您的课，那就选他的课吧。

初等学校的开学日期和大学同步，都是10月1日。米切尔女士9月初就会到芝加哥，坎普小姐大概月中到。她们正在跟我们一起度假。我已经写信通知您，说了搬家的事，时间是8月15日。房东是贝内特（F. I. Bennett），他的办公室在华盛顿街1200号。您可以去找学校秘书古德斯皮德博士，跟他谈谈商业安排还有雇货车司机之类的事。他会告诉您大学有没有专门负责这些事的人，如果有什么烦琐的手续，他也会跟您解释。您跟他说是我让您去的。

除非您在那之前听到了别的消息，否则我们就搬迁到伍德罗恩大道第56号的浸信会教堂去。住在华盛顿街57号附近的马什（Marsh）先生是他们的

---

① 玛丽·布卢姆·曼尼（Mary Bloom Manny），弗兰克·A. 曼尼的母亲，当时在芝加哥大学上学。——原注

② 即爱迪生·韦伯斯特·穆尔（Addison Webster Moore）。——原注

③ 爱德华·A. 罗斯（Edward A. Ross），斯坦福大学和内布拉斯加大学社会学教授。1896—1905年，在芝加哥大学举办社会学讲座。——原注

董事会主席。古德斯皮德博士会把他的确切地址给您。如果地下室还没修好，那东西可以暂时放在教堂的阁楼里。要是出于某种原因我们不能把东西搬去教堂，古德斯皮德先生就得在大学里找个地方暂时放东西。

　　我同样已经写信给您，请您将您的学术记录提交给大学。您可以在年鉴里找一个模板。非常感谢您回复了威尔斯（Wiles）女士的信。如果有其他需要我帮忙的事情，请随时告诉我。

您真诚的约翰·杜威

（十六）致弗洛拉·J. 库克（John Dewey to Flora J. Cooke，1896.11.18）

亲爱的库克女士[①]：

　　我们正在考虑根据系里的工作需要，每个季度都举办一次教育学研讨会。第一次研讨会暂定于 12 月 7 日上午 10 点举行，研讨的主题是"中学以下阶段的科学研究"。钱伯林教授[②]和库尔特教授[③]都答应出席并做发言。钱伯林教授准备谈谈自然研究应用于儿童早期心理过程的问题，库尔特教授则还没想好要讲什么。

　　如果您那天早上也能出席我们的研讨会，和两位教授一起发表演讲，并参与后续讨论，那就再好不过了。您可以挑选任意您感兴趣或者擅长的话题，我们都会非常欢迎您进行分享。我知道您平时公务繁忙，不想再给您增加额外

---

① 弗洛拉·J. 库克（Flora J. Cooke），在库克县师范学校（后更名为芝加哥师范学校）任教；1889—1990 年，在芝加哥学院（Chicago Institute）任教；1901—1934 年，任弗兰西斯·W. 帕克学校（The Francis W. Parker School）校长。——原注

② 即托马斯·C. 钱伯林（Thomas C. Chamberlin）。——原注

③ 约翰·M. 库尔特（John M. Coulter），森林湖大学（Lake Forest University）校长。1894 年 7 月，每周在芝加哥大学上三次植物学课程；1896 年卸任校长之后，成为芝加哥大学植物学系主任。——原注

负担。但如果您能在百忙之中抽出时间，与我们分享您的见解，那我们将不胜感激。

诚挚的约翰·杜威

（十七）致威廉·雷尼·哈珀（John Dewey to William Rainey Harper，1896.11.18）

亲爱的哈珀先生：

在过去的一年半时间里，我深入体验了学生工作的方方面面，在此我斗胆分享一些心得，并提出几点建议：

说实话，我不太看好现在学生们的整体态度。不论是取得奖学金的学生们，还是那些勤工俭学的学生们，他们都普遍缺乏积极性。他们往往将工作视为负担，或是尽可能将工作缩减到最低程度。然而，我认为这并不能全怪学生们。不同院系在处理学生工作时存在明显差异。有些院系要求严格，将工作当作一项严肃的任务来执行，学生必须尽职尽责。而有些院系则显得过于宽松，甚至鼓励学生减少图书馆服务或其他工作，理由是他们可以把时间用在更有益的事情上。

另外，各院系之间由于缺乏统一监管，在工作时长和工作性质上差异较大，尽管他们都声称对此事非常重视。

我注意到，在部分学生中存在着一种不满情绪，他们认为大学在某些方面尤其是体育运动方面的政策，限制了个人自由，增设了诸多烦琐规定。这成为他们试图在其他方面僭越大学规章的一个借口。

依我之见，若能使各院系之间协调一致，那必将大有裨益。同时，我深信，若能找到一位专职监管人员，每周投入一定时间专注于此项工作，其成效必将远超过所支付的微薄薪水。

诚挚的约翰·杜威

（十八）致泽拉·艾伦·迪克逊[①]（John Dewey to Zella Allen Dixson，1896.12.14）

亲爱的迪克逊女士：

以下是我们研究员的工作情况说明：

埃米·坦纳（Amy Tanner）小姐，负责指导助理的编目和其他工作，每天 2 小时。

怀特黑德（L. G. Whitehead）先生每天从事案头助理工作 4 小时。

罗杰斯（A. K. Rodgers）先生，每天负责案头工作 2 小时，编目 1 小时。

克拉拉·米勒德（Clara Millerd）小姐，哲学与希腊文方面的联合聘任的研究员，每天负责编目 1 小时。

克拉克（Clark）小姐，高级学者，每天负责案头工作 1 小时，编目 0.5 小时。

坦纳小姐和怀特黑德先生还负责审阅心理学和逻辑学的往来信函，但很难估计这项工作所需的时间。在接下来的一个学期里，所有研究员可能都需要或多或少地花时间审阅入门伦理学课程的课业论文，平均每天可能需要 20 分钟到 30 分钟。

诚挚的约翰·杜威

（十九）致弗兰克·A. 曼尼（John Dewey to Frank A. Manny，1897.01.**? ）

亲爱的曼尼先生：

---

① 泽拉·艾伦·迪克逊（Zella Allen Dixson），1892—1900年，任芝加哥大学图书馆助理馆员、副馆员。——原注

我想说，您从未让我失望。如果出现任何不合适，那都是我造成的，与您无关。在安阿伯，我多年来几乎都是独自工作。我从事的研究和我的思维方式，都让我习惯了孤军奋战。这两年来，我深刻体会到这种独自工作的方式对我影响深远，我发现自己与人合作愈发困难，尽管我的理论与此相反。这种工作方式，对您、对他人甚至对我自己都产生了一定的影响。此外，过去的一年我第一次承担行政责任。我已经从您身上学到了很多，但仍有更多的东西需要学习。我时常会尝试做一些超出自己能力范围的事情，这不仅影响了我自己，也影响了其他人。请相信，您一直是我的得力助手，我非常感谢您所做的一切。这一年的经历让我坚信，我对您最初的看法是正确的，我真心希望您能够继续留下来，再陪我一年。有时候，我的一些做事方法可能会让您无法更好地协助我，尽管您非常愿意帮忙。例如，我之前没有及时意识到您希望在冬季学期开设一门课程。这一年已经过半，我会再次努力调整自己。我深知，将责任推给您是荒谬的，尤其是当主动权在我手中时。如果您发现我有时显得疏离，请毫不犹豫地打断我，或许我正被某些问题困扰，让它们占据了我的思绪。

…………

非常感谢您接手学校的工作，弗雷德（Fred）回家后特别兴奋。

我已经把洛克小姐的问题附在信里了，还给您寄了点信纸。春季会议的时候再聊。

另外，我还想和您聊聊手工培训学校和布雷德利工艺学校皮奥里亚分校（Bradley Polytechnic, Peoria）的课程设置。告诉您个秘密，西森（Sisson）可能会成为后者的校长。

约翰·杜威敬上

（二十）致威廉·雷尼·哈珀（John Dewey to William Rainey Harper，1897.04.28—1898.06.23）

1.致威廉·雷尼·哈珀（John Dewey to William Rainey Harper，1897.04.28）

亲爱的哈珀校长：

　　我昨晚才收到您关于埃姆斯①的留言，否则早就给您回信了。埃姆斯先生觉得自己能够获得我的认可，他这么想也无可厚非。我十分敬重他的公正严谨和博学多识，也清楚他对学生能产生积极正面的影响，但还有些别的因素值得考虑。我们现在急需一位实验心理学讲师，能替安吉尔先生②分担一些本科生的实验室工作。安吉尔已应我要求，拟定了一份有关实验心理学现状的说明。我之所以没跟您提这事，是因为我觉得明年应该不会再增设什么新的职位了。不过，我本来是打算等您回来就跟您商量的，好让您心里有个数，因为这是后续发展中必须要考虑的一环。要是还有预算的话，咱们就应该往这个方向努力，这才是对系里最有利的。当然，埃姆斯先生肯定也有他的用武之地，但我担心，要是真录用了他，算上给他的薪酬，咱们就更难腾出手来招揽实验心理学方面的人才了。

您真诚的约翰·杜威

2.致威廉·雷尼·哈珀（John Dewey to William Rainey Harper，1897.04.28）

亲爱的哈珀校长：

---

　　①爱德华·斯克里布纳·埃姆斯（Edward Scribner Ames），1892年毕业于耶鲁大学神学院，后继续在耶鲁大学学习哲学直到1894年；后在芝加哥大学继续学习哲学，1895年，获得哲学博士学位；1896—1897年，担任芝加哥大学哲学系讲师；1926年，成为芝加哥大学哲学系教授；1931年成为芝加哥大学哲学系主任。——原注

　　②即詹姆斯·R.安吉尔（James R. Angell）。——编译者注

我想您已经收到了我发的关于洛克先生^①的电报。哈佛大学已经聘请他在保罗·哈努斯教授^②的指导下担任教育史讲师，他也将负责该系的组织工作。他第一年的薪资为 1000 美元，第二年为 1250 美元，第三年为 1500 美元。给您发这封电报可能没什么用，但洛克先生是我们这里最具实力的人，我非常不希望他离开。我原计划从初等学校基金中额外给他两三百美元，让他在初等学校开设拉丁文课程，并在大学里开设一两门课程。有没有什么办法能让他留下来呢？我会让学校承担 300 美元的费用。

诚挚的约翰·杜威

3. 致威廉·雷尼·哈珀（John Dewey to William Rainey Harper，1897.11.08）

亲爱的哈珀校长：

我很高兴地向您汇报，我们又收到了两笔专为支持大学初等学校而捐赠的资金：一笔是住在麦迪逊大道（Madison Avenue）5536 号的卡罗琳·卡斯尔（Caroline Castle）小姐捐赠的 200 美元支票，另一笔是皮特金和布鲁克斯（Pitkin and Brooks）公司的布鲁克斯（J. W. Brooks）先生捐赠的 25 美元现金。卡斯尔小姐和布鲁克斯先生都希望他们的捐款能够用于支持学校的音乐教育发展。

此外，我也很开心地告诉您，住在麦迪逊大道 5536 号的米德（G. H. Mead）女士捐赠了 100 美元，用于购买绘画和雕塑，来装饰学校以及供学校使用。待

---

① 乔治·H. 洛克（George H. Locke），1896 年任芝加哥大学哲学系和教育学系的教育史讲师；1897—1899 年，任哈佛大学和拉德克里夫学院讲师；1899—1905 年，回到芝加哥大学担任《学校评论》（*School Review*）的编辑、芝加哥大学教育学院副教授和院长。——原注

② 保罗·亨利·哈努斯（Paul Henry Hanus），德裔美国人，密歇根大学毕业后曾经在科罗拉多州教数学和科学课程；1886—1890 年，担任丹佛中学（Denver High School）校长和科罗拉多州立师范学校（Colorado State Normal School）教授；1886—1891 年，应哈佛大学校长查尔斯·W. 埃利奥特（Charles W. Eliot）邀请组建新的师范系，并被任命为历史和教学艺术副教授，1901 年成为教授；1901—1906 年，任哈佛大学教育系主任；1906—1920 年，任哈佛大学教育系艺术和科学教授；1920 年，组建哈佛大学教育学院。——原注

采购完毕后，我会再向您提供详细的报告。

诚挚的约翰·杜威

4. 致威廉·雷尼·哈珀（John Dewey to William Rainey Harper，1898.06.23）

亲爱的哈珀校长：

我随信附上 1898—1899 学年学校的维护预算。这份预算是在我们过去的经验基础上经过大量研究和规划所得的结果，可以说是成熟而全面的。恐怕我在最近与您就此问题的会谈中，并未明确阐明学校的立场。

针对您提出的三个问题，首先，您可以从随附的通知中看到，下学年的学费已经提高到您建议的金额。但我怀疑，这些增加的学费可能并不能为我们大幅度缓解实际的财务状况，原因如下：一旦提高学费，我们就不能再向家长提出进行额外捐助的要求，就像今年这样。这一措施已经带来了超过 500 美元的收入。而且，我认为，我们应该告诉那些一直支持学校的家长，如果提高学费会让他们无法负担孩子的教育费用，我们宁愿选择保留孩子，而不是提高学费，因此我们将继续按照旧的标准收取学费。这可能会影响到大约 6 个孩子。我认为，这不仅是保证那些已经让孩子入学的家长的公平，而且对我们也有利，应该尽可能少地更换孩子。此外，由于地点的变更和学费的增加，我们可能会失去一些孩子。

至于您提到的班级规模问题，我只能重复那天所说的话，即我们一直在持续认真地关注这个问题，而现在的情况属于原则问题而不是细节问题。我认为，仅仅为了增加收入而在这方面进行任何改动，都会涉及对学校理想和教育方法的彻底改变，从而深刻改变其整体性质——事实上，深刻到初等学校将失去作为教育事业而存在的任何理由。

至于您的另一个问题，即学校是否存在过度扩张问题，我可以说，计划中的任何一步都不是从一开始就是学校工作中必不可少和不可分割的一部分。到目前为止，有些工作要么完全没有得到考虑，要么处理得非常差劲。我们可以暂时忍受这种情况，但不可能无限期地如此持续下去。明年计划中的每一项增加，似乎对那些与学校工作保持密切联系的人来说都是必不可少的。不这样做就意味着事实上的倒退，而不仅仅是停滞不前。尽管如此，孩子们的人均费用并没有增加——这表明我们在控制支出方面已经考虑到了所有可能的情况。部分的增加是由于过去的某些情况，我们能够以似乎荒谬的低价完成一些工作，几乎不花什么钱。例如，负责家务工作的哈默小姐[①] 今年的薪水只有 300 美元，与此同时，普拉特学院向她提供 1000 美元，让她负责那里的重要工作。我们必须满足这样的加薪要求，否则就会放弃我们在这方面取得的非常有希望的开端。

最具体的积极扩张工作首先是增加一名正规教师，每周他将花 3 个上午的时间在学校进行绘画和艺术方面的教学。这当然是从一开始就包含在计划之内的，但我们之前一直没有这样做。

其次，我们从未有人对历史方面的工作进行监督，查找和收集历史材料与插图，并负责保管这方面的记录，以便出版。我可以说，据我所知，没有哪个学校像我们这样真正拥有这么多有价值的历史材料，可供公立学校使用。目前为止，公众几乎没有从这项工作中受益，而我们也没有得到应有的好处，仅仅是因为缺乏上面提到的监督。为了解决这个问题，我们增加了大约 600 美元的费用。工资单上的增加款项实际上都是基于增加的工作时间按比例提高的工资。因为孩子的数量在增加，这种时间的增加是必要的。运营方面的支出增加非常小，主要是由于我们租用了新大楼一整年，而我们现在的校舍一年中只有 9 个月的使用权。此外，新大楼规模更大而需要增加取暖和看门人服务的费用。如您所见，在家具和设备方面我们没有任何奢侈浪费。

如果您或赖尔森主席[②]能对这个问题进行更彻底的调查，我会感到更加满意。我完全相信，学校正在以最合理和最经济的方式进行着管理。如果有什么

① 奥尔西娅·哈默（Althea Harmer），芝加哥大学初等学校纺织部主任。——原注
② 马丁·A. 赖尔森（Martin A. Ryerson），芝加哥大学董事会主席。——原注

不当之处，那就是这项事业的基本概念出了问题。当然，基本概念的改变将涉及整个初等学校的取舍大事。

诚挚的约翰·杜威

（二十一）埃尔默·埃尔斯沃思·布朗①（John Dewey to Elmer Ellsworth Brown，1898.07.23）

亲爱的布朗教授：

詹姆斯先生告诉我，您可能会很快来到这座城市。我想确认一下，您是否能在 8 月 2 日（星期二）做一次 30—40 分钟的演讲？事情是这样的，我们学校每年有 4 次学位授予仪式，会向学生颁发学位证书。现在，我们学校有一位即将去您所在大学担任哲学助理职务的员工，他获得哲学和教育学博士学位的时间并不确定。但校长坚持规定，获得学位者必须亲自出席学位授予仪式并领取文凭。所以，我们将在 8 月 2 日为穆尔先生单独举行一场简短的学位授予仪式。我们会邀请教师、学生以及穆尔先生的朋友们参加。在常规的学位授予仪式上，我们会邀请一位嘉宾发表演讲。考虑到穆尔先生即将前往加州，且他在教育学方面有着深厚的研究，我便向校长建议，如果能邀请到您做这场演讲，那将是一件令人高兴的事情。校长很赞同这个想法，并委托我写信给您。只要是适合在公开场合发表的演讲，我们都会非常欢迎。因为活动流程需要尽快确定，所以能否请您尽快给哈珀校长发一封电报（费用由我校承担），告知他您的决定。这样，您可以直接和校长沟通，省去我们之间的传话时间。

您真诚的约翰·杜威

①埃尔默·埃尔斯沃思·布朗（Elmer Ellsworth Brown），曾经在伊利诺伊州立师范大学、密歇根大学学习；后成为密歇根州一所中学的校长，并帮助建立了北伊利诺伊教师联合会（The Northern Illinois Teachers' Association）；1892—1906年，在加州大学建立教育系。——原注

（二十二）致弗洛拉·J. 库克（John Dewey to Flora J. Cooke，1898.08.16）

亲爱的库克女士：

　　夏威夷卡斯尔（Castle）家族为了纪念在易北河失踪的亨利·卡斯尔及其小女儿，决定建一座纪念碑。他们想建一个幼儿园，以使这个纪念碑不仅承载着哀思，而且具有教育意义。他们希望该幼儿园在 1899 年秋季开学，并想聘请一位老师来任教，与我们的初等学校合作，为 4—6 岁的孩子开设课程。如果您能来任教，他们会非常开心，我们也会非常感激。虽然您没有幼儿园教师的相关背景，但这并不重要，因为我们只是想为孩子们提供最好的教育环境。关于薪水，我们还在商讨中，但若您有意向，我们一定会为您争取到合理的待遇。此外，他们还会承担您所有的旅行费用。

　　住在那里，您不仅能享受到生活的乐趣，而且能在教育领域获得很大的发展空间。卡斯尔家族对教育充满热情，他们在教育和慈善领域的影响力无人能及。虽然我们无法面对面交谈，但我们非常希望您能考虑这个机会。我们明白，这可能会让您离开现在的芝加哥师范学校，但现在学校的情况也在发生变化，或许这也是一个让您在新的土壤中实现自我价值的机会。

　　时间紧迫，若您有意向，请尽快给我发电报，费用由我来出。如果您愿意考虑一下，就回"是"；如果觉得不可能，就回"不"；如果还在犹豫，就回"不确定"。您的回答并不会对您造成任何束缚，只是让我们知道您是否愿意继续讨论这个问题。

您真诚的约翰·杜威

（二十三）致弗兰克·A. 曼尼（John Dewey to Frank A. Manny，1898.11.16）

亲爱的曼尼先生：

…………

希望您一切顺利。校长^①的逝世必定会给很多事情带来不小的冲击。

如果您看了学校记录，就会发现我们已经重新开始发布定期报告了。我们的历史老师是鲁尼恩女士^②，她还兼任速记员，现在负责每周报告的发布。此外，我们现在对学校的每周工作进行记录，其详尽和明确程度都超过了以往。

诚挚的约翰·杜威

（二十四）致麦克米伦公司（John Dewey to Macmillan Co.，1899.01.05）

亲爱的先生：

在两年之内，我不太可能对《伦理学》这本书进行什么改动。^③我希望有人能够出版我的教育学哲学讲义手稿。不过，现在手稿还没成形呢。

以后若有机会的话，我很想多了解了解您说的那套系列丛书。我特别期待能看到一本叫作《教师伦理学》（*Ethics for Teachers*）的书，但现在我还不太清楚这本书具体会讲些什么内容，所以也不知道自己能帮上什么忙。如果我觉得自己不太适合写这本书，那我可以推荐一个合适的人选。

诚挚的约翰·杜威

---

① 很可能是弗朗西斯·W. 帕克（Francis W. Parker）校长。——编译者注

② 劳拉·路易丝·鲁尼恩（Laura Louise Runyon），在芝加哥大学初等学校教历史，并负责编辑《初等学校纪事》（*Elementary School Record*）。——原注

③ 杜威之前出版了两本有关伦理学的著作：一是1891年的《批判的伦理学理论纲要》，二是1894年的《伦理学研究（教学大纲）》。——原注

（二十五）致詹姆斯·厄尔·拉塞尔^①（John Dewey to James Earl Russell，1899.01.06）

亲爱的先生：

关于您 12 月 9 日的来信中提到的芝加哥大学的事情，我可以简单地给您回复一下。我们学校并没有为中学教师开设专门的培训课程，所以您后面的那些问题，答案都是否定的。不过，我对这个话题很感兴趣，也希望能从您的研究中学习到一些东西。其实，我个人是希望我们能有这样的课程的。瑟伯教授^②有时会布置一些与中学教育相关的作业，但那只是一门选修课，跟其他课程没什么两样。

在接下来的一年里，我们教育学系可能会增加一名年薪 1500 美元的讲师。如果您能给我推荐一些合适的人选，我会非常感激。最好是已经在教书并且有大学学历的人。您了解弗雷德里克·伯克^③这个人吗？

非常感谢您提供的任何信息。

诚挚的约翰·杜威

（二十六）致威廉·雷尼·哈珀（John Dewey to William Rainey Harper，1899.02.10—1899.03.08）

1. 致威廉·雷尼·哈珀（John Dewey to William Rainey Harper，1899.02.10）

亲爱的哈珀校长：

---

① 詹姆斯·厄尔·拉塞尔（James Earl Russell），在康奈尔大学和莱比锡大学接受教育。1895—1897 年，任科罗拉多大学哲学和教育学教授；1897—1927 年，任哥伦比亚大学师范学院院长和教育学教授，使其成为一个富有影响力的专业学院。——原注

② 查尔斯·赫伯特·瑟伯（Charles Herbert Thurber），伊利诺伊州摩根公园学院（Morgan Park Academy）院长，1895—1900 年，任芝加哥大学中等教育学副教授。——原注

③ 弗雷德里克·利斯特·伯克（Frederic Lister Burk），在克拉克大学 G. 斯坦利·霍尔的指导下获得哲学博士学位。1898 年起，任旧金山州立师范学校第一任校长。——原注

感谢西森先生^①于 7 日寄来的信件。我倾向于至少认同他对"教育学"（Pedagogy）这个词的反对意见。在某些机构中，相关工作被称为"教育科学与艺术"，但对我而言，这似乎有些繁复。"教育"一词会更为简洁明了，尽管如此，这个词也可能会遭到反对，因为它很自然地会被理解为涵盖大学所有工作。然而，我并不确定这是否是最合适的称谓。

诚挚的约翰·杜威

2. 致威廉·雷尼·哈珀（John Dewey to William Rainey Harper，1899.03.06）

亲爱的哈珀校长：

我随信附上巴特勒先生^②提供的一张 200 美元的支票，请记入初等学校的账户。

同时，我还附上了他亲笔写的一张温馨的便条。值得一提的是，这张支票源于他今天上午对我们学校的参观，他对我们学校的印象颇佳。我附上他的便条，主要是想让您看到便条的后半部分内容。我经常收到这类声明或询问，但总是感到难以回应。我向他们解释，大学本身并没有资金，全部依赖外界的捐赠。然而，我得到的回应往往是，他们认为洛克菲勒先生会加倍给大学捐赠资金，而如果大学没有将这些资金中的任何部分转给初等学校，这就意味着大学在利用初等学校为自身谋取利益。当这种质疑以直接或间接的方式提出时，我必须承认，我确实难以回答。我担心的是，人们会越来越觉得这样的资金安排并不公平。

诚挚的约翰·杜威

---

① 爱德华·奥克塔维厄斯·西森（Edward Octavius Sisson），在芝加哥大学获得哲学博士学位。20世纪90年代早期，在芝加哥大学附近建立了南校区（The South Side Academy near the University）。——原注

② 爱德华·B. 巴特勒（Edward B. Butler），一位成功的芝加哥商人和慈善家，芝加哥大学艺术学院董事，世界哥伦布纪念博览会担保人（World's Columbian Exposition Guarantor），赫尔之家（Hull House）董事。后来成为一位艺术家。——原注

3. 致威廉·雷尼·哈珀（John Dewey to William Rainey Harper，1899.03.08）

亲爱的哈珀校长：

我收到了您于 7 日关于巴特勒先生信函所做的回复。能得到一个可称得上是官方声明的回复，我感到很高兴，因为它具有一种我的任何解释都无法企及的确凿性。

不过，我有些不太理解您最后一句话的含义，即"如果董事会知道捐款者存在这样的疑虑，那我很可能会认为他们会倾向于立刻解散学校"。若董事会仅因那些通过持续大额捐款表现出对学校关心的人而感到不安，就要放弃学校，这似乎显示出他们对学校的同情微乎其微。如果学校未能赢得您和董事会的明确支持（除董事会暂时无法为学校提供资金支持这一点之外），如果他们对初等学校在财务上并入大学后会出现更有利的状况不抱希望，那么对于您提出的任何立刻解散初等学校的提议，我都会表示赞同。未来至少 4 年内，初等学校的开支将持续增加。我认为现在应当更明确地了解初等学校与大学之间的总体关系——不仅仅是受托人能在财务方面提供什么帮助，更有他们对现在和未来的整体看法。

如果董事会确实对初等学校的计划抱有同情，我想说，若他们能以某种公开的方式表明自己的态度，那将是非常明智的。我相信，这将产生非常积极的影响，尤其是当这种行为是出于他们的主动和自发，而非任何外界压力导致的结果时。

诚挚的约翰·杜威

（二十七）致弗兰克·A. 曼尼（John Dewey to Frank A. Manny，1899.07.26）

亲爱的曼尼先生：

我刚刚收到您 15 日的信。自去年 4 月起，我就一直待在这里，对目前的情况不太了解，特别是关于教师学院和扬女士①的近况。我离开时，教师学院与大学没有建立直接的教学关系。教师学院更像是一个供想要获得大学学位的教师们学习进修的场所，而不是一个传统意义上的教师培训学院。扬女士的出现或许会带来一些改变，但我不清楚她与这个学院的具体关系如何，也不知道她明年是否会在教育学系授课。我希望她能够开设今年计划中的三门课程。另外，我听说洛克明年将作为讲师回到芝加哥。如果您能获取到扬女士确切的授课信息，您将能比我更准确地评估那里的工作价值。

关于纽约的教师学院，我们的了解应该不相上下。他们正在快速发展，并沿着传统的路线进行一些进步性的工作。我怀疑您是否会在那里发现很多创新性的观点，但我相信您会在已有成果的系统化和学校行政管理等方面得到很多帮助。在去年重组之前，他们在吸引高水平学生方面并不成功，尤其是针对高级课程而言。然而，随着拉塞尔、麦克默里②的加入以及与哥伦比亚大学开展更紧密的合作，这一情况有望得到改善。

我非常期待与阿德勒博士③开展紧密合作的机会。他的学校是一个名副其实的教育实验室。他对担任要职的人抱有很高的期望，而且我相信他并不容易得到满足。然而，我并不认为他是一个不讲道理的人。如果您能找到一种方法将阿德勒的教学与哥伦比亚大学的学位课程相结合，那我相信您会觉得这将非常吸引人。如果只是在哥伦比亚大学和芝加哥大学间比权量力，我希望再过一年，我们至少能平分秋色。

另外，我很高兴听闻您持续而稳定的进步，也祝贺多普小姐能继续和您在一起工作。我和我夫人明天将启程前往檀香山，我们将在那里逗留至9月

---

① 埃拉·弗拉格·扬（Ella Flagg Young），1887—1898，任学区督学，1900年在芝加哥大学教育系获哲学博士学位后留校任教。——原注

② 弗兰克·M. 麦克默里（Frank M. McMurry），哥伦比亚大学师范学院基础教育学教授。——原注

③ 费利克斯·阿德勒（Felix Adler），纽约伦理文化学校教师。——原注

15 日左右。我们会在海岸度过一个非常愉快的假期。

您真诚的约翰·杜威

（二十八）致威廉·雷尼·哈珀（John Dewey to William Rainey Harper，1899.12.21—1900.02.03）

1. 致威廉·雷尼·哈珀（John Dewey to William Rainey Harper，1899.12.21）

亲爱的哈珀校长：

关于哲学系与教育学系的预算，我提出以下建议和提议：

1. 我再次推荐将助理教授米德和安吉尔晋升为副教授。

2. 我还要重申去年的建议，即增加一名讲师，主要负责实验心理学。这是目前教育学系在教学方面的主要需求。这将减轻安吉尔教授目前不得不承担的繁重的常规工作，使他能够更有效地专注于研究生工作，从而大大增加对优质研究工作的投入，同时增加可以准备发表的资料数量。此外，这也将使他能够比现在更关注某些一般研究领域或理论心理学领域。如果我们想要与哈佛大学、哥伦比亚大学和康奈尔大学在任何趋近于平等的基础上竞争，这样的举措是绝对必要的。

鉴于本科生必修课班级规模的不断扩大，预算中应拨出 300 美元用于额外的教学——每门课程 100 美元，共三门课程。虽然不确定是否一定需要这样的数额，但应事先做好预算安排。

3. 图书和期刊的拨款不应少于 400 美元，这是最低限度。我们今年的拨款已经用完了，根本无法采购任何书籍。为了弥补图书馆的重大缺陷并跟上当前出版物的发展情况，拨款数额应该再上调 200 或 300 美元。

4. 安吉尔教授去年向您提交了一份关于心理学实验室需求的特别报告，显示大约需要 1000 美元才能使实验室处于最有效的工作状态。我借此机会重申并支持这一特别拨款请求。除此之外，我们还需要 400 美元来满足当前开支，并以一种初级的方式提供研究生所需的设备。去年和今年，由于拨款不足，实验室的工作都受到了严重阻碍。

5. 我不知道系内课程的印刷费用是否包括在此项中；也不知道如果是这样，那笔费用的数额是多少。除此之外，50 美元就能满足当前的用品需求，除非系里搬家，我们需要考虑黑板、桌子和其他家具的问题。我们目前的拨款数额是 100 美元。除非如上所述，将相当大的一部分用于系内课程，否则最好将其削减至 50 美元，并将剩下的 50 美元增加到永久设备基金中。

6. 如果系内拨款用于印刷，除了常规期刊和书籍外，我请求拨款 200 美元用于一系列哲学领域；如果系内拨款不用于此方面，请将相当于该数额的资金放入一般印刷拨款中。我还请求继续为《心理学评论》提供 50 美元的补贴。

…………

诚挚的约翰·杜威

2. 致威廉·雷尼·哈珀（John Dewey to William Rainey Harper，1900.02.03）

亲爱的哈珀校长：

我希望向您提交一份备忘录，其中涉及据我所知尚未解决的一些事项以及一些建议，这些建议涉及未来特定情况下的某些可能性。

首先，我想提及我在早期报告中提到的一个与预算相关的问题，即需要增加一名实验心理学讲师。我提议采取以下可能的方法来解决这个问题：目前，实验室助理的薪水是 500 美元。根据大学四年级学生人数的显著增加来判断，明年将需要 200—300 美元，以增加哲学必修课的课时。我的建议是（如果我们无法在哲学系预算中额外获得 1000 美元拨款）将这些资金合并，并特别拨款 200 美元或 300 美元作为额外所需，从而为讲师职位提供 1000 美元的薪水。然后，我们可以在实验室使用学生助理——比如说两名学生。汤普森小姐①今年毕业，我认为她适合这样的职位；就她的能力和所受训练而言，她当然适合。

如果安吉尔先生持续目前的状况，我想建议他应该因每年承担的额外课程而获得一些认可。我不是指这样的额外工作应该具有追溯力，而是建议在未来，他应该因额外课程而获得一些休假，以此作为补偿。

我尚未收到关于麦克默里和詹姆士是否将在夏季来教育学系的明确信息。

如果瑟伯的辞职获批，那我希望我们能尽快决定如何使用因此释放的1500美元来加强教育学系。我认为，一种选择是将这笔钱与初等学校的拨款结合起来使用；另一种选择是将其视为独立项目，并聘请一名年薪为1500美元的人员；还有第三种选择，也是我非常赞同的选择，是以多种方式使用这笔钱来加强已经开展的工作。关于使用其中的500美元来促进洛克的工作的可能性，我已经写信给您。我认为使用其中的400或500美元来聘请一名教育学助理可能是可取的；初等学校再增加200或300美元，这个人将分担他的任务。我提出这个建议并不是基于一般原则，而是我们已经拥有的特定人选，即哈维·彼得森先生，他大约3年前毕业于我校，攻读教育学、哲学和心理学，之前在圣路易斯担任学区学校校长，目前在哈佛大学担任教育研究员。我认为他是一个非常有价值的人，将来可能会成为初等学校所需的校长。但我对他了解得不够，不能确定这一点。上述助理职位将使我们能够对他进行测试。我们在这方面的需求非常强烈，找到一个合适的人选比其他方面要重要得多。没有什么比在这方面采取一些行动更让我个人满意，我认为这对教育学系和初等学校都更有益。

现在初等学校的一些教师的工作已经趋于稳定，并且他们的教学材料已经足够充实、完备，因此他们很有可能并非常希望在大学开设课程。我建议以

---

① 海伦·布拉德福德·汤普森（Helen Bradford Thompson），1900年在芝加哥大学获得哲学博士学位，后任圣霍利克学院（Mt. Holyoke College）的实验心理学和逻辑学教师。——原注

这种方式利用剩余的 500 美元：给一个人支付 200 美元，给另外两个人各支付 150 美元。当然，如果他们为此投入时间，就意味着必须在初等学校找其他人来填补他们的工作空缺。初等学校可以在明年承担后者的薪水，但无法支付大学课程的必要费用。我再次认为这是一个非常重要、几乎是根本性的问题，希望您能够给予妥善的考虑。

在明年最终安排工作之前，我想与您讨论的一个细节是，欧文和我将在下一年度的某个学期共同开设一门教育学课程，他负责中学部分，我则负责小学部分，以促进大学南校区和初等学校之间更紧密的教育关系。

此外，如果瑟伯的辞职[1]生效，我认为《学校评论》（*The School Review*）应该获得在教育学系更明确的地位。

诚挚的约翰·杜威

（二十九）致弗兰克·A. 曼尼（John Dewey to Frank A. Manny，1900.03.09）

亲爱的曼尼先生：

我正在让大学出版社随信寄给您我们初等学校工作报告的第一期。目前，这项工作还处于试验阶段。虽然有很多人要求出版这样的出版物，但我不知道这一需求是否足够广泛和持久，以支持我们在已公布的 9 期之外继续出版。如果需求足够旺盛，目前的出版物可能会进行更广泛的内容拓展，比如涵盖小学教育的科学方面的所有问题。

因此，如果您能帮助我提高那些可能对此感兴趣的人的注意，并在教育界宣传这项工作，我将不胜感激。如果您愿意提供一份这类人群的名单，我将

---

[1] 查尔斯·赫伯特·瑟伯（Charles Herbert Thurber），1900年从芝加哥大学离职，任职于基恩科技有限公司。——原注

很乐意地确保他们都能收到出版物样本。

诚挚的约翰·杜威

（三十）致安妮塔·麦考密克·布莱恩（John Dewey to Anita McCormick Blaine，1900.08.02）

亲爱的布莱恩太太：

校长觉得有必要将我与他会面的时间调整到晚上，所以我昨晚未能与您会面。我附上了一些建议谨供您参考。当然，这些只是建议，如果我了解更多细节，那么可能会对其进行修改或暂时搁置某些问题。

1. 我认为，我们不需要设置三个独立的基础实验室，而是应该利用这些空间来扩大年级教室，或者设置与这些教室有更直接联系的实验室。对于小学阶段而言，我们可以采用第一种方案；而对于语法学习阶段来说，我们可以采用第二种方案。我认为，应该为小学和幼儿园阶段的孩子们提供烹饪台、工作台或科学学习的场所，将其置于教室或紧邻教室的地方。（一个教室可以满足三到四个年级的需求，为低年级孩子配备烹饪、缝纫、编织设备和科学仪器。在这个阶段，我认为没有必要对各种学科进行细分。）如果这一方案在学校教室实施，那库克小姐应该能够判断需要预留多少空间。

2. 如果条件允许，我认为物理和化学实验室应该相邻，并共享一个用于演示的教室。

3. 把生物实验室和地理实验室安排在一起是否更合适?

4. 如果能够妥善处理气味问题，那我认为厨房可以设于地下室，而将午餐室和家政室迁至一楼。这样会更加方便，并且通过将这些房间与接待室相连，还能为学生提供更多的社交机会。

5. 我不明白为什么要将厨房和家政教室分开设置。

6. 我认为图书馆应该尽可能大一些。这不仅仅是为了存放书籍，更重要的是为学生提供阅读和写作的桌椅。这个房间将成为教育学系学生和部分中学生学习的中心，因此，我认为房间的大小应根据能同时容纳多少人阅读来进行规划。

7. 如果我了解更多细节，那我会考虑提出一个问题：是否需要为高中生（可能包括八年级学生）设立一个单独的集会室，并配置一些小型的背诵室。我怀疑目前是否已对后者做了充足准备。有可能设立一个带课桌的单独集会室可以节省出用于其他用途的空间。

您真诚的约翰·杜威

（三十一）致弗兰克·A. 曼尼（John Dewey to Frank A. Manny，1901.01.07）

亲爱的曼尼先生：

我非常感谢您为《学校评论》提供的文章建议。如果您不介意的话，我希望您能进一步阐述有关私立中学的观点。我目前不太确定应该联系哪些专家，也不清楚应该向他们征集什么样的稿件。我想了解在这个领域有哪些特殊的问题和要点。我会就学校的组织和行政管理问题致信卡曼先生[1]。我担心仅仅依据一所学校的信息，可能不足以构成一篇完整的文章。不过，如果能收集到四五所不同学校在某些特定领域的简要报告，那将会非常有趣。我也会联系您提及的其他人士。

我已经按时收到了学校的规划图，但还未对其进行深入研究。由于地点、空间等实际条件对建筑设计有着极大的影响，因此我认为自己的判断可能并无太大价值。不过，从现有的空间条件来看，这些规划似乎非常明智地解决了相关问题。

诚挚的约翰·杜威

---

① 乔治·诺布尔·卡曼（George Noble Carman），路易斯学院院长。——原注

（三十二）致纳撒尼尔·巴特勒[①]（John Dewey to Nathaniel Butler，1901.02.16）

亲爱的巴特勒校长：

如果我们明年夏天无法获得您的协助，我们将感到十分遗憾。在最终确定此事之前，我想提出一些建议，因为我认为我上封信的表述可能不够明确。

首先，关于您所提议的中学教学方法与材料的课程，我想确认是否可以利用您手头已有的关于英语教学的材料，并通过增加对其他主题（如历史或语言，特别是文学方面）的内容来进行补充。我并非想要提出一个截然不同的课程方案，而是希望调整课程名称，并对内容稍做修改，以避免与英语系产生任何冲突。

其次，关于比较学校制度的教材，编写起来并无困难。对于之前未能及时将承诺的材料寄送给您，我深感歉意，现随信附上。

我希望这些建议能够让您觉得夏季工作的困难有所减轻——我甚至希望它们能彻底被解决。

关于更广泛的问题，我想说，我预见到您的教育课程调整将不会遇到任何困难（尽管夏季学期存在一些地方性和暂时性的障碍），而且我预期教育学系将得到极大的加强。

关于具体工作，我不知道是否能在我们之前的通信基础上增加什么有价值的内容。重要的是，我们需要利用您与合作学校的合作成果，结合您的洞察力和丰富经验，来帮助那些打算未来从事中学教育工作的大量学生。如您所言，在您真正开始与合作学校合作后，这将变得更为容易；但另一方面，我认为这个夏季学期的预备课程对我们双方都是有益的。

---

① 纳撒尼尔·巴特勒（Nathaniel Butler），1889—1892年，任伊利诺伊大学英语语言和文学教授；1893—1895年，任芝加哥大学继续教育中心副教授；1895—1901年，任科尔比学院院长；后回芝加哥大学担任教育学教授和教育学院院长。——原注

尽管上述建议看起来非常自然，但我们决不希望对您产生任何限制。如果您希望在夏季学期或一年中的任何时候开设一门更具普遍性的教育哲学课程（探讨教育的目标和一般方法），我们将表示热烈欢迎。如果您的兴趣引导您深入研究教育历史（洛克先生已经开设了一门这样的基础课程），这也将同样受到欢迎。

在某种程度上，我觉得这些建议可能都是多余的，因为我非常有信心，一旦您开始着手工作，困难将不再是找寻不到足够的课程，而是如何在众多可能的选择中做出决定。

您真诚的约翰·杜威

（三十三）致乔治·H. 布里姆霍尔[①]（John Dewey to George H. Brimhall，1901.04.01）

亲爱的布里姆霍尔先生：

我收到了您 25 日寄来的信。如果时间能协调好，那我会很高兴能在 6 月与您一起参加暑期学校。我主要想讲的是教育心理学的内容。如果我去参加的话，那么时间需要定在 6 月中旬。我预计在 6 月 23 日左右会抵达加州的伯克利——我需要再确认一下确切的日期。如果能在 10 号或 12 号左右出发，那我就有机会能与您一起工作一周。我的期望薪酬是 350 美元，而且我会自己承担所有在此期间的支出。

诚挚的约翰·杜威

---

① 乔治·H. 布里姆霍尔（George H. Brimhall），1891年，进入杨百翰大学（The Brigham Young University）；1900年，任师范学校校长；1903—1921年，任杨百翰大学校长。——原注

（三十四）致威廉·雷尼·哈珀（John Dewey to William Rainey Harper，1901.04.13）

亲爱的哈珀校长：

我明白我一周前对于 6000 美元薪资不满意的表态已经被您理解。但鉴于我之前类似的表态并未被当作最终决定，我想重申，低于 7000 美元我是无法接手目前的工作的。

我一直在思考您提到的，在家长们的支持下将初等学校办成教育学系的实验室这一长久问题。有人问我对此有何看法。我想说，我不仅愿意继续从事这项工作，而且我认为继续这项工作对学校、家长、教师，以及对我自己都是公平的。之前谈判中一直提到的，缺乏资金支持初等学校继续运营的问题，现在已经不再是障碍。

从一开始我就说，帕克上校绝不可能继续负责初等学校的教育工作。这与两所学校的相对优势无关。这仅仅意味着，一个以用科学方式探索事物为目的的大学实验室与作为职业学院实践部的学校截然不同。因为要建立职业学院而放弃教育实验室，这种做法与因为要创办工程学院而放弃物理实验室一样短视。

如果大学管理层拒绝这个提议，那么这很难被理解为其他原因，而只能被看作是为了满足经济上的虚假需求和便利，而牺牲了具有科学价值的工作。无论是我自己，还是学校的朋友、家长，抑或全美国对教育工作感兴趣并有所了解的人们，都会这么认为。

我相信大学管理层在意识到这一点后，会做出正确的选择。

诚挚的约翰·杜威

（三十五）致弗兰克·A. 曼尼（John Dewey to Frank A. Manny，1901.05.10）

亲爱的曼尼先生：

真是抱歉，之前让您聘请了奥斯本①。现在看来，明年初等学校还会继续办下去。

如果初等学校继续开办，我们就需要找一位负责手工课的老师。我们可能会支付比您秋天时提到的数额更高的薪水——比如说 1000 或 1200 美元。以这个薪资水平，您认识的人中有谁最适合这个职位？2 月份理查兹先生②来访时，对肯特（Kent）先生大为赞赏。他似乎觉得肯特先生在任何方面都相当出色——比沃尔德斯特罗姆（Waldstrom）强很多。这或许是因为他对沃尔德斯特罗姆不太了解。他认为肯特先生无疑是个潜力股。我记得您之前对肯特有些犹豫。如果您愿意，可以详细谈谈您的想法，我会乐于倾听。

我听说您明年会邀请海因③加入。他是个很有能力的人。我希望他能有机会接受完整的大学教育。在学术上得到充分培养后，他应该会有很大的发展。

诚挚的约翰·杜威

---

① 克林顿·塞缪尔·奥斯本（Clinton Samuel Osborn），在密歇根大学接受教育，后来在芝加哥大学初等学校和纽约伦理文化学校教数学。——原注

② 查尔斯·拉塞尔·理查兹（Charles Russell Richards），1888—1898年，任普拉特学院科学技术系主任；1898—1908年，任哥伦比亚大学师范学院手工培训教授，同时担任《手工培训杂志》（*Manual Training Magazine*）副主编。——原注

③ 刘易斯·威克斯·海因（Lewis Wickes Hine），在威斯康星州奥什科什州立师范学校和芝加哥大学教师培训班学习，接受了杜威和埃拉·弗拉格·扬（Ella Flagg Young）的指导。当曼尼成为纽约伦理文学学校校长后，邀请海因到该校任教。——原注

（三十六）致威廉·雷尼·哈珀（John Dewey to William Rainey Harper，1901.07.22）

亲爱的哈珀博士：

扬女士的一张便条促使我写这封信，我对于在提交实验室预算名单之前没能见到您而表示遗憾，特别是关于推选我夫人担任校长一事。也许我当时急于在离开之前尽可能多地安排事情，而我们当时还没有找到合适的校长人选。是我在最后时刻提议了我夫人，而不是扬女士，而我夫人自己也是在最后关头才勉强同意的。我意识到，尽管离提交预算名单只有几个小时了，我本该可以抽时间和您商量的。我相信您会理解我并非有意不敬——正因为提交的是我夫人的名字，我才会比平时更加急切地想要把所有事情都安排好——但这都是因为我迫于时间的压力。我碰巧知道，扬女士的每一分钟都花在了寻找肯特女士、哈丁女士等其他教师上面。

我应该补充一点，我夫人并不知道我没有咨询您的意见，她很自然地对这一疏忽感到烦恼。她是在抗议和非常不情愿的情况下才接受了这个职位的。如果您认为这件事不合适，她希望我能够向您表达她重新做出调整的愿望。

您真诚的约翰·杜威

（三十七）致弗兰克·A. 曼尼（John Dewey to Frank A. Manny，1902.01.09）

亲爱的曼尼先生：

我计划在明年的《学校评论》中专门推出一系列关于中学阶段社会工作的文章。我不知道在过去几年里，您是否有机会继续研究中学阶段的社会推广事务，但我确信您对这个问题的更广泛层面仍然保持着兴趣。我们能否期待您撰写一篇将中学作为社会或社交中心的文章？

现在，《学校评论》将移交给教育学系负责，我将不得不承担一些编辑职责。我非常希望您能协助我，不仅是通过撰写这篇文章，还包括提出好的主题建议，以及推荐可以撰写文章的人。我觉得有很多优秀的中学教师从未给《学校评论》撰过稿，我们应该把他们吸引过来。

希望您一切顺利。系里与大学方面合作的事宜进展得出奇顺利，虽然情况并非完全没有困难，但学校方面的事态也在好转。总的来说，前景无疑是令人鼓舞的。

诚挚的约翰·杜威

（三十八）致威廉·雷尼·哈珀（John Dewey to William Rainey Harper，1901.11.08—1902.01.09）

1. 致威廉·雷尼·哈珀（John Dewey to William Rainey Harper，1901.11.08）

亲爱的哈珀校长：

关于您4日提出的有关初等学校免除学费的询问，我谨提交以下内容：有9名儿童获得了学费免除，而不是我上封信中提到的10名。其中7人是因为其父母在学校任教而获得了此项优惠。另外两个孩子的情况将单独说明。

这7名儿童的情况如下：科恩（Kern）女士有两个孩子在学校就读。她在学校教授音乐，目前的现金薪水为900美元。对科恩女士这样安排是基于几年前达成的原始协议：由于她获得的薪水很少，她的孩子将获得免除学费资格。这一安排已多次向注册处报告，且注册处没有提出异议。她目前的薪资水平远高于当初，然而，她为学校的付出也大幅增加。将免除的学费考虑在内，她的薪水仍然偏低。

我为我自己的4个孩子中的两个较大的孩子支付学费，另外两个孩子因我夫人的服务而获得免除学费资格。我夫人的现金薪水是500美元，而且她全职在学校工作。将孩子们的学费考虑在内，她的现金薪水为650美元——这个数目似乎并不算高。

罗（R. K. Row）先生有两个孩子在学校就读。他在学校负责手工培训课，每周授课 15 小时，而只获得微薄的 300 美元现金薪水。

肯德尔（Kendall）夫人有一个孩子在幼儿园就读。她在幼儿园协助工作，虽然不获得现金薪水，但她是一位训练有素的幼儿园教师，并且其他好学校曾给她提供过薪水。

在这方面，我或许应该说，虽然麦克林托克家的孩子们没有获得免除学费资格，但作为对麦克林托克夫人服务的回报，其所交纳的学费相当于免除了一个孩子的学费。麦克林托克夫人的服务同样没有获得现金薪水回报。

自我上次写信以来，其余的两个孩子已经减少到一个。情况如下：贝尔（Bell）先生来找我，并告诉我，由于收入捉襟见肘，他不得不让孩子进入公立学校。他对此一点都不满意，他和夫人都非常希望孩子能回到初等学校。他想知道是否可以做出安排，将他的账单暂时搁置，直到他的经济状况好转再予以支付。贝尔家的孩子实际上自学校开办以来就一直在这里就读。出于显而易见的原因，对我们来说，确保孩子们的持续就读在教育上具有重要意义；否则，我们实际上无法展示任何成果。贝尔先生和夫人一直是学校的忠实朋友。我承担了为贝尔先生提供便利的责任。今天早上，我收到了他支付其中一个孩子学费的支票。我毫不怀疑，另一个孩子的学费也会及时到账。我当然明白这件事是不合规定的。在我们办学早期，您授权给我，让我在一定程度上自行判断处理此类事务。

我以前从未想过这些安排中有任何不公平之处，现在仔细想想也仍然没有发现任何不公。当然，我很乐于了解您质疑其公平性的依据。

本学期之后，如果您认为这是一种更可取的处理方式，那前 7 个案例可以很容易地通过让董事会增加上述人员的工资来解决，增加的工资数额相当于他们孩子的学费。简单的事实是，所有上述人员都为所提供的服务领取了过低的薪水。

诚挚的约翰·杜威

2. 致威廉·雷尼·哈珀（John Dewey to William Rainey Harper，1902.01.09）

亲爱的先生：

在教授会就提出的提案进行投票时，我投了反对票，该提案涉及为初级学院（Junior College）女生设立单独的演讲室和实验室。现在我谨提出以下反对理由：

1. 是否采用男女同校教育（Co-education）是一个选择性问题。既然我们已经选择了这一路径，大学就应承担一定的责任，这些责任应关涉本地和其他地方的女性教育。因此，我们必须考虑这一提案对男女同校教育的影响。按照这一提案行动，会被公众普遍视为男女同校教育已经失败。给男女同校教育贴上这样的标签，是对当前女性大学教育事业最严重的打击。这一行动会被普遍视为教育机构后悔实行男女同校教育并开历史倒车的证据。试图以进步的名义来掩盖这一打击，从长远来看是行不通的。此外，这一行动也不会让任何人满意。它既会激怒支持男女同校教育的群体，也会被反对男女同校教育的人视为逃避主要问题。

2. 事实上，这一提案是对大学内部男女同校教育的直接攻击。我在过去的 16 年里执教过男女混合班，包括大学二年级和更高年级的课程。最初，我对男女同校教育持怀疑态度，但经过科学观察和亲身体验，我坚信男女同校教学在智力和道德上都是有益的。鉴于这一点，教授会支持男女单独教学的具体论点伴随着对男女同校教育的不信任，这并不令人惊讶。此外，要对男女同校教学提供必不可少的保障措施。在男女学生之间建立物理接触和社会联系，而不在课堂和实验室中进行约束和规范，是肆意制造困难，增加危险。如果采纳这一提案，那我希望由此产生的摩擦和令人不快的并发症会被视为忽视男女同校教育的本质而产生的。但我担心，它们将被归咎于实施了男女同校教育，并被当作开展进一步行动的理由。

3. 更加合理的政策应该是通过为男女双方（尤其是男性）提供更多的积极措施，来弥补当下的任何缺陷。放松对男生社交生活、运动等的严密监督，引入更多的主动性和责任感，将大大吸引和留住自律的人。此外，弥补现有教学和研究工作中的薄弱环节，将会大大改善剩余的问题。如果某所大学仅仅因为强调男女平等而排斥那些不愿意与女性平等交往的男性，那么实际上，这样的大学并没有在真心实意地追求平等。仅仅为了创造和培养所谓"集体意识"（更准确地说就是"性别意识"），而不集中精力与财力解决当下存在的某些弊端，这样的做法是多余且有害的。

4. 任何一种取消初级学院（无论是男性还是女性）与更高级别的教学和研究的关联关系的计划，都是一种开历史倒车的行为。

5. 经验证明，男女单独教学会逐渐但确定地导致女生学术水准的降低。

6. 这个提案在形式上存在严重问题。首先，它含糊不清，没有明确说明为女生提供单独的教学是强制性的还是选择性的。其次，它的制定相当随意，没有说明是否要将同等政策拓展到大学高年级女生。这样做不可避免地会导致一种情况：我们在实施后很快就会发现自己陷入了两难的境地。两年的政策分离可能会引发感情、偏见和习俗的冲突，或者继续进行这种分离，或者让大学高年级的男女同校教育陷入持续的尴尬和摩擦境地。而这些情况最终都会成为反对男女同校教育的理由。最后，它以令人不悦的方式与财务条件挂钩。对于根本性和革命性的教育变革的讨论和立法，应该基于一个公正的原则，并在一个不受金钱干扰的层面上进行。

基于以上理由，我投出了反对票。

衷心的约翰·杜威

（三十九）致莉莲·威科夫·约翰逊①（John Dewey to Lilian Wyckoff Johnson，1902.03.07）

亲爱的约翰逊女士：

华生（Watson）先生是一位心理学研究员，同时也是我的学生，所以我对他非常了解。几天前我和他谈过话，他对您的整体计划很感兴趣，会尽力让南方的一些报纸记者关注这个计划，同时向南方俱乐部（The Southern Club）提出这个问题。

然而，我必须说，他对于计划的结果并不乐观，对计划的可行性也持保留态度。他认为，这个计划忽略了两个重要因素：南方地区对教育感兴趣的人们的贫困，以及他们对当地机构的关注程度。他说这可能被视为一种自私，但最为影响南方地区的教育状况的因素是本地学院的数量和它们对当地选区的要求。还有一个问题，即您的努力是否最明智地用于加强这些地方性小机构，通过支付更高的薪水，提供更好的实验室和图书馆来提高等级。在他看来，您心目中的这种一般机构更像是来自百万富翁和慈善家的提议。

…………

诚挚的约翰·杜威

————

① 莉莲·威科夫·约翰逊（Lilian Wyckoff Johnson），1891年，在密歇根大学获得艺术学士学位；1902年，在康奈尔大学获得历史学哲学博士学位；1902—1904年，在田纳西大学教授历史学；1904—1907年，任西部女子学院院长；1908—1912年，在孟菲斯中学（Memphis High School）教古代史；后来在田纳西州格兰迪县从事教育和社区工作。1932年，她把自己蒙特哥利尔的房产捐赠给高地人民学校（The Highlander Folk School）。——原注

（四十）致威廉·雷尼·哈珀（John Dewey to William Rainey Harper，1902.04.26）

亲爱的哈珀校长：

我收到了马萨诸塞州韦斯特菲尔德（Westfield）州立师范学院的门罗先生[①]的来信，他告诉我，帕克上校在临终前曾与巴恩哈德（Barnhard）小姐通信，商讨购买她父亲的教育学图书馆的事宜。门罗先生在信中还附上了一份与此相关的简短通知，我现将其一并寄给您。

从历史的角度来看，无须多言，这批藏书的重要性不言而喻。对于我们的教育学院来说，它将成为一个独一无二的图书馆。同时，它也将在很大程度上推动多个研究生研究领域的发展。我在想，会不会有人也对此事感兴趣呢？

诚挚的约翰·杜威

（四十一）致弗兰克·A. 曼尼（John Dewey to Frank A. Manny，1902.06.03）

亲爱的曼尼先生：

非常感谢您提供的出版建议。我会和扬女士一起讨论，我们可能会采纳其中的一些建议。

也感谢您分享了儿童工作台的具体规格。这些信息对我们很有帮助，我可能会考虑在教育学院大楼中引入类似的设施。不过在我接手之前，大楼的建设计划和合同都已敲定了，但设备配置的问题还有待解决。我想您已经知道这个职位是为我准备的。考虑到整体情况，我决定接受这一职位。

[①] 威尔·西摩·门罗（Will Seymour Monroe），1896—1908年，在马萨诸塞州立师范学校任心理学教授；后任教于新泽西州立师范学校，直至1925年。——原注

有件事想请您帮个忙。您应该对芝加哥大学初等学校教师这个群体有所了解。这是一个由帕克上校私人发起的项目，并非大学的官方项目。如果需要，那我们可以将其转变为官方项目。我很怀疑，单凭一所学校自己的力量，能否长期维持一份出版物的运营——至少我对《初等学校纪事》持这样的看法。另一方面，本刊物与普通的学术期刊开展竞争似乎也不太实际。您觉得，一份代表先进的初等学校教育理念和实践的评论刊物有可能存在吗？您认为从事初等教育的工作者会愿意为此提供素材吗？您觉得公众会有兴趣订阅并支付费用来支持这样一份刊物，令其能够自负盈亏吗？

很高兴您夏天将留在这里。我还有许多问题想与您探讨。

诚挚的约翰·杜威

（四十二）致威廉·雷尼·哈珀（John Dewey to William Rainey Harper，1902.06.12—1902.06.27）

1. 致威廉·雷尼·哈珀（John Dewey to William Rainey Harper，1902.06.12）

亲爱的哈珀校长：

您应该还记得，我们之前讨论过初等学校幼儿园和小学阶段的学费问题。我建议将幼儿园学费降低至每学期 15 美元，目前的 25 美元过高了，无论如何也不要超过 18 美元。对于小学一、二年级，我建议学费定为 20 美元，其他年级的学费就保持不变吧。

我这么提建议有以下几个原因：

1. 幼儿园目前的学费比小镇上其他学校，甚至是一些收费高昂的私立学校还要高。

2. 这么高的学费会导致很多孩子上不起学。这不仅对孩子教育不利，毕竟孩子需要和其他小伙伴一起学习；而且从财务角度看也不是好事。艾伦小姐[1]跟我说，初等学校里只有4个孩子缴纳了全额学费。其实，降低学费能吸引更多孩子入学，尤其是幼儿园。别忘了，幼儿园可是给学校其他年级输送生源的，所以多多招生肯定是好事。

3. 学校的位置也让家长们挺为难的，特别是那些孩子年龄尚小的家长。能步行来学校的孩子数量有限，很多孩子都得坐巴士上学，这样，每学期的巴士费就得花费 10 美元。这么一来，孩子们的学费实际上就变成了每学期 35 美元。

所以，这件事情得赶紧定下来，以免影响明年的招生。

诚挚的约翰·杜威

2. 致威廉·雷尼·哈珀（John Dewey to William Rainey Harper，1902.06.27）

亲爱的哈珀校长：

关于教育学院课程安排，有些细节可能以书面形式呈现最为清晰。

从大学的一般角度来看，我们的日常课程安排似乎有些过于紧凑。实际上，除了午餐时间，每个学生从早上八点半到下午四点都在背诵、观察、实践或手工制作中度过。这根本不包括准备课程的时间，这无疑挤压了学生必要的娱乐、社交和学术研究时间。教育学院的困难在于，与其他大学院系相比，学生需要花费大量时间进行实地考察、参观博物馆和搜寻用于教学的说明材料。此外，上述时间安排还没有考虑到师生的个人面谈等等。我发现教师和学生都普遍抱怨他们的时间被挤占得太多，以至于没有足够的时间进行个人咨询和会谈，以使观察和实践工作发挥其应有的辅助作用。

从技术上来看，除了三项主要的常规工作外，学生每天还要花费至少1 小时进行观察或实践，以及开展 1 小时的手工制作，这被称为"艺术"。在

---

① 安娜·伊丽莎白·艾伦（Anna Elizabeth Allen），芝加哥大学初等教育学院幼儿园助理。——原注

没有明确基础或认定标准的情况下进行这项工作，就好像在大学的自然科学院系中每天要求学生进行 1 小时的实验室工作，但无须与讲座或课堂工作相协调，也得不到任何学分的认定。

通过与许多教师开展面谈，我认为教育方面与形式方面同样令人不满意。大家普遍表示，由于未能将实践和观察工作与任何学分课程明确分组，或者未能将其标记为自己的学分，因此存在一种轻视它的趋势，并且没有给予它应有的认真关注，以使其真正有用。现在看来它处于两者之间。关于手工制作以及实践和观察工作，有两种选择：一种是组织它们以便为它们提供特定的学分，另一种是将它们组织成其他工作的确定部分。

…………

我此时提到这些实际困难，仅仅是因为它们与课程的一般原则有关。我毫不怀疑，在两年内要完成的任务太多了。为这些学生（他们只是普通的中学毕业生）提供一些主题培训；提供在大学修读课程的机会；从教育学的角度为他们提供这些材料；通过观察和实践为他们提供一些具体的专业培训；训练他们掌握四到五种不同的手工和艺术工作，其中大多数人完全不熟练——在2 年内尝试完成所有这些工作，很可能会因为尝试做太多事情而导致没有一件能令人满意地完成。

在我看来，改善这种状况有两条一般途径：一是简化和减少手工工作量，另一是将课程转变为 3 年。

目前的课程在执行过程中也受到了阻碍，因为所开课程几乎都是需要完成的工作。几乎没有选择的余地。

诚挚的约翰·杜威

（四十三）致威尔伯·S. 杰克曼（John Dewey to Wilbur S. Jackman，1902.06.28）

亲爱的杰克曼先生：

您应该还记得，有一天我们就如何安排明年的课程进行了一次简短的交流，以确保这样的安排拥有更大的灵活性。特别是我们谈到了允许由较小的小组在一天中分散完成工作观察，而不是像现在我所了解的那样，这一工作实际上几乎是被限制在某一固定时间之内的。

我希望您正在着手处理此事，并希望很快能根据您的建议提出一个非常出色的工作方案。

我还想和您讨论如何从学生之前的专业培训和实际教学工作的角度出发，对学生进行更好的分级。在我看来，我们应该非常明确地针对不同群体进行课程安排，例如做如下划分：（1）只具备中学学历，缺乏师范学校培训或任何教学经验的人员；（2）在学科方面接受过比普通中学更充分培训但缺乏专业准备的学生；（3）接受过少量学科培训，但有丰富教学经验的学生；（4）接受过或多或少正规学校培训，但实际教学经验不多的学生。

根据您的经验，您很可能会划分出其他群体，或者对我提到的群体做出更好的安排；但关键是我们要设法对他们进行分类，然后根据不同群体的不同需求调整教学内容，让有教学经验的人少做些实践工作，多学习学科知识，而让学术准备更充分的人更侧重于专业方面。

如果您能制定出一个方案，以令人满意的方式照顾到这些不同的群体，我会非常高兴。

诚挚的约翰·杜威

（四十四）致威廉·雷尼·哈珀（John Dewey to William Rainey Harper，1902.07.22—1902.07.25）

1. 致威廉·雷尼·哈珀（John Dewey to William Rainey Harper，1902.07.22）

亲爱的哈珀校长：

我诚挚地建议，明年任命迈耶斯先生[1]接替即将升任初等学校校长的巴伯（Baber）小姐，负责地理课程的教学工作。同时，我建议将迈耶斯先生的薪水从1400美元提升至1650美元，以增加的250美元作为对他承担这份工作的补偿。考虑到迈耶斯先生过往的付出，他的薪水确实偏低，现在理应对他的薪水进行调整了。

我已经与迈耶斯先生、巴伯小姐，以及会间接受到这一变动影响的杰克曼先生进行了沟通。他们对如此调整都表示满意。

诚挚的约翰·杜威

2. 致威廉·雷尼·哈珀（John Dewey to William Rainey Harper，1902.07.25）

亲爱的哈珀校长：

我想提醒您，您原计划和德拉特（Deratt）小姐、兰利小姐[2]、巴特勒小姐[3]以及斯科特（Scott）先生就明年的安排进行面谈。

根据最近关于迈耶斯先生担任地理助教，以及学校一、五年级已有教师任用的相关建议，总薪资预算为46 405美元，详见该信所附的声明。从总预算中减去这一数额后，还剩下4245美元。我认为，这笔钱中至少有1800美元应留作机动资金，以便支付一年中由于正规教师休假或需要的额外教学等所产

---

[1] 伊拉·B.迈耶斯（Ira B. Meyers），1901年成为芝加哥大学教育学院自然科学讲师。——原注

[2] 伊丽莎白·尤弗罗西尼·兰利（Elizabeth Euphrosyne Langley），芝加哥大学初等学校手工培训助理。——原注

[3] 安妮特·巴特勒（Annette Butler），芝加哥大学初等学校手工培训助理。——原注

生的额外费用。目前的预算还没有为音乐课程提供资金，这项费用将从剩余的2445美元中支付。这将使我们有可能提高兰利小姐和巴特勒小姐的薪水。根据我与她们的对话来判断，如果学校不提高她们的薪水，她们可能不愿意继续留在学校。因此，我建议将巴特勒小姐的薪水提高100美元，将兰利小姐的薪水提高150美元，因为后者似乎承担了更大的责任。

关于德拉特小姐，她与帕克上校和学校资深教师的合作已经持续了相当长的时间，对工作非常熟悉。聘请她担任一年的总务助理是可行的，但前提是她需要尽全力完成所有额外工作，并在赖斯小姐休假时代替她。巴伯小姐表示，如果她在年中休假，德拉特小姐也可以替她完成相关工作。如果这样安排，那德拉特小姐的1250美元薪水应从额外教学的1800美元预算中扣除。同时，需要明确的是，这个职位是临时性或替代性的，仅在未来一年内有效，且不为今后相似职位或其他任何职位的设立提供依据或先例。

因为我几天后就要离开，所以希望能尽快与您面谈，讨论这些问题。

诚挚的约翰·杜威

（四十五）致威尔伯·S. 杰克曼（John Dewey to Wilbur S. Jackman，1902.07.26）

亲爱的杰克曼先生：

在和巴伯小姐聊起她的初等学校校长的工作时，我们都觉得应该明确她的工作内容，避免和教务长办公室的工作重叠。唯一可能产生冲突的就是关于初等学校学生的管理问题。我觉得这个问题也好解决，巴伯小姐就专心管学生在学校的情况就好，比如校车、出勤等。你们办公室就负责学生的注册、通知大学财务处邮寄账单，还有找巴伯小姐索要关于学生出勤的报告，特别是那些可能影响学费的情况。

我觉得9月份你们办公室需要人手来值班，因为那时候很多家长可能会来咨询。去年是史迪威小姐做的这个工作，学校给了她额外的假期作为补偿。我不清楚她今年愿不愿意继续承担这份工作，但我想你们应该能找到合适的人，这样你们就可以放心地去休假了。

诚挚的约翰·杜威

（四十六）致安妮塔·麦考密克·布莱恩（John Dewey to Anita McCormick Blaine，1902.08.04）

亲爱的布莱恩女士：

关于弗莱明女士[①]的工作安排，我迟迟未做最终决定，原本想着明年的计划很快就会明朗；但思前想后，觉得没必要再拖延，于是跟她说，明年的工作安排可以继续保持不变。希望这消息能及时传达给您，以便您更新目录。我刚收到您的来信。

如果我的名字能与您在帕克学校的工作有所关联，那我会非常高兴。当然，"校长"这个头衔并不适合我。我觉得，如果能将我的名字与学校的教育工作相结合，那会是个不错的选择。比如，可以考虑"学校董事"或者"帕克学校顾问"之类的头衔。如果您也认同的话。

非常感谢您的赞美。我确实累了，很期待能有个假期。我与教育学院的工作人员相处得非常愉快，也希望未来的工作能够顺利进行。虽然行政工作并非我的专长，但我相信这不会成为我的负担。希望其他老师也能有同样的想法。

最后，祝您享受一个美好的假期。

您真诚的约翰·杜威

---

① 玛莎·弗莱明（Martha Fleming），1901年任芝加哥大学教育学院阅读、口语、戏剧艺术副教授。——原注

（四十七）致威廉·雷尼·哈珀（John Dewey to William Rainey Harper，1902.08.26—1902.10.30）

1. 致威廉·雷尼·哈珀（John Dewey to William Rainey Harper，1902.08.26）

亲爱的哈珀博士：

以下是关于教育学院的教学方面的建议：

根据相关合同，教学方面的预算总共为 50 650 美元。据我所知，董事会通过的这项预算与合同都明确批准了这笔用于教学的款项。基于此，在提出关于音乐方面的建议之前，我曾建议支出 46 405 美元，这将留下 4245 美元的机动余额。据我了解，这些建议已得到积极落实。

同时，以下事项尚未解决：（1）将普罗科施先生 [1] 的薪水增加约 200 美元的问题；（2）如果需要留住兰利小姐和巴特勒小姐继续从事手工课教学，薪水方面可以考虑给兰利小姐增加约 150 美元，给巴特勒小姐增加 100 美元；（3）德拉特小姐的情况；（4）音乐教学的问题，假设前一事项要花费 450 美元，在音乐教学方面就会留下 3795 美元的余额。

我建议为音乐投入 2130 美元，留下 1665 美元的余额。积极履行这一建议并不会在任何情况下辞退德拉特小姐。正如我在信中所说的，我建议根据需要聘请她来提供所需的额外教学（莱斯小姐至少需要一个学期的助理，并会在另一段时间进行休假）。德拉特小姐希望在大学学习以获得学位，这将为她提供机会和有保障的收入。

这整件事似乎伴随着两个要点：（1）可用于教学的总资金；（2）这笔资金的最明智分配方案。

关于第一点，我对此事的理解在这封信的开头就已阐明。如果我理解有

---

[1] 爱德华·普罗科施（Eduard Prokosch），芝加哥大学教育学院和初级学院德语教师。——原注

误，请告知，我会非常感谢。但若无误，根据合同，我有责任和义务以系主任的身份满足学校在这方面的需求，确保不超过规定的限额。

至于第二点，音乐是学院专业教学中最薄弱的环节。您可能知道，埃莉诺·史密斯小姐[1]是一位非常了不起的音乐家和教师，她将为学院增添实力和尊严。从未来的总体政策来看，我认为为那些学院未常规开设的教学领域（如手工、艺术、教育学等等）提供专项资金可能是明智的，并在出现空缺时依靠与学院常规部门的合作来提供学科教学，如科学、历史、语言等。我认为，这既在经济上高瞻远瞩，也是统一学院精神与大学标准等行政管理方面的明智之举。

我希望这冗长的解释能充分澄清问题，以便获得您对此建议的批准。

…………

我希望能够收到一份报表，展示去年之前实验室学校的赤字情况。虽然每年都会出具一份报表，但我不明白为什么前一年的总额在今年会增加。而且，以前的一些错误（如只记录了学生服务费的支出而未记录收入）可能仍未得到更正。我确信，如果仔细审查，就会发现过去 6 年的累计赤字远没有七八千美元那么多。

诚挚的约翰·杜威

2. 致威廉·雷尼·哈珀（John Dewey to William Rainey Harper，1902.10.29）

亲爱的哈珀校长：

我希望以书面形式提及我们之前的对话，内容涉及哲学系人员配置不均的问题。这个问题基于一个事实，即所有人员都必须在秋、冬学期在岗，而且其中很大部分人员在夏季学期也需要在岗，有些人甚至是为了额外的薪水，放弃休假而留下。

---

[1] 埃莉诺·史密斯（Eleanor Smith），芝加哥大学教育学院音乐教师。——原注

1. 在秋季和冬季学期，有四门必修的心理学和伦理学课程；而在春季和夏季学期则只有两门。这主要是因为相关人员通常在秋季学期开始他们的工作。至于研究生课程，本学期只有五门不同的课程，涵盖四个不同的方向。每个人可以选择其中一个方向进行专攻，而不必过多涉及其他方向。这些课程包括形而上学、伦理学、哲学史和实验心理学。

2. 我们系人员配置不足，导致部分教职员工长期持续在岗。如果能额外聘请一位高级别人员，将会给系里带来更大的灵活性。在实现这一点之前，任何人员的缺席都会对系里的研究生工作造成相当大的损失。值得注意的是，我个人的时间被哲学系和教育系共同占用。

3. 安吉尔先生是心理学实验室的主任，但他从未配备过足够高级别的助理。如果配备得当，那就可以在他离开时，维持重要的实验室工作的持续进行。

…………

我斗胆提醒您注意这些事实，就是希望您不要被表面现象所误导，以为我们系在合理分配系里教职员工方面不积极合作。实际上，我们系非常渴望能与教师们紧密协作，以实现人员的最优配置。

诚挚的约翰·杜威

3. 致威廉·雷尼·哈珀（John Dewey to William Rainey Harper，1902.10.30）

亲爱的哈珀校长：

经过深思熟虑，在组织结构尚未完全确定之前，不增设过多的委员会似乎是明智之举。因此，关于三年制课程、特殊课程，以及四年制（中学教师）课程的问题，都将提交给现有的课程委员会处理。有人提议扩大该委员会的成员规模，以设立专门处理这些问题的小组委员会。我很期待能与您共同商讨这些委员会的适当构成方式。我建议由扬女士担任三年制小组委员会的主席，而巴特勒教授则可以担任四年制小组委员会的主席。扬女士在监督等方面的丰富经验将对特殊课程产生积极影响；而巴特勒教授与中学的工作联系紧密，因此他似乎是另一理想人选。

学院已批准在贝尔菲尔德博士①及其两名教员与欧文博士及其两名成员之间召开会议，以成立一个关于相互关系的临时委员会。同时，还投票选举了另一个关于教育学、中学和小学工作关系的非常重要的临时委员会。在我们的会议上，我也急于讨论这个委员会的成员问题；我希望能亲自担任该委员会的主席。为了避免与组织委员会发生冲突，我们已达成共识，这两个现有的委员会将向组织委员会报告，或者至少通过组织委员会进行报告。由于学分和学位委员会的工作与课程委员会的工作紧密相联，教师会议曾一度投票决定废除学分和学位委员会；但根据我的建议，该动议最终采取了表达会议意见的形式。然而，我坚信，一个单独的课程和学位委员会将更具逻辑性和效率。去年的经验表明，两个委员会都曾处理过完全相同的问题，而且每个委员会都经常因为不了解对方的工作而受到阻碍。

诚挚的约翰·杜威

（四十八）致威尔伯·S. 杰克曼（John Dewey to Wilbur S. Jackman, 1902.10.30—1902.11.01）

1. 致威尔伯·S. 杰克曼（John Dewey to Wilbur S. Jackman，1902.10.30）

亲爱的杰克曼先生：

可能是出了什么差错，您关于教育学院教职员工休假的报告我一直没有收到。这份报告对我们办公室来说很重要，需要存档。您能否跟进一下这件事？

---

① 亨利·霍姆斯·贝尔菲尔德（Henry Holmes Belfield），芝加哥公立学校校长，手工训练方面的开拓者。1883—1903年，任芝加哥手工培训学校（The Chicago Manual Training School）第一任主任。1903—1908年，任芝加哥大学中学校长。——原注

另外，我也希望能存档一份关于每年奖学金分配情况和学生服务情况的报告。后者中应明确说明学生正在进行的工作，因为根据合同，这将影响到学校的收费问题。

您当然会理解，这里只是指已经完成的工作报告。在待处理期间，我并不想深入了解后两项工作的细节，除非您希望我关注它们。至于未来的假期安排，我想您无论如何都会与我商量的。

诚挚的约翰·杜威

2. 致威尔伯·S. 杰克曼（John Dewey to Wilbur S. Jackman，1902.11.01）

亲爱的杰克曼先生：

您不能在 7 月 1 日之前直接分配奖学金，而必须事先与大学商务办公室进行具体协商。财政年度从 7 月 1 日开始，我想您应该知道这一点。除非校长或谢泼德森（Shepardson）博士有特别的指示，否则所有的助学金和奖学金都将在 7 月 1 日至次年 7 月 1 日期间发放。奖学金、助学金需要针对具体情况进行单独安排。

自去年 8 月以来，《初等学校教师》（*The Elementary School Teacher*）的广告传单副本一直由大学出版社负责印刷。如果出版社还没有准备好，那就是他们的问题了。

我不明白您关于《初等学校教师》业务经理的询问。您当然知道扬女士是编辑，而牛顿·米勒（Newton Miller）先生是出版社的主管，负责所有期刊的商务事宜。

我也不太明白您上月 31 日的便签以及大学出版社关于免费拷贝的附件。我的理解是，已经决定由您发布一项征用通知，为学校里的每位教师提供一份免费附件。在回答泰勒先生的询问时，我同意他的观点，即最好将附件单独发送给每位教师，而不是统一送到学校。

当然，《初等学校教师》涉及以下方面：教育学院从期刊订购中获得的所有复印件等的费用都会像其他费用一样计入学校的开支。如果您对这些做法有任何疑问，可以直接向我提出。所有关于《初等学校教师》的事宜，请直接联系扬女士处理。

诚挚的约翰·杜威

（四十九）致威廉·雷尼·哈珀（John Dewey to William Rainey Harper，1902.11.03—1902.11.25）

1. 致威廉·雷尼·哈珀（John Dewey to William Rainey Harper，1902.11.03）

亲爱的哈珀博士：

我收到了您上月 30 日关于初等学校工资问题的来信。但您提到的附件我在信件中并未找到。不过，我已经与我夫人就此事进行了沟通，她正在准备一份更详细的说明提交给您。大部分问题都涉及重新安排；实际上，学校的总薪酬低于预算中的数额。此外，学费也已重新调整。我们之前一直以原学费标准接纳了相当多的老学生，而这个原价远低于现在的收费标准。我夫人认为，最好让他们处于几乎同样的收费标准。这将使学费收入比预算中估计的金额大幅增加。我夫人会向您详细介绍这些情况及其他相关情况。

诚挚的约翰·杜威

2. 致威廉·雷尼·哈珀（John Dewey to William Rainey Harper，1902.11.07）

亲爱的哈珀校长：

在我的建议下，初等学校的一些教师试图撰写文章，从心理学角度解读在初等学校某些特定教学领域中获得的教学经验。我本以为，从学校的名称、历史和理念来看，初等学校与教育系的关系就像物理或化学实验室与对应学科的关系一样明确。因此，那些被大学委派到初等学校工作的人员，应该能够提供有价值的资料。不仅如此，10 年纪念册对我而言的一个特别合适的地方，是可以简要地向公众展示迄今为止所取得的科学成果。我必须为去年没能和卡普斯先生[①]就这些人可能做出的贡献达成共识而负责。然而，我没有这样做的唯一原因是我完全有理由相信他们与其他系的成员处于相同的水平。我从未想过，比起洛克先生或扬女士等人，他们的贡献权会受到更多的质疑。卡普斯先生的附注表明这件事有些麻烦。我理解卡普斯先生只是在执行 10 年委员会的指示，我别无选择，只能向您反映这件事。应当明确，我完全认可编辑对文章实际科学价值的评估权，以及判断其是否适合收录在本出版物中的权力。问题的关键在于，考虑到初等学校的理念，这类权力是否可以根据一般原则提前被排除。在我看来，这是一个根本性的问题，其重要性远远超出了这些特定文章是否被收录在册的范畴。如果初等学校不能像一个研究实验室那样发挥作用，我认为它就没有存在的理由。

关于卡普斯先生提出的第二点，我想指出的是，当他们不是教育学院教师时，他们就是系里的成员。因为系已经不存在了，就拒绝接受他们作为系成员的贡献，同时，因为教育学院在 10 年之后才存在，也拒绝接受他们作为教育学院教师的贡献，这在我看来会造成不必要的困境。

诚挚的约翰·杜威

3. 致威廉·雷克·哈珀（John Dewey to William Rainey Harper，1902.11.11）

亲爱的哈珀校长：

我恐怕在之前的信中，没有向您清晰地阐述我和编委会主席卡普斯先生之间讨论的关键点。

具体来说，我们讨论的焦点是教育学院合并之前，教育学系的员工组织构成问题。我认为，初等学校中正式注册的教师，实际上已被聘为教育学系的研究人员，为教育学系进行研究工作。但编委会并不认同我的看法，虽然我认为院系负责人应该对其院系员工的组织构成问题有最终决定权。

---

① 爱德华·卡普斯（Edward Capps），1901年芝加哥大学成立10周年出版委员会委员。——原注

　　由于编委会对我的判断持保留态度，我希望您能作为权威人士对此事给出定论。

　　我之前给您写信时可能写得有些仓促，如果造成了让您觉得我试图干预编委会对某些文件的处理的印象，那我在此澄清并非如此。我完全了解编委会的职责，并不想造成您与编委会之间的任何误会。我只是希望得到一个关于教育学系员工构成的明确答案。

　　此外，关于重新组织前研究员和部门成员的问题，这显然需要时间慢慢解决。

　　最后，我非常感谢安吉尔先生为我分担了本应由我承担的重任，我不希望因为表达不清而让您误以为我不珍惜他的帮助。

诚挚的约翰·杜威

4. 致威廉·雷克·哈珀（John Dewey to William Rainey Harper，1902.11.25）

亲爱的哈珀校长：

　　我迫切希望能与您尽早进行一场深入的会谈，讨论教育学院未来的整体政策。目前，我并不需要立即采取行动，而是想探讨一下教育学院的工作范围和目标，以便明确我们的工作方向。本周五和周六我有讲课任务，但除此之外的任何时间我都有空，您可以随时安排会面。

诚挚的约翰·杜威

（五十）致威尔伯·S. 杰克曼（John Dewey to Wilbur S. Jackman，1902.11.26—1902.12.01）

1. 致威尔伯·S. 杰克曼（John Dewey to Wilbur S. Jackman，1902.11.26）

亲爱的杰克曼先生：

　　我班上的学生今天 11 点并没有待在他们的教室里。目前，我所知道的是他们没有来上任何教育学课程。我可以询问他们是在谁的授权下免除课程的吗？

　　一些教育学系的学生告诉我，您告诉过他们，您尽力对他们的项目安排做过一些变更，但至今还没有成功。我不愿意相信您的这一告知行为是合适的。但是，我想还是直接地引起您对这件事的注意。学院内任何教师都不应当告知学生，他已经尽力为他们争取了某些东西，但却被某些人阻挠了。我能确定，在这件事上一定出了什么差错。

诚挚的约翰·杜威

2. 致威尔伯·S. 杰克曼（John Dewey to Wilbur S. Jackman，1902.12.01）

亲爱的杰克曼先生：

　　关于教育学院的印刷材料，我收到了哈珀校长的个人要求，他要求我提供印刷材料，以回答不断在他办公室里出现的问题。收到这一要求的第二天，即 10 月 18 日，我就写信给您，请您考虑几个要点，并提供相关材料。但没有收到您任何的回应，于是我就自己把这件事处理了。

　　…………

　　至于用"初等部"（Elementary Department）的标题代替"大学初等学校"（The University Elementary School），我想说那是直接从《大学纪事》（*The University Record*）5 月号上复制下来的。我拿到的副本是为您准备的。如果您更喜欢其他的标题，在我看来，没有理由去做变更。

诚挚的约翰·杜威

（五十一）致威廉·雷尼·哈珀（John Dewey to William Rainey Harper，1902.12.08）

亲爱的哈珀校长：

关于随函附上的迪克森夫人①的来信，我声明我完全同意杰克曼先生的来信。无论从哪方面看，在书中加入正常的大学标签应该是可行的。在我看来，也希望弄一些与众不同的东西，或者是书签，或者是穿孔邮票。在行政管理方面，教育学院图书馆和其他院系图书馆应处于同等地位，当然它们并不处于同等地位，不论从历史的角度还是从法律的角度上看都是如此。也就是说大学应该要求图书管理员与芝加哥大学董事会（The Chicago Institute Trustees）签署合同，履行一定的义务，以便使图书管理员成为教育学院的员工而不是图书馆的员工。

这个建议将影响更大范围的图书馆事务，对此我一直想和您讨论一下。您可能知道，去年在我与您谈话之后，我就在教育学院图书馆商业事务的管理方面采取了措施，使其与其他分馆在管理上保持一致。我想，即使从行政管理的角度看，教育学院图书馆也应具备大学图书分馆而不是某个院系的图书馆的地位。沃伦小姐②的辞职使这件事变得尤为紧要。

除了人事问题，整个事件还涉及大学图书馆与教育学院图书馆的关系，不仅关乎现在，而且还有关未来图书馆的组织问题。我与同事几乎一致地对大学图书馆现在的行政管理感到不满，包括院系图书馆缺乏足够的带薪助理管理员这一问题。我从来没有，也不值得用这种不满情绪打扰您和任何其他人。在设立中央图书馆和永久的图书馆组织之前，还看不出任何对现有缺点的完全修改。至于教育学院的图书馆和图书管理员，情况有一些不同。我们有受过良好训练的图书管理专家——芝加哥图书馆联合会主席（The President of the Chicago Library Association）。我毫无疑问地认为他是整个大学图书馆系统中受到过最好训练的人。我们还有明确的工资支付规定。不是在制定出更好的制

---

① 泽尔拉·艾伦·迪克森（Zella Allen Dixson），1892—1910年，任芝加哥大学图书馆助理馆员、副馆员。——原注
② 艾琳·沃伦（Irene Warren），芝加哥大学图书管理员。——原注

度条款前忍受某些困难，而是应该利用已经确定的优势来解决问题，否则将会损害整个大学的利益。

在我看来，还出现了新问题——专业学院图书馆的组织管理问题及其与普通图书馆的关系，以及专业学院图书馆馆长与普通图书馆馆员之间的关系。

我提及这些事情仅仅是为了阐述我心里的一些方向性的想法，也是为了节省我们见面交流的时间。

诚挚的约翰·杜威

（五十二）致威尔伯·S. 杰克曼（John Dewey to Wilbur S. Jackman，1902.12.12—1903.01.22）

1. 致威尔伯·S. 杰克曼（John Dewey to Wilbur S. Jackman，1902.12.12）

亲爱的杰克曼先生：

过去的几天里，以下这些小事情引起了我的注意：

一是关于如何处理 B 班学生，我们是否应该尽快确立一些明确的原则，并据此做出明确的声明？如果我们假定，除非他们表现不佳，否则他们将在年底毕业。我从学生那里听说，这对他们会有所帮助。也许我们还应该了解一下，有多少人可以被说服去读三年制的课程，并允许他们的工作与那些只读两年的学生有所不同。

二是有个学生让我注意到一条规章：艺术类的两个辅修专业，不能被计为一个主修专业。我可以询问这条规章的来源和性质吗？

三是昨天我第一次得知，去年夏天通过的撤销成绩为 A 的同学的冬季实习的规定，已经被教师们取消了。我不是质疑教师们的行为，但是我认为不恰当之处是没有给我提交报告，特别是当我知道这次行动需要我的批准才能生效之后更是如此。

四是我希望在与师范学校相关的事务上，您不仅要了解我们现在的师范学校学生的状态，而且还要考虑在参考他们免修学分的基础上给他们评分的整个问题。如果我们要利用师范学校的更优秀的班级，那我们就必须在年度招生通知发出时，明确我们对那些他们已经做过的工作的确认以及确定哪些课程他们需要有一定的基础。我希望对师范学校工作的检查和认定工作能尽快向前迈进。

五是我们需要对在大学教育学专业攻读高级学位以及硕士、博士学位以外的特殊证书的候选人制定一些政策。我期待您能考虑一下这件事情，并提出一些最好的建议。

诚挚的约翰·杜威

2. 致威尔伯·S. 杰克曼（John Dewey to Wilbur S. Jackman，1903.01.22）

亲爱的杰克曼先生：

关于您 21 日的信，我只能表明我个人的态度。我认为，学校的政策要鼓励所有我们可能的学生，给予他们尽可能多的灵活性和自由度。我想可以通过某种方式来更好地处理课程实践环节。我很难理解以任何特定的模式或者具体的时间来分配实践工作。在我看来，也许可以安排弗莱明小姐做一些与学分等价的工作。

这里我仅表明我个人的态度。当然，最终当然还是由您来决定。请告诉我您是如何决定此事的。

诚挚的约翰·杜威

（五十三）致安妮塔·麦考密克·布莱恩（John Dewey to Anita McCormick Blaine，1903.01.26）

亲爱的布莱恩夫人：

教育学院的所有教师都有一种强烈的感觉，认为以帕克上校的名字命名大学初等学校是非常合适的。同时，人们承认弗朗西斯·W.帕克学校这一名称更有优先权。当然，人们也不希望任何不礼貌的事出现。一些人突然想到，如果大学初等学校被叫作"帕克学校"，而不是"弗朗西斯·W.帕克学校"，那就不会产生混乱了。……

我希望您告诉我那些对"弗朗西斯·W.帕克学校"这一名称感兴趣的教师对这一问题的态度。我想，在让帕克上校的名声与功绩永垂不朽方面，您与我们是一致的。唯一的问题是，提议这个校名是否会以任何方式侵犯或干扰到大学初等学校。

您真诚的约翰·杜威

（五十四）致威廉·雷尼·哈珀（John Dewey to William Rainey Harper，1903.01.27—1903.02.23）

1.致威廉·雷尼·哈珀（John Dewey to William Rainey Harper，1903.01.27）

亲爱的哈珀校长：

杰克曼先生热情地支持一项计划，使教育学院的专业工作成为一种面向师范学校的研究生工作，并且建议他可以在春季学期访问师范学校以制定出认证名单。

就像我几天前所说的那样，我认为这应该通过既定的董事会来实施。但我没有看到任何理由表明，为什么杰克曼先生不能作为董事会以及学院的代表来进行这样的访问活动。我衷心赞成他为此在春季学期抽出必要的时间，当然，要给予像他授课那样同等的学分。

诚挚的约翰·杜威

2. 致威廉·雷尼·哈珀（John Dewey to William Rainey Harper，1903.02.23）

亲爱的哈珀校长：

我随函附上表格，包括：（a）对学校总教授会的组织委员会（The General Faculty to the Committee on Organization）的规章制度的修改意见已经被全体教师正式通过；（b）教育学院章程中的新条文还没有被讨论，不过委员会报告正在完成中。

我想这一切都是不言自明的。您会发现，与我给您提交的草案相比，第七条第二部分的最后一句话被省略了。委员会的最后一次讨论表明，在界定行政管理委员会的性质和职责方面，不能使委员会成员做出不同解释。有人认为，若委员会内部都是如此混乱，那么在外部势必会引起更大误解。另一方面，大家一致认为，在任何情况下，学院的各种行政官员会议是绝对必要的。因此，其职责的制定完全可以由经验来决定，而非求诸期盼。其他几处要点我觉得与我给您的草案没有什么区别。

诚挚的约翰·杜威

（五十五）致埃尔默·埃尔斯沃思·布朗（John Dewey to Elmer Ellsworth Brown，1903.04.02）

亲爱的布朗博士：

很抱歉，我对纽约大学教育学院的内部情况不太了解。虽然我知道他们正面临着一些问题，但我觉得我了解的可能并不比您多——您在纽约待过，可能比我更清楚其中的情况。让我困惑的是，这些问题是由学院负责人导致的，还是学院本身情况就比较复杂？如果没有十足的把握，那我真心不建议您离开现在的岗位，转而去纽约大学教育学院。我说的把握不仅仅是指对您的职位和薪水有明确的承诺，这些通常都是会兑现的；我指的是在学院未来的发展建设中，他们能否给出对具体职位的明确承诺。海伦·古尔德小姐 ① 对此一直挺感兴趣的。如果他们能确保给您高薪职位，让您能招募到优秀团队，那这个岗位或许真的挺诱人的。这所学院对外籍教师来说挺有吸引力的。虽然我不太清楚这些教师的水平如何，但我总觉得，很多人选择来这里，是因为在这里拿到博士学位比其他知名学府要容易得多。

诚挚的约翰·杜威

（五十六）致威尔伯·S. 杰克曼（John Dewey to Wilbur S. Jackman，1903.04.06）

亲爱的杰克曼先生：

校长多次找我谈话，讨论教育学院明年的招生简章，以及我们不断收到的咨询。他非常急切，希望我们立刻整理好相关材料交给书记员。要不是您上周不在，这些材料今天应该就能准备好了。如果各位教师的课程资料还没交到您手上，这并非我的过失。除了这些课程资料，我觉得招生简章还应该包括以下这些内容：

1. 基于旧标准的入学要求声明。要说明明年的学生还是按照这些要求入学，毕业后会获得相应的教师文凭。

2. 进入艺术与科技各类课程的前提要求。

3. 进入新的普通课程的前提要求，还有新课程的具体安排。

4. 想成为中学教师，进入各种课程的前提要求，还有这些课程的具体内容。

据我所知，您手上已经有这些材料了，现在要做的就是把它们整理成合适的格式。

---

① 海伦·米勒·古尔德（Helen Miller Gould），纽约慈善家，为很多大学、基金会捐款。纽约大学是她最喜欢捐赠的大学，其中1895年捐赠25万美元，后来又捐赠6万美元建设图书馆，等等。——原注

另外，我之后会跟校长商量一下，看我们是否需要发布一份更详细的艺术与科技课程的介绍通知。

诚挚的约翰·杜威

（五十七）致威廉·雷尼·哈珀（John Dewey to William Rainey Harper，1903.04.08—1903.04.30）

1. 致威廉·雷尼·哈珀（John Dewey to William Rainey Harper，1903.04.08）

亲爱的哈珀校长：

您可能已经听说凯特·戈登（Kate Gordon）小姐已经被大学校友会（The Collegiate Alumnae Association）授予外国奖学金。她目前在我们高级学院就读，并于今年春季开始攻读博士学位。两年前海伦·汤姆森（Helen Thompson）博士获得过同样的荣誉。由于外国奖学金的竞争是向全国所有大学的所有研究领域开放的，教育学系对能在 4 年内两次获得由该校友会颁发的外国奖学金感到很高兴。

诚挚的约翰·杜威

2. 致威廉·雷尼·哈珀（John Dewey to William Rainey Harper，1903.04.24）

亲爱的哈珀校长：

感谢您的好意，关于您 21 日的来信，我想说的是，我加入负责初等学校教育工作的七人委员会可能并不太合适。因为我目前手头的事情实在太多，很难再分心去处理初等学校的相关问题。您觉得扬女士作为替补担当此职如何？她比我更了解初等学校实际运作的细节，也非常支持我们的工作。再者，如果扬女士加入，委员会中就会有两名女性成员。考虑到女性在基础教育中的重要地位，这样的安排似乎更为恰当。

诚挚的约翰·杜威

3. 致威廉・雷尼・哈珀（John Dewey to William Rainey Harper，1903.04.30）

亲爱的哈珀校长：

关于您近期的三封信件，我给出以下回应：

一是，这个夏季学期我可能连三场讲座都讲不了。很抱歉不能满足您的期望，我还没有准备任何讲座内容，而且我认为这样的讲座不应该临时准备。我确实没有时间和精力去撰写讲座内容。

二是，我也觉得不加入七人委员会更为妥当。

三是，扎布里斯基（Zabriskie）小姐已被选为此次夏季学期工作的负责人。我曾明确得到授权，负责安排夏季学期的工作，同时要尽量压缩开支。……

…………

诚挚的约翰・杜威

（五十八）致威尔伯・S. 杰克曼（John Dewey to Wilbur S. Jackman，1903.05.04—1903.05.07）

1. 致威尔伯・S. 杰克曼（John Dewey to Wilbur S. Jackman，1903.05.04）

亲爱的杰克曼先生：

我注意到您在 27 日给哈珀校长的信中提到了解决下学年奖学金问题的重要性，而且您已经和教育学院院长进行了沟通。院长似乎对目前的奖学金计入教育学院的方式有所不满。我想问一下，您对这个问题的个人看法是什么？去年春天，您是不是跟我说过，您的理解是奖学金不应该算在教育学院的头上？还有，您是不是也给我留下过这样的印象：您不赞成把 30 个奖学金名额都算在教育学院头上？我这么理解对吗？我问这些问题，是因为我看到校长要求院长和您一起提出建议。我觉得，我们要确保提出的建议是一致的。

诚挚的约翰・杜威

2. 致威尔伯·S. 杰克曼（John Dewey to Wilbur S. Jackman，1903.05.07）

亲爱的杰克曼先生：

关于您在 5 日的信里提到的奖学金计划，我大部分都同意，只有一点想改动一下。在确定奖学金名额之前，咱们得先把奖学金金额定下来，我觉得应该定为 150 美元，而不是 120 美元。咱们可以灵活点，比如，10 个奖学金名额的话，总额就是 120 美元，15 个名额的话总额就是 135 美元，25 个名额的话总额就是 150 美元。说实话，我觉得把奖学金名额增加到 30 个实在太多了。

…………

诚挚的约翰·杜威

（五十九）致威廉·雷尼·哈珀（John Dewey to William Rainey Harper，1903.05.28）

亲爱的哈珀校长：

我附上了昨天提到的那份建议大纲，之前提到的草稿我也已经重新撰写并做了一些拓展。希望这些内容通俗易懂。如果您有哪里不明白，那请告诉我，我会进一步做一下解释。

说到我们哲学系与心理学系这 10 年来开展的工作，我觉得跟其他机构比起来也毫不逊色。虽然我们目前主要还在打基础，但我们的工作扎实、不浮躁，这比做表面功夫更有意义，也让我们对未来更加有信心。现在，无论是系里自身的发展，还是与教育学院等学院的合作，都已经成熟。只要我们在师资和设施上加大投入，很快就能见到显著的成效。

诚挚的约翰·杜威

（六十）致威尔伯·S.杰克曼（John Dewey to Wilbur S. Jackman，1903.05.30）

亲爱的杰克曼先生：

我收到了您28日写的关于委员会的信。您建议的那些委员会名称，跟我想的差不多。我觉得委员会拥有7名成员就够了，包括一位主席，还有每个部门各出两人。那些还没成立的委员会，得先通过教师会议投票决定。说到家长委员会，我们发现让家长更多地参与讨论和决策，效果会更好。他们参与得越多，就越有积极性。当然，学校要是能有个咨询委员会也挺好的。……

我看了您关于日常事项的备忘录，写得还不错，但还是有很多需要深入探究的地方。我觉得明年我们得重点关注师范学校的事宜，比如怎样给学校和学生分类，怎样让学生进阶和分班。明年我们要面对四类很不一样的学生：有学艺术和科技的，有按照旧的基础课程学习的，有依据新的基础课程学习的，还有学习中学课程的。我发现学生们现在很迷茫，问他们问题也得不到确切答案。他们觉得什么都模棱两可，连学校自身都不知道该怎么办，他们就更不知道该怎么做了。所以，我们得好好规划一下，根据每个学生的情况，来确定他们的学习进度和分班情况，要不然明年秋天就乱套了。这对学校发展颇为不利，还会让那些大学里的学生不愿意来这里学习。我们应该倍加小心，以免影响我们为中学教师设计的课程计划。

诚挚的约翰·杜威

（六十一）致威廉·雷尼·哈珀（John Dewey to William Rainey Harper，1903.06.**）

亲爱的哈珀校长：

我从扬女士处得知，由于我未能给出明确的书面建议，导致关于我夫人的任命条款出现了误解。

鉴于此，我建议在教学职务方面，对她进行为期 3 年、年薪 1500 美元的聘任。根据我目前的理解，像校长、教务长这样的职位是每年任命的。既然她已被任命为 1903—1904 学年的校长，年薪为 1000 美元，那么她的新任命便要以此为基础。

诚挚的约翰·杜威

（六十二）致威尔伯·S. 杰克曼（John Dewey to Wilbur S. Jackman，1903.06.03—1903.06.11）

1. 致威尔伯·S. 杰克曼（John Dewey to Wilbur S. Jackman，1903.06.03）

亲爱的杰克曼先生：

我希望在周六早上之前能与您见一面，讨论有关教授会的事宜。根据我目前所了解的，以下是我们可能需要讨论的几个重点：

1. 关于学生毕业的相关事宜。据我了解，有两个学生，皮尔索尔（Pearsall）和法塞特（Fassett），他们的情况可能需要在会议上做一下讨论。当然，您也可能掌握其他需要关注的学生的信息。

2. 针对中学教师的教育学院注册规定。对于那些只需要三个学期就能完成 36 个专业学分的学生，我们是否可以豁免他们必须注册四个学期的要求？

3. 教育委员会已经安排了一些任命，包括出版、图书馆与体育馆管理、社会事务、观察与实践等方面，但前提是我需要先和校长进行沟通确认。

4. 我们还需要考虑设立一些新的委员会，比如组织远足活动、管理校园建筑等，这些可能属于教育学院的一般教学事务。此外，也可以考虑增加早操和教师会议等相关活动。

5. 我非常希望在会议结束后能留出一些时间，听取大家对于实践工作的建议和意见。这些建议和意见不需要太过正式，主要是希望了解大家在实践过程中遇到的困难，探讨解决方法，以及优化管理细节，以便我们更好地制定和执行相关方案。

6. 我不太明白您之前提到的技术课程的要求是什么意思。在我手中的年度公告材料里，阿诺尔特博士[①]昨天提供的年度注册表格中，第 133—134 页已经详细列出了这些课程的先决条件。

7. 我觉得还应该组建一些行政管理方面的小型委员会。我想到的有：为进入通用课程 A 的学生（包括尚未分类的学生）进行分类和评级的委员会，还有中学事务委员会。

诚挚的约翰·杜威

2. 致威尔伯·S. 杰克曼（John Dewey to Wilbur S. Jackman，1903.06.11）

亲爱的杰克曼先生：

在沟通奖学金相关事宜时，我认为应该明确告知对方，我们期望获得一定的服务作为回报。您也知道，今年大家的不满情绪相当高涨，而我认为这主要是因为获得奖学金的学生们事先并不清楚他们需要为此提供相应的服务。

除了奖学金之外，我们还需针对学生服务做出进一步的安排。当然，中学部分的相关工作会由欧文先生负责，小学部分则由我夫人接手。不过我想，一些特殊的教师可能也需要这类助手。请您尽快就所需的人数给我一个报告，并且在整个安排得到妥善调整、以适应奖学金和学生服务的预算之前，请暂不要进行人员分配。

诚挚的约翰·杜威

---

① 威廉·马斯–阿诺尔特（William Muss-Arnolt），从1893年起，任芝加哥大学助理记录员。——原注

（六十三）致罗林·D. 索尔兹伯里（John Dewey to Rollin D. Salisbury，1903.06.25）

亲爱的索尔兹伯里先生：

在离开芝加哥之前，我答应成为阿普尔顿（Appleton）出版公司一系列教师用书的主编。这些书都是小册子，每本大约5万个单词，定价在0.8到1美元之间。我们的目标是帮助教师们，但不是给予他们死板的教条——我更想要的是一本以现代视角撰写的地理教学书籍，而不是教学指南。要通过深入剖析地理教学的核心观点、主流方法和概念，探讨以什么样的视角、重点、教学安排等构成优质的地理教学。

我非常希望您能为这一系列教师用书贡献一本书。如前所述，每本书的内容要适中，不要造成太大的负担。稿费是书籍批发价的10%。或者，您能否找个合作伙伴，在您的指导下完成主要工作？如果这两种方式都不适合您，那您能推荐其他合适的人选吗？

诚挚的约翰·杜威

（六十四）致鲁弗斯·H. 哈尔西[1]（John Dewey to Rufus H. Halsey，1903.08.04）

亲爱的哈尔西校长：

大约一个月前，院长杰克曼曾给您写信，想询问您是否有优秀的毕业生可以推荐给我们教育学院的奖学金项目。此项奖学金会为学生支付一年的学费。

现在学校的事务已经基本处理完毕，我再次冒昧地给您写信。我们非常

---

[1] 鲁弗斯·H. 哈尔西（Rufus H. Halsey），1899—1907年，任威斯康星州奥什科什州立师范学校校长。——原注

希望将我们的学院进一步打造成一个研究生院。我们的理念是，从贵校高水平课程毕业的学生，可以直接获得我们大学两年的学分。这样，他们只需要在我们这里再学习两年，就可以直接获得学士学位。

您那里有没有优秀且富有抱负的学生，符合我们的这一要求呢？

诚挚的约翰·杜威

（六十五）致乔治·A. 麦克法兰[①]（John Dewey to George A. McFarland，1903.08.04）

亲爱的先生：

在院长杰克曼缺席的情况下，我接手处理奖学金相关事宜。我发现您在今年早些时候曾提及您1900级的一个学生。该学生在经过 3 年的学习后，表达了如果我们学校能提供奖学金，她就愿意入学的意愿。如果这位女生尚未确定未来计划，我会很乐意与她取得联系，探讨提供奖学金的可能性。

如果您还知道是否有其他学生对我们学校的研究生师范教育和学术项目感兴趣，我也非常愿意与他们沟通。

非常感谢您过去对我的支持。

诚挚的约翰·杜威

（六十六）致路易斯·B. 莫耶[②]（John Dewey to Louise B. Moyer，1903.08.04）

亲爱的女士：

---

① 乔治·A. 麦克法兰（George A. McFarland），1905年，在俄亥俄州希兰学院获硕士学位；1892—1918年，任北达科他州立师范学校校长。——原注

② 路易斯·B. 莫耶（Louise B. Moyer），艾奥瓦州立师范学校毕业生。——原注

由于院长杰克曼不在，我来回复您 22 日的信。同时，我们也收到了西里校长①的推荐信。根据他的推荐，我们很高兴为您提供奖学金，这将覆盖您一年的学费（共 120 美元），包括三个学期的学习费用。

我们会给您发一份公告，详细说明相关的学习内容。您很有可能会进入 B 类普通课程学习。

诚挚的约翰·杜威

（六十七）致西伦·B. 普雷②（John Dewey to Theron B. Pray, 1903.08.04）

亲爱的普雷校长：

今年早些时候，您不是和杰克曼院长就阿什曼（Margaret Ashman）小姐和厄尔（Earle）小姐的事情通过信吗？她们还想申请明年教育学院的奖学金吗？从您的信中，我感觉厄尔小姐应该满足了我们新开设的高级课程的要求，参加这个课程两年后能拿到学士学位。

由于杰克曼院长现在不在，我不清楚之前的沟通进行到什么程度了。不过，如果您觉得有必要，我可以直接与这两位小姐联系。

诚挚的约翰·杜威

（六十八）致威廉·雷尼·哈珀（John Dewey to William Rainey Harper，1903.09.30）

亲爱的哈珀校长：

---

① 霍默·霍拉肖·西里（Homer Horatio Seerley，1848—1932），1886—1928年，任艾奥瓦州立师范学院院长。——原注

② 西伦·B. 普雷（Theron B. Pray），威斯康星州立师范学校校长。——原注

我已经见过扬女士了，并为她安排了研究生课程，这门课程以研讨班的形式在每周五下午进行。这样她每周三就有空闲时间了。

我是纯粹站在系里的立场讲话的，因为我并没有权力为扬女士安排任何活动。您毫无疑问会在大学课程单上见到她。

诚挚的约翰·杜威

（六十九）致弗兰克·A. 曼尼（John Dewey to Frank A. Manny，1903.10.03）

亲爱的曼尼先生：

我计划为阿普尔顿出版公司编撰一套教育系列丛书。这些书会比哈里斯博士的那套[①]小一些，每本大约 200 页，零售价定在 1 美元左右。我希望它们能成为教师们工作时的参考书，而不仅仅是教育类的普通读物。

我打算针对小学的各个学科以及中学的部分学科，各编撰一本书。此外，还会推出一些更通用的书籍，帮助教师进行专业准备。

在后一类书籍中，我们特别希望能有一本从道德层面探讨学校工作的书。我相信我们都认同，道德层面在很大程度上与学校的社交氛围和组织方式息息相关。当然，这本书还会深入探讨教师在学生纪律方面与教学中可能遇到的其他道德问题。我想知道，您是否愿意承担这本书的编撰工作？我们会给您足够的时间。如果能尽早完成，那就更好了。

稿费按出版社惯例，为书籍批发价的 10%。

希望我已经把这本书的编撰意图阐述清楚了，这至少可以为我们进一步的沟通打下基础。我在此以编辑的身份，同时也以个人的名义，恳请您接受这本书的编撰工作。

[①] 即"阿普尔顿国际教育丛书"（*Appleton's International Education Series*）。——原注

如果您对选题或作者有任何建议，请不吝赐教。

今年您是否考虑为《初等学校教师》杂志再次投稿？或者，您有没有可以推荐给我们的投稿教师？

…………

诚挚的约翰·杜威

（七十）致安妮塔·麦考密克·布莱恩[①]（John Dewey to Anita McCormick Blaine，1903.10.04）

亲爱的布莱恩女士：

我们终于搬进了新大楼，虽然还有工人在施工。我真心希望您能早点过来，参观一下我们的学校和这幢崭新的大楼。当然，如果您希望等一切都安顿好再来，我们也会非常欢迎。

我们学校现在有近 300 名小学生，还有至少拥有 450 名学生的中学部，这个中学部还包括了手工培训学校。中学部的教学楼建设得非常顺利。您能不能抽空早点来访，令我们倍感荣幸呢？我坚信，这幢新大楼以及大楼里的孩子们，一定会给您带来不少惊喜和满足。

您真诚的约翰·杜威

（七十一）致威尔伯·S. 杰克曼（John Dewey to Wilbur S. Jackman，1903.10.08）

亲爱的杰克曼先生：

我与欧文校长就中学校园入口问题进行了深入讨论，并得出了以下结论：

---

① 安妮塔·麦考密克·布莱恩（Anita McCormick Blaine），美国慈善家和政治活动家，对芝加哥进步事务有诸多资助。——原注

校长同意，会尽量引导学生们使用学校的西门。为此，我们已经采取措施，落实您在布告板上提出的建议。学生的储物柜位于大楼的西侧，这样也能促使学生们更多地使用西门。再过一段时间，部分学生还将在手工培训大楼分配储物柜，这样他们自然会选择从那边进入。我认为，除了依靠校长的劝导，我们更应该信赖这些实际措施的效果，而不是冒险发布禁令，禁止学生使用中门，以免引起他们的不满。而且，说实话，我现在还不太确定西门是否能有序地容纳 500 人通行。

您关于增设公用电话的建议非常棒。我会告诉中学校长们，如果学生们需要使用公用电话，那我们应该为此安装一部专用电话。

目前，我们已在供应室设立了临时的信息咨询处。至于永久性的信息咨询处，如果我们没有比您 8 日来信中更好的建议，我预计近期内就会着手设立。

如果您发现任何特殊的噪音、混乱或学生无故聚集的情况，请及时告知我和欧文校长，这样我们可以更好地维护校园秩序。

诚挚的约翰·杜威

（七十二）致威廉·雷尼·哈珀（John Dewey to William Rainey Harper, 1903.10.09）

亲爱的哈珀校长：

我很高兴得知哲学必修课的地位问题将得到系统的处理。听说这个问题已经被提交给了初级学院课程委员会，但我不清楚是否也已经被提交给了高级学院课程委员会。我希望能提出一个建议，那就是同时将这个问题提交给这两个委员会，这样既能避免对管辖权做出过早的预判，又能预防在任一方对初级学院课程委员会的意见不满时，出现向高级学院课程委员会"上诉"的情况。

诚挚的约翰·杜威

（七十三）致威尔伯·S. 杰克曼（John Dewey to Wilbur S. Jackman，1903.10.10）

亲爱的杰克曼先生：

　　戈尔（Gore）先生跟我说，他的遗传心理学课上，只有 4 名学生之前没有学过基础心理学。等手头更紧急的事务处理完之后，我希望能了解一下大概有多少学生没学过基础心理学，以及这个学期学校将如何辅导他们。同时，我也想知道教育学院应当如何开设相关课程。如果之前没学过这门课的学生人数不多，那教育学院在高年级的课堂上进行这项教学工作，可能会是一个明智的选择。

诚挚的约翰·杜威

（七十四）致威廉·雷尼·哈珀（John Dewey to William Rainey Harper，1903.10.14）

亲爱的哈珀校长：

　　关于您转交给我的信件，我已仔细阅读。以下是我对信中提及情况的概述及具体回应：

　　您之前批准了麦克莱恩（McLean）先生使用余额中的 5000 美元。这笔资金将主要用于以下三个方面：教育学院、手工培训学校以及购买科学实验设备和仪器。

　　目前，我已着手处理用于购买科学实验设备和仪器的资金，预计至少会投入 2500 美元。教育学院的相关事务，我正在与迈耶斯先生和麦克莱恩先生协商处理。至于手工培训学校方面的事务，我将与费尔森（Ferson）先生合作推进。

　　关于卡门与杰克曼之间的通信，根据杰克曼先生的信件，该问题应归类于设备和仪器采购，而非建筑类问题。因此，我会按照既定流程处理。

麦克莱恩与杰克曼之间的通信则属于教育学院的事务范畴。

关于手工培训学校的办公家具采购问题，除了校长办公室外，目前我们没有预算为其他办公室采购办公家具。因此，在资源有限的情况下，我们需要优先考虑更紧迫的需求。

另外，罗伊克罗夫特博士[①]提出的问题与上述事项无关。该问题已得到古兹比博士和我的关注，并已获得了相应的资金支持。

总的来说，为了提高工作效率和避免订单重复，我建议教务长杰克曼在处理相关事务时，能先与我进行沟通。当然，在处理过程中，我会随时向您汇报进展并征求您的意见和建议。

诚挚的约翰·杜威

（七十五）致威尔伯·S. 杰克曼（John Dewey to Wilbur S. Jackman，1903.10.15）

亲爱的杰克曼院长：

我 10 月 12 日的信件中的要点，在您 10 月 14 日的回信中基本上都得到了回应。不过，关于其他几个问题，我还有一些具体的想法需要补充。

1. 迈耶斯先生觉得，如果他的课程能安排在下午 2 点，那么组织远足活动就会更加方便。他原本提出了这样的请求，但后来他的课程时间被您改到了中午 12 点。据我所知，他并没有同意这个调整。我猜您可能是从学校整体利益出发而做了这样的改动。我们学院的课程计划都是基于各系提交的时间表来安排的。任何改动都需要先提交给相关部门，在得到他们的明确同意后才能具

---

① 约瑟夫·爱德华·罗伊克罗夫特（Joseph Edward Raycroft），1896年，获得芝加哥大学哲学博士学位，后任体育事业助理教授；1899年，在拉什医学院（Rush Medical College）获得医学学位，被任命为芝加哥大学医疗和卫生咨询助理教授；1904年成为教授；1911年，任普林斯顿大学体育教育和运动系教授。——原注

体实施。我相信，您也不希望您的管理方式与其他院长的管理方式产生冲突。

2. 我认为，在注册前的最后一刻不应该再对课程进行任何修改。如果学生们知道可以在最后一刻改动课程，那么他们可能就不会那么认真地规划自己的学习计划了。因此，我认为，在注册前的 5 到 10 天内，应该设定一个限制，其间不得对课程进行任何改动。如果不这样做，那课程安排很可能会变得混乱无序。

3. 关于第三个问题，我已经表达了我的担忧。不过，我觉得您可能误解了扬女士的课程安排，因为我清楚地记得，在我办公室给您看的文件里，我曾经特别指出了这一点。

4. 至于第四个问题，您的便签并没有完全解决艺术课程的相关疑惑。首先，艺术教师的职责应该是提供必要的非学分课程，以满足课程 A 的学生需求。我认为，您应该提醒他们注意，他们未能为那些已经被官方公布为课程 A 必修部分的课程做好教学安排。这不是越权，而是必要的提醒。另外，关于课程 151，虽然在公布时没有明确说明它是主要课程，但从课时安排上来看，它应该是一个重要的课程。然而，课程后面却标注了"2 小时"，这显然与它作为主要课程的地位不符。同样的问题也出现在课程 61、184、168 和 181 中。简而言之，当艺术教师在课程后面标注"2 小时"时，这样的课程显然不能被视为主要课程，而应该被看作是一个较为次要的课程。

诚挚的约翰·杜威

（七十六）致弗兰克·A. 曼尼（John Dewey to Frank A. Manny, 1903.10.20）

亲爱的曼尼先生：

非常感谢您随 9 日信件附上的备忘录。当时给您写信时，扬女士已卸任《初等学校教师》编辑。现在看来，她似乎会回心转意，继续担任此职。届时我会将您的笔记转交给她。

关于您为我们这一系列丛书所撰写的书籍，如果您对某个特定主题有着浓厚兴趣，那么完全可以按照您的意愿来选择。我之前提到的主题固然重要，但我更希望您能发挥自己所长，挑选自己喜欢的题材。如果需要，那我们可以给您一年甚至更长的时间来准备这本书。

再谈谈您的其他建议。我曾构想过一本书，暂定名为《新幼儿园》（*The New Kindergarten*）。同时，我也考虑过邀请黑文小姐[1]参与此书的撰写。对于您提出的合作建议，我深感赞同。但在正式邀请前，我想先听听您的看法：您觉得黑文小姐是否适合与他人合著一本书呢？

阿普尔顿出版公司寄来了一些普莱斯女士[2]的资料。虽然内容颇具启发性，但并不太适合我们这个系列。从科学的角度来看，她的作品显然需要更细致的写作指导。比如，她试图从血型的角度来解释北欧音乐和南欧音乐的差异，这种观点实在令人讶异！

关于节日的建议，我颇感兴趣。不过，我担心楚布（Chubb）先生和多普小姐之间的合作可能不会那么顺畅。

我会牢记克洛[3]的事情。其实，我一直想写一本关于女孩教育的专著。同时，我也在与某人商讨，准备撰写一本关于女性教育史的书籍。

再次感谢您的宝贵建议。我非常期待听到您对于想撰写的书籍的选择。当然，选择其中一本并不意味着您未来不能撰写另一本。

诚挚的约翰·杜威

---

[1] 玛格丽特·J. 库什曼·黑文（Margaret J. Cushman Haven），著有《初学者圣经课程》（*Bible Lessons for Little Beginners*，1901）。——原注

[2] 海伦·玛丽安·普莱斯（Helen Marian Place），编辑有《巴尔的摩公立学校：八年级音乐学习大纲》（*Baltimore Public Schools: Outlines for Music Study in the 1st Eight Grades*，1903）等著作。——原注

[3] 弗雷德里克·雷德曼·克洛（Frederick Redman Clow），威斯康星州奥什科什州立师范学校政治经济学教授。1904年夏季在芝加哥大学任教。他的主要学术兴趣是教育社会学。——原注

（七十七）致威尔伯·S. 杰克曼（John Dewey to Wilbur S. Jackman，1903.10.21—1903.10.27）

1. 致威尔伯·S. 杰克曼（John Dewey to Wilbur S. Jackman，1903.10.21）

亲爱的杰克曼先生：

我已经和克洛先生进行了面谈。他似乎对于我把他对罗伊克罗夫特博士的干涉反馈给他感到惊讶。

关于体育馆的使用，协调小学、中学和大学的课程安排确实是个棘手的问题。据我所知，罗伊克罗夫特博士仅仅是提出了一些建议，并询问了相关信息，以便更好地满足不同学校、不同班级的需求。而且，我了解到克洛先生现在对此也表示了认同。

我认为，在没有确凿证据的情况下，我们应当格外小心，避免无端指责大学院系的干涉，甚至连这种暗示都应该避免。教育学院未来的发展高度依赖于与大学各院系的友好合作，因此我们不能在这个问题上轻率行事。

诚挚的约翰·杜威

2. 致威尔伯·S. 杰克曼（John Dewey to Wilbur S. Jackman，1903.10.27）

亲爱的杰克曼先生：

关于教育学院委员会的事情，在大家面对面讨论之前，我想先提一些建议人选：

1. 出版委员会：考虑这个委员会的成员得看看我们怎么理解"出版"这个词。如果只是出两本期刊，那我觉得有两位执行编辑洛克和杰克曼，再加上中学部的克罗（Kroh）和弗莱明女士就够了。但如果包括学院的所有通知和印刷材料，那委员会的规模就得再扩大一些，我建议加上莱斯女士、欧文先生和范霍森女士。

2. 图书馆、体育馆、博物馆和实验室委员会：

主席：迈耶斯（他是我们的建筑大师）

成员：林德先生、克罗先生、沃伦小姐，还有罗伊克罗夫特博士

社交事务委员会：

主席：巴伯小姐

成员：大学部的霍利斯特小姐、海摩尔小姐，中学部的罗伯特森小姐、阿特伍德先生，以及小学部的里德女士和吉勒特先生。

观察与实践委员会：

主席：扬女士

成员：包括大学部的赖斯小姐、迈耶斯先生，中学部的欧文先生、伦恩先生，以及小学部的汤姆森女士。

以上就是去年组织计划中要求的所有委员会。当然，像推广委员会这样的其他类型的委员会也会继续存在。

但我还想加个新委员会，就是——

大学生分类委员会：

主席：巴特勒

成员：赖斯小姐、诺顿女士、佩恩小姐、欧文先生、索尔兹伯里先生，还有卡什曼小姐。

这个委员会的成员稍微多点。我的想法是，一部分人负责关注想成为中学教师的大学生，另一部分人则关注小学和特殊教育的师资培养。

别忘了，各学院的教师本身就是一个大委员会。他们自然会有自己的小团队，这样我们就不需要从全体教师中再组建那么多委员会了。

我觉得，如果院长、教务长和校长愿意，那他们按职责都应该成为所有委员会的成员。

诚挚的约翰·杜威

3. 致威尔伯·S. 杰克曼（John Dewey to Wilbur S. Jackman，1903.10.27）

亲爱的杰克曼先生：

关于《初等学校教师》的正式地位，我已在另一封信中与您详细沟通过。不过，关于此事，我还想补充一两点——当然，您会明白，我与您一样，对这件事并无任何个人情绪，也不会因此责怪您或其他任何人。

我不认为将扬女士和您视为学校里不同派别的首领是恰当的。我并未察觉到学校里存在这样的派别，而且我相信扬女士也会坚决否认自己有这样的立场。

扬女士是在去年应我的明确要求，根据随信所附的规定，接任了杂志主编一职的。事实上，她是在我的一再恳请下才勉强接受的。您也知道，她在年底就辞职了，我本以为那是最终的决定。但后来在校长的强烈要求下，她又重新担任起这一职位。所以，她所做的一切，都是在执行我或校长的指示。

去年我向您询问了您对于报纸编辑政策的看法，您当时表示，该杂志并未采取有利于学校利益的政策，而该杂志本应是学校利益的代表。我不明白还有什么批评或反对意见能比这一点更为根本，因此我不太理解您所做的这种区分。

诚挚的约翰·杜威

（七十八）致威廉·雷尼·哈珀（John Dewey to William Rainey Harper，1903.11.03）

亲爱的哈珀校长：

上周六您提到，担心我可能从院长办公室带走了部分工作，导致院长杰克曼的影响力范围受限。对此，我想请您关注一下院长夏季学期报告的最后一段，想必您已经收到了该报告的副本：

"目前，学校的行政管理工作日臻完善，我的办公室工作也因此轻松了许多。以往许多职责都压在院长办公室，导致一些重要工作被忽视。现在，随着职责的重新分配，一切都在朝着好的方向发展。"

如果您觉得我对教育工作的管理过于集中化，或者是侵犯了其他部门的职能，烦请您及时告知。我会立即调整，或向您解释实际情况。非常感谢您的理解和支持。

诚挚的约翰·杜威

（七十九）致威尔伯·S. 杰克曼（John Dewey to Wilbur S. Jackman，1903.11.03）

亲爱的杰克曼先生：

现在，我已经收集到了所有夏季学期授课教师的报告，准备开始处理相关事宜。周三的会议上，我还会提出成立一个委员会的建议，该委员会负责审议这些报告中提到的问题。

此外，我也会讨论您在夏季学期报告中提及的另一事项，即将教育会议与行政会议区分开来。同时，我也在考虑成立一个总体的教育俱乐部。如果我们能通过组织这些会议，成立一个对教师和有经验的研究生都开放的教育俱乐部，让一些具有丰富教学经验的研究生与学校建立联系，您不觉得这或许能带来很大帮助吗？

诚挚的约翰·杜威

（八十）致威廉·雷尼·哈珀（John Dewey to William Rainey Harper，1903.11.04）

亲爱的哈珀校长：

我相信，我们能够妥善管理基本事务，避免给大学带来过多开支。实际上，现在最关键的问题就是管理这些基本事务，以确保能够实施特定的教育政策。

我想确认一下，委员会成员包括主席、主任在内，巴伯小姐、杰克曼先生、克罗先生、迈耶斯先生和费尔森先生等人是不是已经被正式任命了？这样我就能立刻召集他们，共同商讨这个问题。

诚挚的约翰·杜威

（八十一）致威尔伯·S. 杰克曼（John Dewey to Wilbur S. Jackman，1903.11.07—1903.11.11）

1. 致威尔伯·S. 杰克曼（John Dewey to Wilbur S. Jackman，1903.11.07）

亲爱的杰克曼先生：

目前在大学学生服务部门工作的汤姆森小姐，被安排到了系主任塔夫茨的办公室。她现在正在教育学院选修三门课程中的两门，因此她希望将她的工作由学生服务部门调动到教育学院。我们已经咨询了塔夫茨主任的意见，他表示赞同这一调动。赖斯小姐和我夫人都非常希望她能去教七、八年级的历史课，因为那两个年级很需要她的帮助。当然，她的相关费用会从我们的奖学金和学生服务账户中扣除。劳烦您与古德斯皮德博士沟通一下这次调动的事情。

诚挚的约翰·杜威

2. 致威尔伯·S. 杰克曼（John Dewey to Wilbur S. Jackman，1903.11.09）

亲爱的杰克曼先生：

在参与实践工作的学生名单中，有阿什利（Ashley）小姐、弗伦奇（French）小姐、希尔曼（Silman）小姐和薇薇安（Vivian）小姐，但她们的名字并未出现在您之前提供给我的学生分类名单上。

我们很想了解这些学生目前的学业进度到了哪个阶段，也就是说，她们是处于大学学习的第一年还是第二年。或者更确切地说，她们已经完成了多少主干课程。这些课程将会计入她们的教师资格证书或学士学位。

如果我把这份名单退还给您，您是否可以在上面用铅笔补充一下这些学生的相关信息？

同时，您是否可以提供一份二年级目前的课程班级名单给我？

诚挚的约翰·杜威

3. 致威尔伯·S. 杰克曼（John Dewey to Wilbur S. Jackman，1903.11.11）

亲爱的杰克曼先生：

关于拓展讲座的事宜，不久前，伊利诺伊州奥罗拉的格林曼督学①跟我聊了一下。他提到，是否有可能为他所辖地区及邻近地区的教师开设一个由六次讲座组成的系列课程？他觉得，由不同的人围绕教育话题分别进行六次讲座，可能会比一个人围绕同一个主题讲六次更能满足教师需求，甚至还会更好地满足听众的需求。他还提到，尽管目前的拓展课程主要是教师参加，但这些课程其实是针对更广泛的受众设计的。因此，他认为，设计一些专门针对教师的拓展课程将会满足更多人的需求。

我给您发这些信息，是希望它们能对您的委员会正在筹划的方案有所帮助。

诚挚的约翰·杜威

（八十二）致威廉·雷尼·哈珀（John Dewey to William Rainey Harper，1903.11.14—1903.11.18）

1. 致威廉·雷尼·哈珀（John Dewey to William Rainey Harper，1903.11.14）

亲爱的哈珀校长：

---

① 阿瑟·V. 格林曼（Arthur V. Greenman），1900—1901年，任伊利诺伊州教师联合会主席（President of the Illinois State Teacher's Association）、西奥罗拉学校（West Aurora Schools）校长。——原注

　　作为美国大学教师教育协会执行委员会的主席，我已经向卡内基基金会（The Carnegie Institution）申请了 1000 美元。我们希望用这笔资金来支付与研究相关的行政服务、文具、邮费等费用。我们正在进行一项关于教育领域研究工作现状和未来发展可能性的重要调查。然而，卡内基基金会的吉尔曼主席在回信中表示，他们收到了大量的申请，因此我们的申请可能不太容易得到批准。

　　我们大学教育学系的所有教师都认为，这是一项至关重要的申请。如果您能直接或间接地对我们的申请给予帮助，那我们将感激不尽。

诚挚的约翰·杜威

2. 致威廉·雷尼·哈珀（John Dewey to William Rainey Harper，1903.11.18）

亲爱的哈珀校长：

　　我附上了杰克曼先生关于课程教材问题给我回信的副本，还有欧文先生的来信以及我给杰克曼的回信副本，谨供您参考。

　　杰克曼先生的信是 10 月 26 日写的，之所以现在才给您发副本，是因为我一直在等欧文先生对杰克曼提到的课程教材责任问题的回应。我觉得这样做对欧文先生比较公平。

　　此外，我还想跟您补充一点。之前我们已经认识到课程教材的重要性。去年春天，在讨论是否推荐某些学生毕业时，我们遇到了一个问题。虽然教师们因为学生的实践作业不达标而拒绝推荐他们毕业，但这些学生其实已经修满了主修课程的学分。而且，校方档案里并没有记录他们在实践作业上的问题，也没有证据表明这些学生知晓自己在实践方面的不足。有个女生甚至表示，她之前完全不知道自己实践作业的问题，直到教师拒绝推荐她毕业时才得知。所以，我们编写课程教材的主要目的，就是为了记录这类问题，避免以后出现类似的误会。遗憾的是，现在的教材里并没有关于实践作业的记录，也没有为通用课程 A 中的艺术类额外内容预留记录空间。

之前给您的信只涉及了课程教材的实际内容，并没有提到这些遗漏之处，现在特此补充说明。

诚挚的约翰·杜威

（八十三）致威尔伯·S. 杰克曼（John Dewey to Wilbur S. Jackman，1903.11.20—1903.12.01）

1. 致威尔伯·S. 杰克曼（John Dewey to Wilbur S. Jackman，1903.11.20）

亲爱的杰克曼先生：

我想在冬季学期的课程计划中，应该清楚地区分给予学分的艺术课程和不给予学分的艺术课程。如果真的如此实施，那当然不应该再允许学生在此时为非学分课程申请学分。分类的难度相当大，除非我们明确一些关键点，否则很难将这个问题彻底解决。

您 18 日的信中提到的那些课程，是不是在我收到的那份名单上的所有人都已注册并获得了学分？

关于课程方面，我了解到拉姆斯先生的课程将会是我们冬季学期的课程之一。那么，黑尔（Hale）先生的课程是否也会延续到冬季学期呢？另外，我夫人也计划在冬季学期开设一门课。您之前告诉过我，普罗科施先生[1]、埃莉诺·史密斯（Eleanor Smith）小姐的课程，以及您自己的课程都将会增加进来。

您有没有想过在每门课程描述后面加上一个说明，标注出它是 A 类课程、B 类课程还是专家课程，并且说明该课程是针对一年级还是二年级的学生。如果可能的话，这样做将有助于我们更好地进行分类，解决目前我们面临的分类

---

[1] 爱德华·普罗科施（Eduard Prokosch），芝加哥大学教育学院和初级学院德语教师。——原注

难题。

诚挚的约翰·杜威

2. 致威尔伯·S. 杰克曼（John Dewey to Wilbur S. Jackman，1903.12.01）

亲爱的杰克曼先生：

我当然反对用拉丁文来书写毕业证书。据我所知，教育学学士学位的课程安排，允许学生完全不去学习拉丁文。在其他教育机构中，课程中未涉及拉丁文的学位，其毕业证书无疑都会使用英文来表述。给学生颁发用他们从未学习过、也无法阅读的语言书写的学位证书，这种做法在我看来简直荒谬至极。

诚挚的约翰·杜威

（八十四）致埃尔默·埃尔斯沃思·布朗[①]（John Dewey to Elmer Ellsworth Brown，1903.12.02）

亲爱的布朗博士：

我很高兴在 11 月 17 日收到您的来信。赖因教授[②]之前已经给哈珀校长写过信，表达了他明年夏天来访的意愿。但我们一直都没有采取行动，因为我们不知道应当如何具体运作。您的来信让这件事变得明朗起来，我会向哈珀校长建议，聘请赖因教授来做六到十二场的系列讲座。关于他这一系列讲座的报酬，您有什么建议吗？

诚挚的约翰·杜威

---

① 埃尔默·埃尔斯沃斯·布朗（Elmer Ellsworth Brown），加州大学伯克利分校教育学院教授。——原注

② 威廉·赖因（Wilhelm Rein），德国教育家，耶拿大学教育学教授，赫尔巴特学派的主要代表之一。——编译者注

（八十五）致威廉·雷尼·哈珀（John Dewey to William Rainey Harper，1903.12.02）

亲爱的哈珀校长：

关于明年夏天将到访我国的那些欧洲学者，我正在与哲学系的其他成员协商相关事宜，会尽快与您联系。

在教育方面，我强烈推荐聘请萨德勒教授[①]，如果条件允许，聘期最好不少于6周。他无疑是我们能吸引到的最重量级的外籍学者。

此外，根据加州大学布朗（Brown）教授之前的来信建议，在财务安排妥当的前提下，我们应确保邀请耶拿大学的赖因教授来开设六至十二场的专题讲座。我们预计哥伦比亚大学和加州大学也会参与此项邀请，以便共同分担费用。

诚挚的约翰·杜威

（八十六）致威尔伯·S. 杰克曼（John Dewey to Wilbur S. Jackman，1903.12.07）

亲爱的杰克曼先生：

在回复您3日的来信时，我想说明的是，我们通常会设置两门必修课和一门选修课，但具体情况可能会因人而异。我也能理解，对于某些学生来说，选修三门必修课可能更为合适，这样他们以后就可以选择更多的选修课。

关于您信中的第二段，我有些不太明白您的意思。您是在说那些正在攻读学位的学生，还是那些只是短期来学习、并未正式分类的学生？如果是后者，这个问题我们之前不是已经达成共识了吗？我认为我们已经同意会尽可能

[①] 米歇尔·欧内斯特·萨德勒（Michael Ernest Sadler），英国牛津大学拓展讲座主任。1903年，成为曼彻斯特大学教育学教授。1911年成为利兹大学副校长。——原注

地满足这些学生的需求，以此来鼓励他们来参与我们的课程。根据我过去的经验，如果让这类学生觉得他们不能在这里学到他们真正想学的东西，那么这将对学校的发展带来负面影响。

诚挚的约翰·杜威

（八十七）致威廉·雷尼·哈珀（John Dewey to William Rainey Harper，1903.12.22）

亲爱的哈珀校长：

关于哲学系与心理学系计划于明年夏天邀请的欧洲学者，我特此写信与您沟通。

我不太确定是否有欧洲学者能够用英语流利交流，并愿意在这里停留一整个学期。因此，对于一系列可能需要使用德语或法语的公开讲座，我建议邀请以下学者：

法国哲学教授伯格森（Henri Bergson）、海德堡大学教授、新康德主义创立者温德尔班德（Wilhelm Windelband）、德国大学教授、康德哲学翻译家埃德曼（Benno Erdmann）和德国实验心理学家艾宾浩斯（Hermann Ebbinghaus）。

当然，名单上还有其他学者会引起其他院系的兴趣。例如，科学系会关注物理化学学科奠基者奥斯特瓦尔德（Friedrich Wilhelm Ostwald），神学系可能对柏林大学清教神学教授普夫莱德雷尔（Otto Pfleiderer）感兴趣，而生物系则可能会看重布里斯托尔大学比较心理学家和哲学家摩根（Conwy Lloyd Morgan）。另外，我们也非常期待能听到社会学系的邀请的德国和社会学奠基人、柏林大学教授西梅尔（Georg Simmel）的讲座。

诚挚的约翰·杜威

（八十八）致芝加哥大学教育学院的系领导（John Dewey to University of Chicago School of Education Department Heads，1904.01.09）

校长让我与他一同商讨教育学院自 1904 年 7 月 1 日起的年度预算。我希望你们能尽快提供一份包含相关事实与建议的报告，以便我们在拟定初步预算时加以考虑。请务必把所有与夏季学期相关的事项都纳入其中。

请你们对此事给予高度重视，并尽快处理。这样，在向校长汇报时，我们就能确保教育学院的各项利益都能得到充分考虑，而不会被忽视或轻视。

诚挚的约翰·杜威

（八十九）致威廉·雷尼·哈珀（John Dewey to William Rainey Harper，1904.01.21）

亲爱的哈珀校长：

我随函附上了一封欧文先生来信的副本，那天我们在谈话中提到了这封信。也许您可以就整个话题对我们进行一个联合访谈。

我们计划于下周二下午 3 点召开一次学院委员会特别会议，讨论整个中学教师培训的问题。我们已经向高年级学院代表发出了特别邀请，希望他们能出席。不用说，如果您能出席，那我们将非常高兴。

诚挚的约翰·杜威

（九十）致威尔伯·S. 杰克曼（John Dewey to Wilbur S. Jackman，1904.01.25）

亲爱的杰克曼先生：

关于暑期学校的通知，我得知我夫人所在的委员会已经准备好了报告，并准备在上次的会议上提交。但当他们提交时，有人却提议休会，并获得了通过。这份报告属于行政管理类报告，虽然不需要校方批准，但如果能在某个机构面前进行展示当然更好。我附上了一份自上次会议后获得的报告副本。由于我只有这一份副本，因此当您了解其内容后，请尽快归还，我将不胜感激。我们计划在今天下午4点在189室召开教师会议，讨论这个问题。如果您能参加，那我会非常高兴。

您对于夏季学期的教育学常规课程有没有关于教育哲学或者实际教学问题的建议？

关于中学的报告，欧文先生和我正努力与校长协商，以探讨其中涉及的一些普遍性问题。

您之前提出的邀请如赖因这样的外国学者在夏季学期来访的建议，我们已经向校长反映过了，早在一个月甚至更早之前就已提及。

诚挚的约翰·杜威

（九十一）致威廉·雷尼·哈珀（John Dewey to William Rainey Harper，1904.02.04—1904.02.06）

1. 致威廉·雷尼·哈珀（John Dewey to William Rainey Harper，1904.02.04）

亲爱的哈珀校长：

我附上了一份关于本系对于心理学和伦理学两类课程设置提案的看法声明。这份声明是我亲自撰写的，但在撰写之前，我们系里的成员（除了塔夫茨先生）对此进行了长达3—4个小时的深入讨论，还进行了一些单独的访谈，并收到了一些书面意见。我想补充的是，我们系在考虑这份提案时力求公正，并衷心希望避免进一步引发教师争议。我们反复思考后发现，这份提案似乎不太可行。正如声明中提到的，将所有相关课程调整为选修课似乎是解决提案问题的最佳方案。

如果您认为有必要，那我们非常愿意与您或其他特别关注此事的人士进行会谈，无论是单独的还是整个系的规模的。

诚挚的约翰·杜威

2. 致威廉·雷尼·哈珀（John Dewey to William Rainey Harper，1904.02.06）

亲爱的哈珀校长：

兰利小姐[1]告知我，瑞典斯洛伊德[2]工作负责人萨洛蒙博士[3]有可能会前来参加圣路易斯博览会，并计划逗留至秋季。萨洛蒙博士的儿子最近曾到访此地，并对我们的大学留下了深刻印象。值得一提的是，萨洛蒙博士在基础手工训练领域的工作成就举世闻名。他在自己的私立学校每年培养800名学生，兰利小姐在她访问期间发现，学生来自多达十七个国家。此外，她透露有6位美国人打算今夏前往瑞典向萨洛蒙博士学习。

现在的问题是，我们是否能在教育学院秋季学期邀请萨洛蒙博士来进行为期6周的教学工作？兰利小姐坚信，若我们能及时确保他的到来，并广泛宣传，必将吸引大批学生前来学习——学生的学费足以支付他的酬劳。她估计，以合理的250美元聘请他进行为期6周的教学是非常可行的。

这个问题是在我提交预算后提出的。我衷心希望我们能为此做出预算安排，因为我深信这将是一笔从各个角度来看都值得的投资。萨洛蒙博士的联系地址如下：

瑞典纳斯弗洛达站，O. 萨洛蒙博士

若您打算致信给他，建议在信中提及我们从他儿子处得知的信息，即他

---

[1] 伊丽莎白·尤弗罗西尼·兰利（Elizabeth Euphrosyne Langley），芝加哥大学初等学校手工培训助理。

[2] 斯洛伊德，一种系统的手工教育，其目的不是培养木匠，而是开发儿童心理、道德和身体能力。——原注

[3] 奥托·阿伦·萨洛蒙（Otto Aron Salomon），芝加哥大学初等学校木工手工教师。——原注

有可能在夏末或初秋时访问我们国家。

诚挚的约翰·杜威

（九十二）致威尔伯·S. 杰克曼（John Dewey to Wilbur S. Jackman，1904.02.17）

亲爱的杰克曼先生：

随信附上夏季学期的材料，并附上我在有限审核中所做的几点备注：

1. 在第 2 页上，关于大学的地图和位置描述，我建议明确标注教育学院的具体位置。

2. 第 3 页上的教师名单还未核实，现有的名单存在诸多不准确之处，特别是遗漏了不少人员。

3. 第 11 页上，洛克、巴特勒和穆尔所开设的教育课程都被遗漏了。

4. 第 12 页上，应删除米切尔小姐的名字。我已经告知她，由于哈默小姐整个夏天都会在这里，因此不建议在纺织品方面开展重复教学。

5. 我发现，材料中虽提及了克恩（Kern）女士会教授第二学期的音乐课程，但报名名单上却无人报名。我认为这可能有误。据我所知，这门课克恩女士应该负责第一学期，而由古德里奇（Goodrich）小姐负责第二学期。

6. 我建议在课程概览中应明确标注课程是在第一学期、第二学期还是两个学期都开设。如果是两个学期都开设，请注明是重复课程还是延续课程。

7. 我新提交的课程，即范西克尔（Van Sickle）的教育课程和德鲁（Drew）的手工培训课程，应该加入到这个概览中。同时，我了解到库什曼（Cushman）小姐会在第二学期接替罗伯茨（Roberts）小姐的课程，这也应纳入其中。

8. 在第 22 页和第 23 页之间，我提供的课程标题被直接插入，没有做任何调整。我之前提到过，课程编号应该根据教育学院的系统进行调整。而且，课程 60 只是重复了已经给出的课程 3A 的内容。穆尔教授第二学期的课程应当与戈尔先生第一学期的课程一起列出，这样学生就可以知道他们可以连续学习。巴特勒教授和洛克教授的课程也应该放在适当的位置。

9. 在第 34 页上，我注意到您只列出了一门辅修课程。您的另一门课程也应该被列出来。

10. 这就引出了一个普遍的问题：是否应该为夏季学期提供的连续课程做些规定，以确保它们不是对前一年夏季课程的简单重复。如果每个系都能至少提供一门更高级别的课程，并且确保这些课程可以每年都有所不同，那么这将比年年重复提供相同的课程更能吸引那些已经来过一次的学生再次回来深造。

11. 第 58 页上提到了克恩女士将在第二学期授课，我在上文已经指出了这一点错误。

12. 这里完全没有列出哈默小姐和基赛尔（Kissell）小姐的课程。

13. 克劳福德（Crawford）小姐提交材料后决定第二学期不来此授课了，因此她的课程应当仅作为第一学期的辅修课程。

14. 我没有看到弗莱明（Fleming）小姐的课程有指定的学习时间和工作量。也没有说明这是主修、辅修还是其他类型的课程。所有材料都应该针对这一点进行核对。

诚挚的约翰·杜威

（九十三）致妮蒂·福勒·麦考密克[①]（John Dewey to Nettie Fowler McCormick，1904.02.20）

亲爱的麦考密克女士：

我一直对与布鲁埃尔先生[②]探讨的收割机工厂的教育计划充满兴趣。他已经两次亲自前来与我展开深入交流，分享教育工作的可能性，上周二我更是亲自与他一同做了实地考察。经过细致的调查，我坚信布鲁埃尔先生关于教育发展的理念既完善又可行。同时，我也衷心祝贺所有相关工作都能够有布鲁埃尔先生这样的人才来推动工作进展。他的目标和方法都极具前瞻性，他的性格和执行力使他非常适合承担这一重任。

男孩的手工训练课程和女孩的烹饪及家政课程，这些都是开展教育工作的重要起点。

如果这一计划得以实施，那我将格外关注其进展，并愿意尽我所能提供合作与建议。教育学院对布莱恩女士及麦考密克家族的慷慨支持表示衷心的感谢。能够为此计划贡献绵薄之力，对我来说将是一种莫大的荣幸。

希望你们允许我在你们计划的推进过程中尽我所能提供帮助，我将全力以赴。

您真诚的约翰·杜威

---

① 赛勒斯·霍尔·麦考密克（Cyrus Hall McCormick）的夫人，赛勒斯·麦考密克是收割机的发明者。——原注

② 罗伯特·沃尔特·布鲁埃尔（Robert Walter Bruere），曾在芝加哥大学南校区教法语，后到芝加哥大学拓展学院教德语、英文和修辞。——原注

（九十四）致安妮塔·麦考密克·布莱恩（John Dewey to Anita McCormick Blaine，1904.02.24）

亲爱的布莱恩女士：

非常感谢您为我制作的演讲稿副本，并亲自寄送给我。

我非常期待您能够在 5 月的开学典礼上发表讲话。当然，我们非常欢迎芝加哥大学董事会的任何代表前来发言。如果您能亲自上台讲几句，那对我们来说将是莫大的荣幸。

我期待能尽快在学校见到您。下周您有时间过来吗？或者如果这封信能及时送到您那里，26 日星期五您能来吗？

您真诚的约翰·杜威

（九十五）致威尔伯·S. 杰克曼（John Dewey to Wilbur S. Jackman，1904.03.03）

亲爱的杰克曼先生：

我收到了一份来自记录员、日期为 2 月 25 日的通知，其中列出了出版物常设委员会的成员名单：

委员会主席为扬女士，成员包括杰克曼先生、洛克先生、杜威先生以及赖斯小姐。

我之前从别人那里听说，您是这个委员会的主席，但在这份名单上，扬女士的名字却排在了首位。我还听说您告诉过我夫人，她将是这个委员会的成员，所以我猜测名单上的"先生"（Mr.）可能是个笔误，应该是"女士"（Mrs.）。

诚挚的约翰·杜威

（九十六）致弗雷德里克·J. E. 伍德布里奇[①]（John Dewey to Frederick J. E. Woodbridge，1904.03.03—1904.04.04）

1. 致弗雷德里克·J. E. 伍德布里奇（John Dewey to Frederick J. E. Woodbridge，1904.03.03）

亲爱的伍德布里奇：

在我逗留纽约的这段时间，即从 3 月 10 日到 30 日，我是否有机会在哥伦比亚大学师范学院宿舍获得一个或几个房间？我听说有这样的安排。如果能住在学校附近，对我来说将非常便利。真的很抱歉打扰您，如果您能将此事传达给相关负责人员，那就非常感激了。

诚挚的约翰·杜威

2. 致弗雷德里克·J. E. 伍德布里奇（John Dewey to Frederick J. E. Woodbridge，1904.04.04）

亲爱的伍德布里奇：

我已经有一本斯特朗先生[②]的书了。我告诉斯特朗，只要我一有时间就会读这本书，如果读了，我会很乐意为它写书评。但我目前还不确定自己是否有足够的时间来阅读这本书，因此暂时无法回答您的问题。如果您能找到其他人来写书评，那么请不必等我。

---

① 弗雷德里克·J. E. 伍德布里奇（Frederick J. E. Woodbridge），1892年，毕业于联合神学院（Union Theological Seminary）；1894—1902年，在明尼苏达大学任哲学教授；1904年，与詹姆斯·麦基恩·卡特尔（James McKeen Cattell）共同创办《哲学杂志》（*Journal of Philosophy*），并任主编；1912—1929年，任政治科学、哲学和科学院院长；1939年，成为哥伦比亚大学哲学教授。——原注

② 查尔斯·斯特朗（Charles Strong，1862—1940），威廉·詹姆士的学生，在康奈尔大学教逻辑学和心理学。1892—1895年，任克拉克大学讲师；1895—1910年，在哥伦比亚大学教心理学。——原注

我认为我的谈话内容并不适合发表，所以我非常认真地拒绝了您之前的建议。卡特尔教授[①]已经邀请我明年去开设一系列心理学方面的讲座，我希望能够接受这个邀请。在哥伦比亚大学的经历非常愉快，如果能再次有这样的机会，那我会感到非常满足。

诚挚的约翰·杜威

（九十七）致威尔伯·S. 杰克曼（John Dewey to Wilbur S. Jackman，1904.04.05）

亲爱的杰克曼先生：

我之前并不知道教育学院有拓展工作。当然，这项工作可以交给大学的拓展部门来做，但诺顿（Norton）女士和霍利斯特小姐[②]都更希望在教育学院的指导下进行这项工作，而不是由拓展部门来负责。就教育学院的总体策略尤其是未来收入来看，我认为教育学院是否需要放弃这种类型的工作，是需要仔细权衡考虑的一个问题。

诚挚的约翰·杜威

（九十八）致威廉·雷尼·哈珀（John Dewey to William Rainey Harper，1904.04.06—1904.04.11）

1. 致威廉·雷尼·哈珀（John Dewey to William Rainey Harper，1904.04.06）

亲爱的哈珀校长：

---

① 詹姆斯·卡特尔（James Mckeen Cattell），美国心理学家，1889年，任宾夕法尼亚大学心理学教授；1891年，到哥伦比亚大学师范学院创立并主持心理实验室；1895年，担任美国心理学学会主席。——编译者注

② 安托瓦内特·B. 霍利斯特（Antoinette B. Hollister），1901年，成为芝加哥大学初等学校艺术助理。——原注

　　既然我教育学院系主任一职的行政和对外事务已经处理完毕，并且鉴于目前的情况并不利于教育方面的发展，我特此提出辞去教育学院系主任一职。该辞职将于 1904 年 7 月 1 日正式生效。

　　在提交这份辞职书时，我衷心感谢教育学院全体教师和大学董事会给予我的大力支持。

衷心的约翰·杜威

2. 致威廉·雷尼·哈珀（John Dewey to William Rainey Harper，1904.04.11）

亲爱的哈珀校长：

　　我特此提交辞职申请，辞去哲学系教授兼系主任的职务，该辞职将于本春季学期后的假期结束时正式生效。

　　我衷心感谢您并通过您向董事会表达我的谢意，感谢他们在我任职期间对哲学系的大力支持。特别是，我想表达我对与同事们和研究生们这些年相处的满意和感激之情，我们之间的关系近乎理想，是我人生中难得的宝贵经历。

衷心的约翰·杜威

（九十九）致詹姆斯·麦基恩·卡特尔（John Dewey to James McKeen Cattell，1904.04.12—1904.04.25）

1. 致詹姆斯·麦基恩·卡特尔（John Dewey to James McKeen Cattell，1904.04.12）

亲爱的卡特尔：

　　我终于迈出了这一步，这是我两三年来一直在考虑的决定——我辞去了芝加哥大学的职务。

　　这个消息尚未公开，我也不希望它现在就被传开。我写这封信有两个原因：首先，我想把这个事实告诉您，因为我在这里的情况和您聊得最自由，比芝加哥大学外的任何人都多；其次，我目前没有新的打算，将不得不依靠朋友们告诉我可能适合我工作范围的事情。

我想我可能会被视为一个性情古怪的人（as a crank），但我希望至少我的一些朋友会相信，这是一个经过深思熟虑的决定，没有充分的理由，我是不会轻易采取这样的行动的。

…………

您真诚的约翰·杜威

2. 致詹姆斯·麦基恩·卡特尔（John Dewey to James McKeen Cattell，1904.04.16）

亲爱的卡特尔：

您给我的惊喜超过了我给您的。我猜想，无论如何，这确实是一个令人愉快的惊喜；这份友谊和尊重以如此迅速而明确的方式表达出来，这终究会让我振作起来。我现在的状态不太适合做任何决定，我需要休息，我们已经决定无论如何都要休假一段时间。我们大概会休假 6 个月，去欧洲度假。我没有您那样稳定的工作，但我也坚持工作了 10 年，并且积攒了些"假期"还没有使用。这些未决的事情，以及过去两周紧张压力产生的直接反应，让我无法全神贯注地考虑您的提议。

我想我不必多言，能成为哥伦比亚大学的一员尤其是哲学系的一员，对我来说是一种荣幸。我想说，除了我多年来一直与之共事的人们，我不知道还有哪群人能像哥伦比亚大学哲学系里的同事那样，让我觉得他们是如此令人愉快的同事和伙伴。我相信，我足够了解自己和您，知道我可以在您的领导下与您一起工作。

但是，当我给您写信时，我完全没有想到会立即得到任何回应，尤其是事关哥伦比亚大学，我原本以为随着富勒顿①的到来已经让一切尘埃落定。因此，我现在无法立即集中精神做出决定。除了在心情低落时您的信给予我的鼓励，以及我对您永远的感激之情外，我现在唯一确定的就是我无法立即做出决定。

您真诚的约翰·杜威

3. 致詹姆斯·麦基恩·卡特尔（John Dewey to James McKeen Cattell，1904.04.21）

亲爱的卡特尔：

辞职的压力渐渐离我远去，使我能更清晰地思考未来。在您的第二封信之后，我需要在以下三者之间做出取舍：（1）脱离与高校的联系；（2）尝试获得行政职位（例如伊利诺伊大学可能会需要一名校长）；（3）继续从事哲学教学。从目前的情况看，哥伦比亚大学似乎是一个最具吸引力的选项，尽管从理论上说，选择的范围可能远大于实际可行的范围。因此，我现在需要开始考虑更具体的细节问题。

1. 关于薪水。既然我已经决定不再受高校约束，我就不能随意挑选工作了，但行政职位至少是有薪水的。在纽约，如果仅靠 5000 美元而没有额外的收入（如讲座、写作等），我无法维持家庭生计——而我更愿意把这些精力投入到校内的教学和研究中。请问何时才能期待获得超过 5000 美元的薪水？具体是多少？是否有可依赖的校外资源？

2. 关于教学性质。请问每周的课时如何安排？研究生和本科生的教学比例是多少？

3. 我不知道我是否能承受一整年没有薪水的工作。工作能否在年中开

---

① 乔治·斯图尔特·富勒顿（George Stuart Fullerton），1904年从宾夕法尼亚大学转到哥伦比亚大学。——原注

始？如果明年没有长期工作就提出领薪水的要求，是否显得过于冒昧？或者是否可以考虑支付一些搬家费用？

4. 关于教育方面。比如师范学院等，有没有什么特别需要提及或处理的？斯佩尔学校的校长职位是否已经有人接手了？我夫人是否可以在那里或者其他什么地方寻找到适合她的工作呢？（我尚未与我夫人就此事进行商议，她可能更愿意彻底放弃这类工作，而不是继续下去；但与此同时，了解这些方面的信息将有助于我更清晰地把握当前的情况。）

我当然不奢望能提前将每个细节都安排得妥妥当当，但既然我已经意识到我的未来很大程度上是在哥伦比亚大学教授哲学和在其他地方担任行政职务（这是我过去几年里学到的技能）之间做出选择，我就希望能尽可能完善关于哥伦比亚大学这方面的考量。我得说明，我还没有为行政职务做过任何努力——除了您，没有人知道我已经提交了辞职信，包括我所在的院系。

我非常感激您信中的结束语——不是每个人都会这么说，而真心实意这么说的更是寥寥无几。我确实是在表达愿意在您的领导下工作并继续与您共事的真实想法。当然，若这对您的地位会造成任何微小的改变的话，我都不会考虑前来。

您真诚的约翰·杜威

4. 致詹姆斯·麦基恩·卡特尔（John Dewey to James McKeen Cattell，1904.04.25）

亲爱的卡特尔：

我越是考虑薪水的问题，就越发觉得它重要。我之前可能提到过关于校外常规工作的问题，但现在我想更具体地问一下，除了教授职位之外，能否确保有其他的永久工作机会，并且能够以此获得报酬？或者，教学时间能否根据我的校外兼职工作的需要来安排？

您是否知道我们双方的校长就这个问题是否有过沟通？如果您不知道，

那您可不可以猜测一下？我并不是出于无聊的好奇心才问这个问题的。

您真诚的约翰·杜威

（一百）致威廉·托里·哈里斯（John Dewey to William Torrey Harris，1904.04.25）

亲爱的哈里斯博士：

我确信，我和我夫人都非常感激您的来信。在此情况下，我觉得应该告诉您，我不仅辞去了教育学院的工作，也辞去了整个大学的职位。这是一个很长的故事，我就不详细展开说了。但简单来说，我发现我无法在芝加哥大学校长的治校方式所创造和强加的环境下和谐地工作。因此，为了对他和我都公平，我决定将我的工作转移到其他地方。然而，我辞职时并没有找到新的工作。

尽管我的辞职信现在已经在校长手里两周了，但我听说他还没有将它提交给董事会，所以这件事目前来说还是保密的。鉴于您的书信以及我们过去的私人关系，我觉得有必要告诉您这一决定。

您真诚的约翰·杜威

（一百〇一）致詹姆斯·麦基恩·卡特尔（John Dewey to James McKeen Cattell，1904.04.28）

亲爱的卡特尔：

今晨我给巴特勒[①]发了一封电报，其内容大致如下："接受工作，从2月开始。关于明年之后的工作时间，我希望留待个人面谈后再做决定。请在周一

---

①尼古拉斯·默里·巴特勒（Nicholas Murray Butler）时任哥伦比亚大学校长，1904年4月23日（周六），给杜威发电报为他提供教授职位。——原注

会议后公开宣布此事。"

　　除了感激您对我的关心之外，我想说的只有关于工作开始的时间。这实际上是基于您之前两封信的建议，即接受当前职位并不意味着我未来必须一直从事这份工作，如果以后我考虑从事行政工作，那也是完全可以的。同时，我想重申，我目前没有从事任何行政工作的打算。我只是愿意在短期内承诺自己更倾向于在哥伦比亚大学教哲学，而不是在其他地方。但关于我未来的整个职业规划，我还需要更多时间来考虑。不过我相信，即使没有明说，这一点也是会被理解的。

您真诚的约翰·杜威

（一百〇二）致威廉·托里·哈里斯（John Dewey to William Torrey Harris，1904.04.28）

亲爱的哈里斯博士：

　　自从前几天我写信给您，表示如果您愿意给我一些关于我未来规划的建议，我将非常感激。我现在想告诉您，我已经接受了哥伦比亚大学哲学教授的职位。这个提议是我在给您写信之后，于周三收到的，来自巴特勒校长。我之前已经向卡特尔告知了辞职信的事情，但没想到事情会进展得如此迅速和顺利。

　　我仍然不能完全确定自己是否想要永久地从事哲学工作，而非行政工作。也许未来某个时候我还会向您请教。

　　再次感谢您的关心和帮助。

诚挚的约翰·杜威

（一百〇三）致沃林·威尔金森[①]（John Dewey to Warring Wilkinson, 1904.04.28）

亲爱的威尔金森先生：

我夫人和我都非常高兴收到您 4 月 20 日的来信，我们都将您的来信视为对我们的共同关心。

您提供的关于盲人学院的消息正是我们想了解的。

至于最新的芝加哥大学的项目，我认为目前资金还未到位。这只是一个纸上谈兵的计划，该计划与加州大学最终的建筑布局方案有很多相似之处。

关于我与芝加哥大学的关系，我有一件私事要告诉您：我已经从学校辞职了。我和哈珀先生似乎不太合得来，而且困难越来越多，而不是越来越少。我不喜欢在缺乏相互理解的环境中工作，所以我认为辞职是最好的选择。我们目前还没有为未来制订明确的计划，但我们会利用这个机会在欧洲度过大约 6 个月的假期——这是我们渴望已久的计划。我们特别希望弗雷德和伊夫琳[②]能在欧洲更快速地提高他们的法语和德语水平。

我夫人和我都非常感激您书信中流露出的亲切和关怀，并向你们所有人表达我们最诚挚的爱意。

您真诚的约翰·杜威

---

① 沃林·威尔金森（Warring Wilkinson），1858年毕业于联合学院（Union College）。1865—1909年，在加州贫困聋哑盲人关怀与教育学院（The California Institution for the Care and Education of the Indigent Deaf and Dumb and the Blind）任教，后来成为加州聋哑盲人学院伯克利分校（The California Institution for the Deaf and Blind at Berkeley）院长。——原注

② 杜威的孩子。——编译者注

（一百○四）致詹姆斯·麦基恩·卡特尔（John Dewey to James McKeen Cattell，1904.05.02）

亲爱的卡特尔：

校长哈珀曾向许多人（包括我最亲密的朋友）透露了他为了让我留下而准备做出的各种提议和让步。然而，在与我面谈时，他却完全没有提及这些。我之所以关心两所大学校长之间的沟通，是因为我想避免他在我已经决定去其他地方后，再向我提出这些提议。这些提议对我来说并没有实质性的意义，我更关注的是能给予他一个公平的机会来提出这些提议。

但这都是过去的事情了。今天早上收到的一封信让我觉得哈珀校长可能已经从巴特勒校长那里得到了消息。

诚挚的约翰·杜威

第四部分
哥伦比亚大学时期

（1904.05—1930.04）

（一）致戴维·尤金·史密斯^①（ John Dewey to David Eugene Smith，1904.05.07 ）

亲爱的史密斯博士：

非常感谢您对我表示的祝贺。虽然离开芝加哥大学这里的亲密人际关系和学术环境对我来说是个很大的挑战，但我非常期待在哥伦比亚大学开始新的工作，预计我将于 1905 年 2 月 1 日正式入职。

期待未来能与您有更多相聚的时光，我将保持这份期待。

您真诚的约翰·杜威

（二）致尼古拉斯·默里·巴特勒（ John Dewey to Nicholas Murray Butler，1904.05.09 ）

1. 致尼古拉斯·默里·巴特勒（ John Dewey to Nicholas Murray Butler，1904.05.09 ）

亲爱的巴特勒校长：

向报社发布的声明让我十分满意，非常感谢您的关心。我之所以没有再给您发电报，是因为我特别担心；但考虑到这件事对我而言，其重要性超过了对哥伦比亚大学，我认为再三确认一下也是值得的。

我希望能尽快安排好课程相关事宜。同时，我也必须承认，我收到了许多来自哥伦比亚大学的亲切信件。

您真诚的约翰·杜威

---

① 戴维·尤金·史密斯（David Eugene Smith），1887年获锡拉丘兹大学哲学博士学位；1901—1926年，任哥伦比亚大学师范学院数学教授；1908—1920年任国际数学教学委员会（The International Commission on the Teaching of Mathematics）副主席；1923年，成为科学社会史领域的奠基者。——原注

2. 致尼古拉斯·默里·巴特勒（John Dewey to Nicholas Murray Butler，1904.05.09）

亲爱的巴特勒校长：

回复您 5 月 2 日的来信，信中正式通知我已被任命为哥伦比亚大学的哲学教授，我非常高兴地告知您，我接受这一任命。

我了解到年薪为 5000 美元，且我的任职期限和薪资将从 1905 年 2 月 1 日开始计算。

我衷心感谢您，并通过您向哥伦比亚大学董事会表达我的感激之情。对于这份荣誉，我倍感珍惜。同时，我期待着未来的工作给我带来的极大乐趣和满足感。

您真诚的约翰·杜威

（三）致威廉·雷尼·哈珀（John Dewey to William Rainey Harper，1904.05.10）

亲爱的哈珀校长：

正如您所知，您在 4 月 30 日的信件中对我辞职原因的解释和暗示，并不符合我真正辞职的原因——关于这一点，我自然十分清楚。

在向董事会提交我的辞职申请并建议他们接受时，我恳请您向董事会明确指出，所谓未能重新任命我夫人为初等学校校长的问题，并不是我辞职的原因，事实上，在我们递交辞职书之前，这个问题从未被讨论过。您利用我夫人是校长这一事实来阻碍我的系主任工作，这只是多年来众多事件中的一个。

诚挚的约翰·杜威（哲学系主任与教育学院系主任）

（四）致尼古拉斯·默里·巴特勒（John Dewey to Nicholas Murray Butler，1904.05.24）

亲爱的巴特勒校长：

我很高兴地确认您 5 月 12 日的来信，并接受其中提及的任命，即担任心理学讲师（A Lectorship in Psychology）一职，年薪 400 美元，任期至 1905 年 6 月 30 日。

诚挚的约翰·杜威

（五）致詹姆斯·麦基恩·卡特尔（John Dewey to James McKeen Cattell，1904.05.27）

亲爱的卡特尔：

巴特勒校长非常周到地为我安排了心理学讲座的时间，以便在我希望的情况下，可以在 2 月 1 日之后进行讲座。我对此深表感激，因为这完全是他主动考虑，而非我提出的任何请求或建议。当然，以我的理解，从某些角度看，在开始常规工作之前进行这些讲座可能更为理想，但在此情况下，我必须考虑自己的实际情况和利益。

我提出其他选择方案的初衷是，如果您有偏好的话，那可以从中挑选。如果您没有特定偏好，那我打算将研讨班的题目调整为"从洛克到密尔，英国逻辑理论的发展"。

对于另外那门课程的先修条件，我没有异议，只要求学生之前修过一门哲学课程即可。如果这样安排，那我希望能够只负责 2 小时的课程内容，然后请一位助教来负责剩下的 1 小时。我计划将这门课程命名为"自文艺复兴以来的教育理想演变"（The Evolution of Educational Ideals since the Renaissance）。如果这门课要与另一门非研究生课程交替进行，那我倾向于选择逻辑学课程。

对于接下来的一年，我建议第一学期开设普通逻辑学课程，第二学期则开设应用于教学的逻辑学课程。

如果您觉得合适的话，那么可以将我的研究生课程，即伦理逻辑课程安排在周二和周四。周三上午或下午连续进行 2 小时的研讨班（除非您已有固定的研讨班时间），以及开展周二、周四和周六的本科生课程，其中周六的课程由助教负责。

关于研究工作，我稍微考虑了一下，如果您认为有必要的话，那我愿意开设一门研究课程。不过，我几乎没有预料到明年会有准备论文的学生。在其他条件相同的情况下，我更倾向于只接收那些之前已经跟我学习了至少一年的学生。

诚挚的约翰·杜威

（六）致尼古拉斯·默里·巴特勒（John Dewey to Nicholas Murray Butler，1904.06.14）

亲爱的巴特勒校长：

回复您 6 月 7 日的来信，我很高兴地接受哥伦比亚学院教师委员会、哲学系教师委员会和师范学院教师委员会的职位。

诚挚的约翰·杜威

（七）致伊夫琳·杜威（John Dewey to Evelyn Dewey，1905.02.10）

我亲爱的伊夫琳：

我非常高兴收到你那封信。首先，我想恭喜你在拼写方面取得的进步——只有三四个单词犯了拼写错误。"doen"不是"done"的正确拼写形式，这是你犯过几次的错误。有些单词的拼写方式与其发音相似，"done"和"stirred"就是这样的例子。关于单词末尾字母双写的规则，我并不清楚，但你可以查找相关的资料。你的书写也在进步，如果你继续努力，那我相信你的书写和拼写都会变得非常好。

············

爸爸满满的爱与祝福

（八）致弗雷德里克·A. 杜威[①]（John Dewey to Frederick A. Dewey，1905.03.13）

我最亲爱的儿子：

············

自从上次给你写信后，我搬家了，现在我住进了儿童足球之家的宿舍。这里的孩子们大多都出去了。我接手了一些足球广告、一张足球队的合照、几本希腊语教材和一条旧足球裤。不过，那条足球裤在我搬来后不久就不见了。上周六晚上，戴夫[②]来找我，他给我看了你从耶拿寄给他的信，这让我非常开心，因为我之前还没收到过你妈妈转寄给我的你从耶拿写的信。好在今天收到了一批你写的信，内容非常有趣。我希望你能过上稳定、有规律的生活，既不要被过度兴奋冲昏头脑，也不要因为某些愿望没实现而感到沮丧。我希望你已经开始学习击剑了，同时，也希望你的娱乐和其他活动都能有规律地进行。不要在生活必需品上过于节省，比如学习德语的费用。你去那里主要是为了学习德语，如果为了省钱而耽误了学习，或者选了质量不高的课程，那就得不偿失了。如果你觉得我的建议太多了，请理解，我只是希望你能明白我的苦心。有一个可以交流的儿子，对我们来说是一种莫大的欣慰。

---

① 弗雷德里克·A. 杜威（Frederick A. Dewey），杜威的大儿子，1905年春季学期在德国耶拿学习。——原注

② 戴维斯·里奇·杜威（Davis Rich Dewey），杜威的叔叔。——原注

…………

我亲爱的孩子

爸爸

（九）致弗兰克·A. 曼尼（John Dewey to Frank A. Manny，1905.04.04—1905.05.21）

1. 致弗兰克·A. 曼尼（John Dewey to Frank A. Manny，1905.04.04）

亲爱的曼尼先生：

我收到了一封来自英格兰的哈德森（J. C. Hudson）先生的信，多普小姐可能曾向您提及过他。哈德森先生在信中提到，他计划于 5 月 13 日乘船前往纽约。萨德勒先生为他提供了一份学校参观名单，以帮助他了解美国的教育情况。然而，这份名单过于冗长，不太符合他的需求。他希望能参观一些典型的"教育改革"或"社会化教育"的范例。

在回信中，我简单介绍了伦理文化学校和斯派尔学校。但实际上，我对于具体的学校了解并不多。因此，我想知道，是否有比布鲁克林学校①更出色的学校，可以作为一个整体教育系统推荐给他？

当然，哈德森先生抵达后，我会与他见面，您也会与他碰面。如果您能在此期间为我推荐几所值得他参观的学校，那我将不胜感激。

您真诚的约翰·杜威

2. 致弗兰克·A. 曼尼（John Dewey to Frank A. Manny，1905.05.21）

亲爱的曼尼先生：

---

① 纽约的布鲁克林是一个富有的治理得很好的社区，有一些全美知名的学校，除了一般中学之外，布鲁克林还有一所手工培训中学（A Manual Training High School）。——原注

感谢您提供的学校报告复印件，我拿到后就立刻兴致勃勃地阅读起来。

我收到了奥赞（J. R. Ozanne）先生的信，非常感谢您给他写信。看到他至少对这个职位表现出了一些兴趣，我很高兴。

我正在为周五的发言做准备，但发现自己与当前的实际情况脱节太久，很难按照预定的主题进行思考。因此，我可能需要将内容限制在更一般的论述上。

我将于周六启航离开，所以这算是我对美国的短暂告别，直到明年秋天再会。

您真诚的约翰·杜威

（十）致尼古拉斯·默里·巴特勒（John Dewey to Nicholas Murray Butler，1906.04.11—1906.05.17）

1. 致尼古拉斯·默里·巴特勒（John Dewey to Nicholas Murray Butler，1906.04.11）

亲爱的巴特勒校长：

我应该告诉您，乔丹校长[①]在最近访问这座城市期间，曾向我提出让我在斯坦福大学担任哲学教授职位。虽然在他给出的条件下，这个职位并不足以让我欢欣鼓舞，但它仍有一些吸引人之处。因此，我同意考虑几天。

如果您认为可以，那我当然愿意与您进一步讨论，并向您提供该职位的更多细节。

您真诚的约翰·杜威

①戴维·斯塔尔·乔丹（David Starr Jordan），斯坦福大学校长。——原注

2. 致尼古拉斯·默里·巴特勒（John Dewey to Nicholas Murray Butler，1906.05.17）

亲爱的巴特勒校长：

　　约翰·霍普金斯大学的鲍德温（Baldwin）教授邀请我，明年在该校开设一系列关于希腊哲学的讲座，共计十讲。在征得您的同意后，我已经答应了这个邀请。当然，我会妥善安排那边的工作，尽量不影响我目前的工作。希望这个决定能得到您的支持。

诚挚的约翰·杜威

（十一）致雅各布·E. 赖格哈德（John Dewey to Jacob E. Reighard，1906.06.06？）

亲爱的赖格哈德：

　　罗伯特·赫格纳先生[①]托我代笔给您写信。他之前在初等学校执教，虽然我对他的了解不多，但我夫人（她现在不在此地）对他非常赞赏。我常常听她满怀热情地谈起他。据她所说，赫格纳先生是学校有史以来在与儿童互动方面做得最成功的教师。他极其擅长激发孩子们的学习兴趣，并引导他们主动学习。通常来说，教小孩子比教大孩子更具挑战性，对男教师而言更是如此，但赫格纳先生却做得很出色。

您真诚的约翰·杜威

　　[①] 罗伯特·威廉·赫格纳（Robert William Hegner），1904年在芝加哥大学获得艺术硕士学位，1908年在威斯康星大学获得哲学博士学位，后在密歇根大学和约翰斯·霍普金斯大学教动物学，在约翰斯·霍普金斯大学期间建立了研究原生生物的基金。——原注

（十二）致弗兰克·A. 曼尼（John Dewey to Frank A. Manny，1906.10.04?）

亲爱的曼尼先生：

我觉得您最大的压力应该很快就会减轻，对我而言也是如此。我目前还是一个人在这里，所以我并不常待在［纽约市］西 122 街 505 号的公寓里。我几乎整天都待在哥伦比亚大学的办公室里。可能最方便的交流方式是，等您的考试都结束后，在早上打电话给我，号码是 1400。我每天 11 点到 12 点有课，有些时候 9 点到 10 点也有课，但 10 点到 11 点之间你几乎肯定能找到我，或者下午 2 点、3 点或 4 点以后也行。当然，我很高兴能在这些时间见到您，如果您先打电话，那就可以避免在我不在办公室的时候白跑一趟。

您真诚的约翰·杜威

（十三）致亨利·希思·鲍登[①]（John Dewey to Henry Heath Bawden，1908.04.01）

亲爱的鲍登：

这封信我留存有一段时间了。由于我一直很忙，因此还没能完整地读完。目前，我不仅在大学里有很多教学任务，还有额外的工作要处理，所以时间紧得很。尽管如此，我还是翻阅了该信的部分内容，发现您写得非常出色，我觉得它完全值得出版。出版前的修订工作应该不会太复杂，主要是一些文字上的润色。另外，我觉得您在文章前半部分自由引用的内容，如果能加入一些柏拉图和亚里士多德的观点，会使文章更有深度。

---

① 亨利·希思·鲍登（Henry Heath Bawden），瓦萨学院（Vassar College）哲学教授，1907—1908年任辛辛那提大学哲学系主任。——原注

非常感谢您提议在书名页上加上我的名字，这份心意我领了。但出于种种考虑，我认为这样做可能并不妥当。如果您决定出版这本书，那我建议删去大部分提及我的内容。很多时候，您提到我其实是在讲述一个被普遍接受的观点，并不一定非要指向我。或者在前言中做一个总体的致谢也是可以的。

您真诚的约翰·杜威

（十四）致詹姆斯·H. 塔夫茨（John Dewey to James H. Tufts，1909.01.16）

亲爱的塔夫茨：

我原本期待在巴尔的摩能再次见到您，但遗憾的是没来得及和您道别就离开了。

前几天我碰到了伯内特[①]。他告诉我，到目前为止我们的书[②]已经售出了1200 至 1300 本，已经被大约 30 所大学采用，其中最大的一笔订单竟然来自太平洋沿岸的华盛顿大学！他预计，今年之后，我们的书在几年内的平均销售量能达到约 3000 本。伯内特还提到了推出小开本版本的可能性，但他认为在未来 2 到 3 年内这并不可行，因为这样做可能会对现有版本的销售造成较大干扰。另外，我前几天还收到了米勒（Irving E. Miller）的一封信，他在信中谈到了我们的书，并表示会寄给您一份印刷错误清单。伯内特还告诉我，只有一位来自纽约大学的大学教师对我们的书提出了批评，他批评的理由是不相信道德方面的进化论观点。

请代我向您夫人问好。

约翰·杜威敬上

---

① 阿瑟·威廉·伯内特（Arthur William Burnett），1885—1888年，任密歇根大学德语和英语讲师。后成为亨利·霍尔特出版公司编辑。——原注

② 指杜威和塔夫茨合著的《伦理学》（纽约1908年版）。——编译者注

（十五）致尼古拉斯·默里·巴特勒（John Dewey to Nicholas Murray Butler，1909.02.25）

亲爱的巴特勒校长：

关于薪资调整计划，我想询问一下，对于我这种特殊情况有何特殊安排？我是 1905 年 2 月 1 日开始工作的，而首次领取薪金是在 1905 年 3 月 1 日。我计算后发现，如果按照您的信件严格执行（且没有针对我个人的特殊安排），那我将会损失掉大学应支付给我的 250 美元。

由于这笔钱已经拖欠了好几年，因此我非常希望能尽快解决，特别是考虑到我接下来要提到的问题。

您曾向董事会指出，哥伦比亚大学的薪资水平并不符合纽约市的生活成本。对我个人来说，每月维持收支平衡都非常困难。董事会决定连续 6 个月每月减少 20% 的月薪，这将给我带来巨大的困扰、挫败感和实实在在的困难，而我只是众多处于类似困境中的一员。董事会可能并无恶意，但他们的决定对于我们这些努力工作却收入微薄的教师来说，影响确实很大。由于教师和董事会之间缺乏沟通渠道，因此我只能以个人名义提出抗议，并表达我希望董事会能重新考虑这一决定的愿望。

您真诚的约翰·杜威

（十六）致詹姆斯·H. 塔夫茨（John Dewey to James H. Tufts，1909.03.14）

亲爱的塔夫茨：

　　我非常理解您对于普利姆顿[1]给您提出的建议所持有的看法。我相信，我们当中很少有人会选择在 40 岁以后还去从事教学工作。我不知道这是否是所有行业的普遍现象，或许是因为随着年龄的增长，年轻时的热情逐渐消退了。我认为，只要工作时间合理且社会环境良好，无论在何时何地教书，其差别都远比我们通常认为的要小。在这一方面，我恰好有一些经验可以分享。

　　到 1911 年，我从事教育工作就满 25 年了。如果我能寻找到任何其他可以谋生的方式，那我会毫不犹豫地选择接受卡内基养老金。但这并不是说我不喜欢我的工作，实际上我非常热爱它。大学的氛围令人愉快，我的同事们也都很友善，而且研究生的整体水平在稳步提升。然而，我总感觉通过这种方式来实现自己的价值似乎有些缓慢。如果我有更多的空闲时间，那我希望能尝试练习写作，直到能够准确地表达出自己内心的想法。

　　好了，就说这么多吧。

约翰·杜威敬上

（十七）致弗雷德里克·J. E. 伍德布里奇（John Dewey to Frederick J. E. Woodbridge，1909.05.04）

亲爱的伍德布里奇先生：

　　我应该尽快联系惠勒校长[2]。我相信，如果我能与巴特勒校长进行简短会面，那将有助于加速决策过程。因此，我会立刻尝试安排这次会面。

　　同时，我想对您表示衷心的感谢，因为您告知了校长和董事会的态度。

---

　　[1] 乔治·A. 普利姆顿（George A. Plimpton），1914年成为出版商金恩公司（Ginn and Company）的主席，1919年在伦敦建立分公司，负责全球销售，包括中国、日本、菲律宾。当普利姆顿退休的时候，基恩公司是美国最大的两家学校教材提供商之一。他还是伊斯坦布尔女子学院财务委员会主席。——原注

　　[2] 本杰明·艾德·惠勒（Benjamin Ide Wheeler），加州大学校长。——原注

无论在个人层面，还是在教育层面，我与哥伦比亚大学的关系都非常融洽，因此我非常乐意毫无保留地加入这所大学。提议的 7000 美元薪资将产生上述效果。大学管理层对我的情况表示了同情和理解，这让我感到非常安心，并对未来充满了期待和稳定感。

约翰·杜威敬上

（十八）致尼古拉斯·默里·巴特勒（John Dewey to Nicholas Murray Butler，1909.05.15）

亲爱的巴特勒校长：

关于您昨天提到的董事会的行动，我已收到相关通知。我非常感谢您和董事会迅速且令人赞赏的举措，并希望未来我能为哥伦比亚大学提供相称的服务作为回报。

在对您和董事会的积极态度再次表示感谢的同时，我也希望向您表达，就像我之前已经向伍德布里奇先生表达过的那样，我对他慷慨而富有同情心的行为的感激。没有他的援助，按照常规的进展，这样的结果恐怕难以实现。

您真诚的约翰·杜威

（十九）致弗兰克·A. 曼尼（John Dewey to Frank A. Manny，1909.05.18）

亲爱的曼尼先生：

听说金[①]前途渺茫，我感到很遗憾。依我看，与其赋闲在家，重新开始

---

① 欧文·沃尔特·金（Irving Walter King），1904年，获得哲学博士学位。后在威斯康星州奥什科什州立师范学校、芝加哥大学任教。——原注

师范教育工作或许对他来说更加明智，不过我也能理解他可能有别的想法。我不认为惠特尼①会报复他，阻止他去卡拉马祖。金在美国科学促进会（The American Association for the Advancement of Science）还有其他朋友，我觉得校长沃尔多②或许可以让这些朋友和惠特尼沟通一下，至少让他别插手这件事。亚利桑那州有所师范学校正在招聘，年薪为1800美元，虽然我觉得金可能不会对这个职位感兴趣，但这是目前我知道的唯一招聘信息，我还是要告诉他。

我拒绝了加入兰登③的委员会，倒不是因为我对他有什么深入了解，而是我通常不会参与这类事务，除非我掌握了一些确切信息。如果您了解什么内情（比如，我猜他可能是个骗子），那您可以写信告诉贝蒂埃（Berthier）。贝蒂埃正打算在他的新刊物上发表《学校与社会》的译文。今天早上我去了教育学院，迪克马④给我看了您在《教育杂志》（Education Journal）上对《伦理学》的评论，非常感谢！

致以最诚挚的祝福。

您真诚的约翰·杜威

---

① 艾伦·西森·惠特尼（Allen Sisson Whitney），1902—1921年，任密歇根大学教育学教授；1921年后，任教育行政管理和指导行动系教授、教育学院院长。——原注

② 德怀特·布赖恩特·沃尔多（Dwight Bryant Waldo），1904—1936年，任西密歇根教育学院校长。——原注

③ 里昂·埃尔伯特·兰登（Leon Elbert Landone），新教育运动国际委员会（international committee on the New Education Movement）的秘书。——原注

④ 皮特·迪克玛（Peter William Dykema），曾经在密歇根大学和柏林以及纽约音乐艺术学院学习。1914—1923年，任威斯康星大学音乐教授。1924—1940年，任哥伦比亚大学师范学院音乐教育系主任。——原注

（二十）致乔治·克申施泰纳（John Dewey to Georg Kerschensteiner，1909.07.29）

尊敬的女士：

非常感谢您 7 月 14 日写给我的那封亲切的信件。大约 5 年前，我从芝加哥大学转职到了纽约的哥伦比亚大学。我放弃了在芝加哥大学的工作，所以我无法提供给您学习计划等资料，尽管我很愿意如此分享。那所学校在很多方面都取得了越来越大的成功；但如您所说，现有的条件并不利于这样的办学尝试。大学当局并不完全认同他们学校的办学理念，因此无法全力支持学校和我的相关工作。随着学校的日益繁荣，财务困难也变得日益严重。从思想实验的角度来看，这所学校似乎已经实现了它最初的愿景；但在缺乏足够资金的条件下，再尝试推行相关的教育理念似乎并不公平。

诚挚的约翰·杜威

（二十一）致尼古拉斯·默里·巴特勒（John Dewey to Nicholas Murray Butler，1909.10.15—1909.10.27）

1. 致尼古拉斯·默里·巴特勒（John Dewey to Nicholas Murray Butler，1909.10.15）

亲爱的巴特勒校长：

布什博士[1]有意捐赠 300 美元（并额外提供足够费用），用于在哲学系（或哲学、心理学与人类学系）的正式支持下，由桑塔亚纳（George Santayana）教授主讲六场系列讲座。布什博士提议的讲座主题（受桑塔亚纳教授在哈佛大学的课程启发）为"卢克莱修、但丁和歌德的哲学思想"。布

---

[1] 温德尔·T. 布什（Wendell T. Bush），1905—1928年，任哥伦比亚大学哲学教授。——原注

什先生为人谦逊，不愿张扬，因此他委托我致信于您，希望能获得您的支持和批准。在得到您的首肯后，我们会与桑塔亚纳教授做进一步接洽。

您真诚的约翰·杜威

2. 致尼古拉斯·默里·巴特勒（John Dewey to Nicholas Murray Butler，1909.10.27）

亲爱的巴特勒校长：

关于我们之前提到的桑塔亚纳教授的讲座事宜，现在有个新进展：布什博士已成功征得桑塔亚纳先生的同意，并已委托我转交给您一张 400 美元的支票。其中，300 美元将专门用于支付六场讲座的费用，而余下的 100 美元则用于补贴可能产生的其他开支。如果实际费用接近或超出这个预算，那布什博士明确表示他将负责补足所需金额。

另外，虽然布什博士不希望此事过于张扬，但我认为对于董事会来说，没必要对捐赠者的身份进行保密。

一旦讲座的具体日期确定，我们就会即刻通知您。

您真诚的约翰·杜威

（二十二）致詹姆斯·H. 塔夫茨（John Dewey to James H. Tufts，1909.11.08）

亲爱的塔夫茨：

今天上午，我与暑期学校的主管埃格伯特①进行了面谈，他已授权提供 600 美元的讲课费。我很高兴您正好有空并愿意前来授课。……

您提出的任何课程组合都是很好的选择。我们一般会开设一门本科阶段

---

① 詹姆斯·C. 埃格伯特（James C. Egbert），哥伦比亚大学哲学系教师。——原注

的哲学史（概论）课程。去年夏天，伍德布里奇讲授了希腊哲学和中世纪哲学，而今年夏天将开设现代哲学。伍德布里奇的课程涉及大量阅读和读书报告。如果需要，我们可以找个助手协助您阅读论文。您是想讲授这门课程，还是更倾向于讲授柏拉图？课程内容您可以自由选定。

当然，另一门课程应该是进阶的，或者是专门针对研究生开设的。哲学史方面也会有一些研究生课程，研究生的人数可能会比本科生还多。开设社会与政治伦理学或者任何高级伦理学课程都会非常适合。道德教育课程可能也会受到欢迎，但更普适的伦理学课程可能会更贴切。如果主要是面向研究生的话，那哲学导论也是个不错的选择。去年夏天，伍德布里奇就开设了一门名为"形而上学"的课程。

非常欢迎您来授课。

您真诚的约翰·杜威

（二十三）致尼古拉斯·默里·巴特勒（John Dewey to Nicholas Murray Butler，1909.12.20）

亲爱的巴特勒校长：

哲学系的一些同人正计划在上半年，大概是 2 月中旬开始，组织一系列自愿且无偿的公开讲座。我们设想邀请五六位演讲者，分别就当代哲学家进行阐述性的讲座，而不是进行批判性的分析。比如，蒙塔古先生[①] 将会主讲罗伊斯、皮特金和伯格森。如果您能莅临并为我们带来一场讲座，那我们将深感荣幸。当然，我也曾考虑过邀请哈里斯博士，但我们更希望您能够加入我们，并自由选择您想要讲述的主题。

[①] 威廉·蒙塔古（William Pepperell Montague），1903—1947年，哥伦比亚大学哲学教授。——原注

期待您的光临！

您真诚的约翰·杜威

（二十四）致F. C. S. 席勒（John Dewey to F. C. S. Schiller，1910.02.07）

各位勋爵、先生们：

了解到席勒博士[①]是空缺教授职位的候选人，我想对席勒先生担任道德与形而上学哲学讲座教授职位的适宜性表示高度赞赏。席勒先生在哲学问题上表现出了非凡的创造性和洞察力，他广泛而深厚的学识，他清晰而深刻的文字阐述天赋，都使他在当代哲学界成为一个引人注目的人物，在许多方面都出类拔萃。大学任命席勒先生将是一种荣誉，也会为大学自身增光添彩。

衷心的约翰·杜威

（二十五）致尼古拉斯·默里·巴特勒（John Dewey to Nicholas Murray Butler，1910.02.08）

亲爱的巴特勒校长：

我收到了雅各布博士[②]的来信，想在回复他之前，先跟您商量一下。让他当助教这件事挺难办的，因为我们找助教主要是为了帮助学生解决重写论文、阅读等方面的问题。外国人在语言沟通上会存在很大的障碍。我在想，贺拉

---

① F. C. S. 席勒（F. C. S. Schiller），英国实用主义运动的领导人物。1893—1897年，任康奈尔大学哲学讲师；1897—1926年，任牛津大学科帕斯克里斯蒂学院导师；1929年后，任南加州大学哲学教授。——原注

② 雅各布（Jacoby），在柯尼斯堡大学获得学位。1915—1918年，在伊斯坦布尔大学任教。——原注

斯·曼学校 [①] 的中学部能不能给他提供一些德语方面的指导，或者日耳曼协会（The Germanistic Society）那边能不能帮他找点事情做。

诚挚的约翰·杜威

（二十六）致F. 罗伯特（John Dewey to F. Robert，1910.05.10）

亲爱的先生：

以下是对您来信的回复。针对您4月19日的来信，我已经把1894至1904年间我的哲学和心理学著作的参考文献单独寄给您了。之后，我又出了几本书：《伦理学》（*Ethic*），是和芝加哥大学的塔夫茨教授合著的，霍尔特出版公司于1908年出版；还有《达尔文对哲学之影响及当代思潮杂谈》（*Darwin's Influence Upon Philosophy and Other Essays in Contemporary Thought*），也是霍尔特出版公司出版的，时间是1910年，这本书收录了一些之前发表过的论文。另外，在1910年我还出版了《我们如何思维》（*How We Think*）一书，由希思出版公司出版。与这本著作有关的论文出现在以下地方：《赫伯特·斯宾塞的哲学著作》（*The Philosophical Work of Herbert Spencer*），发表在1904年的《哲学评论》（*Philosophical Review*）上；《用事实控制思想》（*The Control of Ideas by Facts*），发表于《哲学杂志》（*Journal of Philosophy*）；《心理学和科学方法》（*Psychology and Scientific Methods*），共三篇，发表在1907年的《哲学杂志》第4期上；《经验知识及其关系》（*The Knowledge of Experience and its Relationships*）、《实用主义的现实主义》（*The Realism of Pragmatism*），发表于《哲学杂志》同年第2期；《作为经验的现实》（*Reality as Experience*），发表于《哲学杂志》同年第3期；《知识分子真理理论的

---

① 贺拉斯·曼学校（The Horace Mann School），哥伦比亚大学师范学院附属学校之一。——编译者注

困境》(*The Dilemma of the Intellectualist Theory of Truth*)，发表于《哲学杂志》同年第 6 期；《现实具有实践特征吗？》(*Does Reality Possess Practical Character？*)，收录于向纪念威廉·詹姆士（William James）致敬的论文集；《实用主义意味着什么？》(*What Does Pragmatism Mean？*)，发表于《哲学杂志》同年第 5 期；《思想的逻辑特征》(*The Logical Character of Ideas*)、《经验的主体性》(*The Alleged Subjectivity of Experience*)，发表于《哲学杂志》同年第 7 期。

英格兰的弗里德兰（Friedland）重印了我的两卷教育学著作，一本称为《学校和儿童》(*The School and the Child*)，另一本是《教育学论文集》(*Educational Essays*)，由布莱克父子出版公司（*Blackie and Sons*）出版；霍顿 – 米夫林出版公司（*Houghton-Mifflin and Company*）出版了我个人的专著《教育中的道德原理》(*Moral Principals in Education*)。这些基本涵盖了我的主要学术成果。

关于您提到的第二点，我可能帮不上太多忙。不过，我可以推荐两本有价值的书给您，一本是芝加哥大学的穆尔教授写的《实用主义及其批判》(*Pragmatism and Its Critics*)，由芝加哥大学出版社出版；另一本是鲍德温（Baldwin）教授的《实用主义原理》(*The Principals of Pragmatism*)，由霍顿 – 米夫林出版公司出版。

皮尔斯（Peirce）教授在不少杂志上都发表过文章，其中在《大众科学月刊》(*The Popular Science Monthly*)上发表得比较多。詹姆士教授提到的那篇文章，我记得是 1879 年发表的，后来被翻译成法文，在《法国哲学评论》(*French Revue Philosophique*)上刊登了。他还有一些文章发表在《一元论者》(*Monist*)上。

…………

诚挚的约翰·杜威

（二十七）致尼古拉斯·默里·巴特勒（John Dewey to Nicholas Murray Butler，1910.12.01）

亲爱的巴特勒校长：

您还记得去年布什博士为了邀请桑塔亚纳教授举办六场公开讲座，额外支付了 300 美元吗？今年，他提议再次采取同样的方式，邀请芝加哥大学的肖里教授^①来做讲座，主题是"哲学与文学中的柏拉图传统"。我们已与肖里教授进行了初步沟通，并确定了几个理想的讲座日期：3 月的 16 日、21 日、23 日、24 日、27 日和 28 日。

哲学系需要获得学校对此计划的正式批准，不知您是否愿意帮忙授权？一旦法肯索尔先生^②通知布什博士，布什博士就会立即支付所需的费用。

诚挚的约翰·杜威

（二十八）致弗兰克·A. 曼尼（John Dewey to Frank A. Manny，1910.12.24）

亲爱的曼尼先生：

最近，我在纽约偶遇克申斯蒂纳博士^③，真是让人欣喜。他是我这些年来遇到的最令人愉快的人之一。他还答应帮我把《我们如何思维》翻译成德文并出版，真是太好了。不过，因为希思公司内部有些问题，所以他们没有像库利先生在时那样大力推广这本书。之前我好像跟您提过这件事情。亚历山大

---

① 保罗·肖里（Paul Shorey），芝加哥大学希腊文系主任，是希腊艺术、诗歌和哲学权威。——原注

② 弗兰克·法肯索尔（Frank D. Fackenthal），哥伦比亚大学秘书，后任哥伦比亚大学代理校长。——原注

③ 乔治·克申斯蒂纳（Georg Kerschensteiner），1895—1919年，任德国慕尼黑学校校长。——原注

女士给我写信了，讲述了她的课堂情况，还发了一两份会议报告给我，都相当有趣。

祝您和曼尼夫人节日愉快！

诚挚的约翰·杜威

（二十九）致G. 斯坦利·霍尔（John Dewey to G. Stanley Hall，1911.03.31）

亲爱的霍尔校长：

您可能还记得，9月底您曾给我写信询问有关年轻教师的事情。我当时已经给您回信了，但一直没有收到您的回音，因此我再次写信联系您。

我们这里有一位名叫杜兰特·德雷克①的先生，他在哈佛大学获得文学学士学位之后，又在那里攻读了几年的研究生。他今年成为了我们中的一员。德雷克先生将于今年春季获得博士学位。他是一个文化素养出众且个性鲜明的人，对您在信中提及的研究领域特别感兴趣。如果您尚未找到合适的人选填补这一空缺，那我确信了解一下德雷克先生的情况对您来说是非常值得的。

诚挚的约翰·杜威

---

① 杜兰特·德雷克（Durant Drake），1900年与1902年分别获得哈佛大学学士和硕士学位；1911年，在哥伦比亚大学获得哲学博士学位；1911—1912年，在伊利诺伊大学任哲学讲师；1912—1915年，任康涅狄格州卫斯理大学伦理学和宗教哲学副教授；1915年之后，任瓦萨学院哲学和教育学教授。——原注

（三十）致尼古拉斯·默里·巴特勒（John Dewey to Nicholas Murray Butler，1911.04.25）

亲爱的巴特勒校长：

　　我代表哲学系，包括我们的教师和学生，衷心感谢您慷慨地购买了十七幅欧洲思想家的照片。这些照片将挂在我们新大楼哲学教室的墙上。我将与建筑和场地主管商议，以确定这些照片的最佳布置方式。非常感谢您的支持！

诚挚的约翰·杜威

（三十一）致H. 罗贝[①]（John Dewey to H. Robet，1911.05.02）

亲爱的罗贝教授：

　　要从哲学角度清晰地阐述我的思想变化，确实相当困难。不过，我可以提及三个对我影响深远的因素。首先，詹姆士教授的《心理学》中所提出的生物学概念令我印象深刻。值得一提的是，詹姆士教授在其后来的实用主义理论中，并未就此深入展开分析，但这一概念对我而言至关重要。其次，我愈发关注如何将康德与黑格尔的逻辑理论应用于实际的科学探索和表述之中。再者，19世纪90年代初，我负责伦理学课程的教学，其间对反思、理性与行为之间的关系产生了浓厚兴趣。我逐渐认识到，无论是经验主义还是理性主义的伦理学，都存在着不足。因此，我尝试构建一种新的理论，以便有机地关联思想与行动。最终，这些不同的研究兴趣融合在了一起。此外，我确信，我对教育的实际关注深深地影响了我的哲学理论。由于我同时负责教授教育学和管理一所初等学校，我深感现有的知识与理论在教育目的上的

---

　　① H. 罗贝（H. Robet），法国教授。——原注

不足。

希望这些简短的阐述能对您有所帮助。我衷心感谢您一直以来对我的作品的关注与兴趣。如果您还有其他需要我协助的地方，那请随时告知。

…………

诚挚的约翰·杜威

（三十二）致埃德蒙·克拉克·斯坦福[①]（John Dewey to Edmund Clark Sanford，1912.03.06？）

亲爱的斯坦福院长：

我目前因休假不在学校，所以已将您的信件转交给了负责相关工作的伍德布里奇处理。不过，我还是想为麦克卢尔[②]说几句好话，伍德布里奇也会推荐他。如果您决定录用他，那绝对是一个明智的选择。他毕业于弗吉尼亚大学，出身于南方名门望族，举止文雅，教养良好。他与我家的几个大孩子相处融洽，并多次来我家做客。我深信他的品格非常适合担任这一职位。他学识渊博，能力出众，能够胜任各项工作，并且能够取得卓越成效。在我接触过的研究生中，很少有人能像麦克卢尔先生这样，让我对他的成功前景如此充满信心。

您真诚的约翰·杜威

---

① 埃德蒙·克拉克·斯坦福（Edmund Clark Sanford），1909—1920年，任克拉克学院（Clark College）院长。——原注

② 马修·汤普森·麦克卢尔（Matthew Thompson McClure），1910—1911年，任哥伦比亚大学哲学助理。——原注

（三十三）致弗朗兹·博厄斯①（John Dewey to Franz Boas，1913.10.31）

亲爱的先生：

您肯定还记得我们之前通信讨论过的那个提议，就是组建一个能代表美国大学教师利益的协会，就像美国律师协会或医学协会那样。现在，已经有一些知名大学的教师表示支持这个提议了。但关于协会的具体计划和细节，我们还需要更周全、更广泛地讨论和完善，不能仅仅通过简单的对话或通信来决定。

下个月，美国国家科学院（The National Academy of Sciences）将在巴尔的摩开会，届时会有很多来自美国知名大学的人参加。巴尔的摩离东部地区各大学不远，非常方便。所以我们想借此机会召开一个研讨会，深入讨论如何成立这个协会，讨论内容包括它的组织架构、活动范围等，并为将来的正式组织会议做个规划。

我们当然希望在这次研讨会上，能够充分展现我们大学的观点和立场。因此，我希望能邀请一些哥伦比亚大学的同人，大家先坐下来讨论讨论，交流一下想法。我们打算在周三晚上的俱乐部聚餐时间谈这个事情。所以，我特地写信给您，希望您能在下周三（11月5日）晚上6点半，来教师俱乐部共进晚餐。

这次聚会非常重要，我们希望能够邀请到各方代表。真心希望您能够拨冗出席。同时，如果您知道有其他教授可能对这个话题感兴趣，那也请邀请他们一起来。如果有人接受邀请，麻烦您告诉我一声，这样我好安排晚餐。

为了方便您回复，我随信附上了一个已经写好地址的信封。

衷心的约翰·杜威

---

① 弗朗兹·博厄斯（Franz Boas），1881年在基尔大学（University of Kiel）获得哲学博士学位，在北美、墨西哥等地做人类学调查，1899—1937年，任哥伦比亚大学人类学教授。——原注

（三十四）致全国幼儿园协会董事会（John Dewey to National Kindergarten Association Board of Directors，1913.11.08）

亲爱的朋友们：

尽管我们向普通教育委员会 [①] 的每位成员都发出了请求，希望他们能为支持南方各州建立有色人种示范幼儿园而捐助 10 400 美元，并附上了委员克拉克斯顿（Claxton）的亲笔信，详细说明了这些幼儿园的重要性及其可能带来的社会收益。但遗憾的是，我们的请求并未得到批准。不过，我们并没有放弃，我们觉得已经取得了一些进展，并为将来进一步的呼吁奠定了基础。

普通教育委员会中有些人对黑人问题很感兴趣，也有些人很关心幼儿园教育。因此，我们打算再次尝试提出申请。同时，我们也希望通过展示一些已经成功建立的示范幼儿园，来进一步证明我们的请求是合理且有益的。

我们计划至少建立 6 所这样的示范幼儿园。值得高兴的是，已经有两位董事会成员承诺为其中两所幼儿园提供资金支持。我相信，我们的其他董事会成员也会愿意为此出一份力，因为这不仅能帮助我们在南方地区推动幼儿园教育的发展，解决当地孩子们教育资源匮乏的问题，同时也能为我们将来向普通教育委员会申请更多支持提供有力的依据。

如果有些成员感觉无法独自承担一所幼儿园的全部费用，那么提供任何数额的资金支持都是非常受欢迎的。因为我们可以让多位成员共同资助一所幼儿园。

我们需要同时为有色人种和白人儿童建立幼儿园。预计配备一名教师的有色人种幼儿园每年的运营成本为 800 美元，而配备两名教师的白人幼儿园每

---

① 普通教育委员会，美国一教育机构，源于洛克菲勒慈善委员会，1903年由国会任命成立。其职责是分配洛克菲勒资助的经费，促进美国初等教育乃至中等和高等教育的发展。——编译者注

年的运营成本会稍高一些，约为 1700 美元。

我们真诚地希望能得到你们的大力支持，共同为推动幼儿园教育的发展贡献力量。

您真诚的约翰·杜威

（三十五）致威廉·H. 克伯屈[①]（John Dewey to William H. Kilpatrick，1913.11.20）

亲爱的克伯屈先生：

我夫人计划下周乘船前往意大利。她希望在意大利期间能参观几所学校，特别是罗马的蒙台梭利学校。（我听说蒙台梭利女士也将要乘船去往意大利）您能不能告诉她一些参观学校的建议？或者，如果可以的话，给她一封介绍信，这样或许能帮她不少忙。就我对欧洲学校的了解，入校参观并不容易，得提前好好准备才行。

您真诚的约翰·杜威

（三十六）致约翰·格里诺夫人[②]（John Dewey to Mrs. John Greenough，1914.10.22）

亲爱的格里诺夫人：

在当前这个关键时刻，我们的董事们有能力为幼儿园事业做出一项重要的贡献。

---

① 威廉·克伯屈（William H. Kilpatrick，1871—1965），美国教育家，杜威的学生，1909—1938年，任教于哥伦比亚大学师范学院。——原注
② 卡罗莱娜·H. 斯托里·格里诺（Carolina H. Storey Greenough），美国纽约慈善银行家约翰·格里诺（John Greenough）的夫人。——原注

回想去年，在加利福尼亚州，一项由该州母亲协会主席精心准备的法案得以通过。这项法案规定，只要有 25 名儿童的家长或监护人联名请愿，并得到学校当局的批准，就可以设立幼儿园。为此，我们协会的一位地方秘书不辞辛劳，花费了 4 个月的时间，在该州的各个城市之间奔波，参加各种大会，在各种俱乐部会议上发表演讲，并积极分发请愿书。最终，我们收到了 46 份请愿书，其中的 32 份得到了 21 个不同城市的学校董事会的积极响应。令人欣喜的是，在这 21 个城市中，有 19 个城市此前从未设立过幼儿园。今年秋天，这些幼儿园将正式开学，而这些城市也将每年投入大约 32 000 美元来支持它们的发展。

转眼间，1 月将至，届时将有 37 个州的立法机构召开会议。如果我们能成功地在这些州推动通过一项类似于加利福尼亚州的幼儿园法案，那么这将极大地推动全国幼儿园事业的蓬勃发展。当然，我们并不能奢望在每个州都能一帆风顺地取得成功，但我们已经与国家童工委员会（The National Child Labor Committee）的秘书欧文·R. 洛夫乔伊（Owen R. Lovejoy）先生进行了深入的磋商。他在推动州立法方面拥有广泛而成功的经验，他建议我们即使在可能面临法案否决的州也进行积极的尝试。因为这样的尝试至少能将这个问题展示到公众面前，引起社会的广泛关注，并为来年的努力铺平道路，使成功更加触手可及。

然而，我们办公室的人员数量有限，难以充分而彻底地完成这项艰巨的任务。因此，我们认为成立一个专门的立法委员会是明智之举。如果每位委员会成员都能肩挑几个州的重任，那么我们就有望开展一场既有趣又充满活力且卓有成效的运动。

在此，我诚挚地希望您能成为这个重要委员会的一员，并请您告诉我您希望被分配到哪些州去开展工作。1 月将至，除了路易斯安那州、亚利桑那州、佛罗里达州、乔治亚州、肯塔基州、密西西比州、新墨西哥州、马里兰州、佛蒙特州和弗吉尼亚州之外，所有州的立法机构都将召开会议。这将是我们推动幼儿园事业发展的绝佳时机。

我衷心希望您能成为这个重要委员会的一员，为幼儿园事业的发展贡献您的智慧和力量。期待您的积极回应！

诚挚的约翰·杜威

（三十七）致莉莲·D. 沃尔德① （John Dewey to Lillian D. Wald，1914.10.27）

亲爱的沃尔德小姐：

我想情况大概是这样的：斯宾塞②提出的"教育是生活的准备"（Education is Preparation for Life）这个观点，被很多教育工作者用来为他们那些与学生现实生活脱节的课堂实践做辩护。他们总是让学生为将来的事情做准备，而不是去做一些当下就富有意义的事情。因此，我摒弃了这句格言，将其转变成"教育不是生活的准备，它就是生活"。当然，这只是一种口号式的表达。我们也可以说，如果教育不能融入孩子们的当下生活，不能令孩子们在其中找到动力和目标，那么它就不能算是真正有效地为未来生活做准备。我反对的正是斯宾塞的观点在理论和实践中的特定解读。当然，我并不反对这样一种观点——认为为未来生活做充分准备的唯一途径就是在年轻人的当下生活中确保他们获得尽可能好的成长。换句话说，"为未来生活做准备"中的"生活"一词含义模糊——它可能意味着孩子当下的生活并不值得被称为生活。

我已经给在亨廷顿的我夫人打了电话，转达了您的热情邀请。如果她能抽出时间，那她会过来的。

您真诚的约翰·杜威

---

① 莉莲·D. 沃尔德（Lillian D. Wald），1895年，建立纽约圣亨利护士站，这是美国第一个非世俗化的护士服务机构。沃尔德组织了文化服务活动，其中包括音乐学校、剧院以及为男孩和女孩提供的职业教育奖学金等等。——原注

② 赫伯特·斯宾塞（Herbert Spencer），英国哲学家、社会学家和教育家。——原注

（三十八）致全国幼儿园协会董事会（John Dewey to National Kindergarten Association Board of Directors，1914.11.13）

尊敬的董事们：

当前，有一项服务对于幼儿园事业来说至关重要，现在正是开展这项服务的好时机。

得益于本协会一位地方秘书的辛勤付出，今年秋天，在加利福尼亚州的21个不同的城市中，我们成功建立了32所幼儿园。这位秘书花费了整整4个月的时间，穿梭于该州的各个城市，参加各种会议，发表演讲，还分发并收集了46份请愿书，其中的32份得到了积极的回应。这意味着，由于我们去年春天的小额投资——几百美元，当地的公立学校董事会现在每年将至少投入32 000美元用于支持幼儿园事业。这一辉煌的成果，得益于一项新法案的颁布。该法案规定，只要有25名儿童的家长或监护人提交请愿书，并得到学校当局的批准，就可以建立幼儿园。

人们纷纷敦促我们，希望我们能在今年冬天召开立法会议的所有的州，也努力推动类似法案的颁布。克拉克斯顿委员（Commissioner Claxton）对此表示了支持，他写道："你们的想法非常好，让其他州也颁布与加州相似的法案。让你们的委员会开始行动吧！如果事务局能提供任何帮助，我将非常乐意。"

我们已经咨询了一些官员和立法专家，他们认为，各州的宣传活动应该由我们的办公室统一指挥和协调。这是一项庞大的工作，因此我写信恳请我们所有的董事会成员，在你们可能特别感兴趣或有朋友可能积极参与的州，尽其所能提供一切帮助。这些州包括除了亚利桑那州、佛罗里达州、乔治亚州、肯塔基州、路易斯安那州、新墨西哥州、马里兰州、密西西比州、弗吉尼亚州、佛蒙特州，以及已有充分法案的科罗拉多州和北达科他州之外的所有州。

如果你们需要，可以在我们的办公室获取法案的副本、关于各州宣传活动进展的详细信息、相关文献和报纸文章。我们的办公室现在位于麦迪逊大道 250 号与 38 街转角处，欢迎随时前来咨询。

最后，我想请问各位，是否愿意负责某个州的宣传活动或者提供特别的帮助？如果不愿意，那么你们能在这项工作中提供什么样的帮助呢？我们的办公室工作人员将随时待命，为你们提供细致的支持和协助。

您真诚的约翰·杜威

（三十九）致巴兹尔·兰诺·吉尔德斯利夫[1]（John Dewey to Basil Lanneau Gildersleeve，1914.12.04）

亲爱的吉尔德斯利夫教授：

如您所知，我们计划在 1915 年 1 月的 1、2 两日在纽约市举办一场会议，旨在组织大学教授协会。会议的首场活动安排在周五下午，届时将有几位嘉宾发表演讲，每位大约 20 分钟，首场演讲将着重探讨此协会的必要性和潜在可能性。作为会议的主席，我特此写信邀请您作为演讲嘉宾之一，并衷心希望您能够接受我们的邀请。无须我多言，您在众多学者心目中的地位，堪称美国高等学术界的领军人物，您也是全体教授的精神典范。您的同事洛夫乔伊教授[2]非常乐意为您提供此次会议的更多详细信息。

您真诚的约翰·杜威

---

[1] 巴兹尔·兰诺·吉尔德斯利夫（Basil Lanneau Gildersleeve），1849年，获得普林斯顿大学艺术学士学位；1853年，获得哥廷根大学哲学博士学位；1856—1876年，在弗吉尼亚大学任希腊文教授；1876—1915年，任约翰斯·霍普金斯大学教授；1880年创办《美国语言学杂志》（*American Journal of Philology*）后，一直担任该杂志编辑。——原注

[2] 阿瑟·O. 洛夫乔伊（Arthur O. Lovejoy），约翰斯·霍普金斯大学教授，美国大学教授协会秘书。——原注

（四十）致利文斯通·法兰德①（John Dewey to Livingston Farrand，
1914.12.14）

亲爱的法兰德校长：

我之前一直没给您写信，真是感到非常愧疚，尤其是现在我发现自己不得不拒绝您那慷慨而又吸引人的邀请。其实，我一直拖着，没把拒绝的话写下来，心里总想着或许能找到接受的机会。现在我真的不能再拖了。

之前和您聊天时，我提到了家人对此事的看法，但我得说，这根本不是决定性的因素。实际上，他们和我一样都被这个机会所吸引，而我的最终决定让我们全家都感到失望。

我现在手头有两本书的写作任务，其中的一本书②已经持续写作了多年，真的不能再拖了。我本来打算在学期期间抽空完成它，但进展太慢了，现在看来在夏天之前我几乎无法完成任何工作。所以，我觉得我的首要任务是腾出时间，确保能完成这本书。

对于这个决定，我感到非常遗憾，真的无法用言语来表达。我得告诉您，和您共度几周的时光对我来说真的是一个非常大的诱惑。

您真诚的约翰·杜威

---

① 利文斯通·法兰德（Livingston Farrand），1891年，获得哥伦比亚大学医学博士学位。在欧洲学习两年之后，成为哥伦比亚大学心理学和生理心理学讲师。1901年，任人类学教授。1912—1914年，任《美国公共卫生》（*American Journal of Public Health*）杂志编辑。后成为科罗拉多大学校长，1919年辞职。随后成为红十字中央委员会（The Central Committee of the Red Cross）主席。1921年，成为康奈尔大学校长。——原注

② 从杜威众多著作的出版时间来看，他所说的"一本书"应该是《民主主义与教育》。——编译者注

（四十一）致尼古拉斯·默里·巴特勒（John Dewey to Nicholas Murray Butler，1915.02.24）

亲爱的巴特勒校长：

　　蒙塔古教授告知我，巴纳德学院的教学委员会已经做出决定，允许特别优秀的新生选择哲学史课程来代替哲学 A 课程。因此，我现将您的信件转交给巴纳德学院教学委员会主席布鲁斯特教务长 ① 处理。

诚挚的约翰·杜威

（四十二）致罗斯科·庞德② （John Dewey to Roscoe Pound，1915.04.30）

亲爱的庞德教授：

　　接下来我将介绍的是萨克斯先生③，他明年将成为哈佛大学的哲学研究员。萨克斯先生非常明智地决定全身心投入到政治哲学的研究中。他曾在我们这里学习，就我个人对他的了解而言，他的研究成果将会非常出色，相信他不会辜负您给他的任何建议和关注。

您真诚的约翰·杜威

---

　　① 威廉·T. 布鲁斯特（William T. Brewster），哥伦比亚大学巴纳德学院英语教授。1907—1911年，任巴纳德学院院长，兼任教务长一直到1922年。——原注

　　② 罗斯科·庞德（Roscoe Pound），哈佛大学法学院教授，1916—1936年任哈佛大学法学院院长。——原注

　　③ 可能是亚历山大·萨克斯（Alexander Sachs）。——原注

（四十三）致G. 斯坦利·霍尔（John Dewey to G. Stanley Hall，1915.05.12）

亲爱的霍尔校长：

感谢您的来信。我想，我们的学术自由委员会将很乐意考虑您提及的案例。哥伦比亚大学的塞利格曼教授是该委员会的主席，我冒昧地将您的来信转发给他，并请求您将有关斯托特迈耶教授案例的相关材料发送给他。

您真诚的约翰·杜威

> **附：** G. 斯坦利·霍尔致约翰·杜威的信（G. Stanley Hall to John Dewey，1915.05.11）
>
> 亲爱的杜威教授：
>
> 得克萨斯州韦科市贝勒大学的 J. 霍华德·斯托特迈耶博士，在提供了两年非常有效的服务后，竟被无故突然解雇。然而，他的同事、学生甚至校长布鲁克斯[①]都对他给予了最衷心、最强烈的推荐。我很少见到如此全面的支持声。我了解这个人（他于 1910 年在我们学校获得了博士学位），他是一个非常和蔼、无害、能干且明智的人，所以我无法理解他为何会被解雇。直到另一所大学的一位教授（他曾在贝勒大学任教）给我寄来一封信，我才明白了问题的关键，他说斯托特迈耶博士被解雇的真正原因是他讲授了进化论。
>
> 我不知道您担任主席的新的大学教授协会的目的是什么。如果它的目的是防止此类不公正事件的发生，并且您希望接手斯托特迈耶博士的这个案例，我将非常乐意把我所掌握的相关资料提供给您。
>
> G. 斯坦利·霍尔敬上

---

① 塞缪尔·帕尔默·布鲁克斯（Samuel Palmer Brooks），贝勒大学第七任校长（1902—1931）。——原注

（四十四）致埃德温·R. A. 塞利格曼（John Dewey to Edwin R. A. Seligman，1915.05.12）

亲爱的塞利格曼：

我已经就附上的信件内容向霍尔校长进行了说明，并请求他将他所提及的资料发送给您，因为您是学术自由委员会的主席。

我将在周日的会议上为您准备好其余的人选名单。目前我只能再提供一个名字，即加州大学的科福伊德教授[①]。苏扎罗（Henry Suzzallo）已去西部地区，可能周日之前无法回来。他授权我们，如果需要的话，可以找人替代他，但似乎在周日之前无法完成这一安排。如果他此次出行后成为某所大学的校长，那他就没有资格入选了。

您真诚的约翰·杜威

（四十五）致查尔斯·C. 亚当斯[②]（John Dewey to Charles C. Adams，1916.02.15）

亲爱的先生：

············

我对您提到的科学方法很感兴趣，我会找机会拜读一下您写的那部分内容。此外，我已经出版了一本小册子，书名是《我们如何思维》，由希思出版公司出版。这本书是一本教科书，主要是为教师编写的，其中也涉及了一些关于方法的内容。

您真诚的约翰·杜威

[①] 查尔斯·阿特伍德·科福伊德（Charles Atwood Kofoid，1865—1947），加州大学动物学系主任，美国大学教授协会主席。——原注

[②] 查尔斯·克里斯托弗·亚当斯（Charles Christopher Adams，1873—1955），纽约州立学院森林学院动物学教授。——原注

（四十六）致尼古拉斯·默里·巴特勒（John Dewey to Nicholas Murray Butler，1916.04.04—1916.04.25）

1. 致尼古拉斯·默里·巴特勒（John Dewey to Nicholas Murray Butler，1916.04.04）

亲爱的巴特勒校长：

伍德布里奇教授跟我说了他和您的谈话，主要是关于今年的奖学金申请者。我们非常期待明年能有哈罗德·查德威克[①]和克拉伦斯·艾尔斯[②]这两位额外的研究员加入我们。

查德威克先生是我们学校自己的毕业生，获得了卡特奖学金。他目前正在哈佛大学攻读哲学和心理学。他觉得在哈佛学到了很多东西，但他还是更愿意回到哥伦比亚大学攻读博士学位。他才华出众，我们特别希望他能回来。

艾尔斯先生是布朗大学的毕业生，在布朗大学和哈佛大学都深造过。梅克尔约翰校长[③]亲自选他今年去教逻辑学和伦理学。米克尔约翰校长对他的评价很高，他写的作品也相当出色。

说实话，这两个人比我们一般的候选人甚至是那些已经拿到奖学金的人强太多了。我们都相信，他们的到来，肯定能给学校争光。要是能给他们找到特别的奖学金，那我们就更高兴了。

诚挚的约翰·杜威

---

① 哈洛德·金·查德威克（Harold King Chadwick，1890—1936），1915年，获得哥伦比亚大学艺术学士学位。参加一次世界大战时残疾了一条腿。查德威克曾在哈佛大学进行研究生学习，1921年起任哥伦比亚招生副主任直到去世。——原注

② 克拉伦斯·埃德温·艾尔斯（Clarence Edwin Ayres），1912年，在布朗大学获得艺术学士学位；1914年，在布朗大学获得艺术硕士学位；1917年，获得芝加哥大学哲学博士学位。——原注

③ 亚历山大·梅克尔约翰（Alexander Meiklejohn），1912—1923年任布朗大学校长。——原注

2. 致尼古拉斯·默里·巴特勒（John Dewey to Nicholas Murray Butler，1916.04.25）

亲爱的巴特勒校长：

前阵子我生了点小病，回到工作岗位后又把这事给忘了，所以一直没能跟您讨论关于为艾尔斯和查德威克提供特别奖学金的事，真是抱歉。我觉得，咱们可以直接写信给他们，明确提供一个金额，比如 400 或 500 美元，然后让他们自己决定要不要接受。

这事拖了这么久，真是不好意思。

诚挚的约翰·杜威

（四十七）致戴维·尤金·史密斯（John Dewey to David Eugene Smith，1916.05.09）

亲爱的史密斯教授：

我写信给克拉珀（Clapper）教授说，虽然讨论大学教育学极为重要，但最近 20 年来，我一直在和研究生打交道，感觉自己已经与大学层面的问题严重脱节，难以参与相关讨论。

您真诚的约翰·杜威

（四十八）致约翰·麦克雷（John Dewey to John Macrae，1916.10.16）

亲爱的麦克雷先生：

…………

我收到了约翰逊（Johnson）先生的一张便条，其中提到了一次面谈。当然，我很高兴能把见到您。我周一、周二和周三都在城里，其中上午的时间最空闲。如果您能打电话来，我可安排一个明天或周三的会面。关于另一本书，我必须说，我目前对教育领域已经"腻味"了，要过段时间才能再写一本关于这个话题的书。与此同时，我还在考虑出一本散文集，尽管这样的书会比较随性。

诚挚的约翰·杜威

（四十九）致塞缪尔·H. 戈登森[1]（John Dewey to Samuel H. Goldenson，1916.11.16）

亲爱的戈登森先生：

我回信晚了些，真的不好意思，因为这份文件需要在 6 到 8 个人之间传阅，所以花费了一些时间。虽然还没收到所有人的反馈，但目前收到的回复都很积极，没有不利的意见，因此我可以很高兴地告诉您，您的论文被接受了。稍后我会通知您答辩的日期，答辩范围涵盖哲学史和您的论文内容。当然，您也可以在您方便的时候告知我您觉得最适宜的答辩时间。

关于您的论文，大家提出了一些可能的修改建议。特别是伍德布里奇先生，他给了您一两点很有价值的建议，我觉得您可以参考一下。伍德布里奇先生觉得，如果确实需要在论文的文字表达上多花些工夫的话，这项工作可以安排得灵活一些，这样就不会耽误您正常获得学位。

我再次表示，我非常喜欢您的论文，也从中收获了很多。论文中有一些观点，我希望您在方便的时候能做进一步拓展，比如那个关于时间和空间的有趣论述。

您真诚的约翰·杜威

---

[1] 塞缪尔·H. 戈登森（Samuel H. Goldenson），在希伯来协和学院（Hebrew Union College）获得神学学士学位，在辛辛那提大学获得艺术学士学位，在哥伦比亚大学获得艺术硕士学位、哲学博士学位，积极从事公民改革和社会公正运动。——原注

（五十）致贺拉斯·M. 卡伦[①]（John Dewey to Horace M. Kallen，1916.11.18）

亲爱的卡伦：

　　我们正在为明年的夏季学期做课程安排，我写信是想问问您是否有意向前来授课。课程会在 7 月 4 日后尽快开始，持续 6 周。根据办公室拟定的预算计划，我们可以为您提供 475 美元的报酬。工作方案要求开设两门课程，每天 50 分钟，每周 5 天。您可以根据自己的情况选择课程。这些课程应该主要适用于研究生，但至少有一门课程应该适用于高水平的本科生。如果您愿意，其中一门可以是更高级和专业的课程，或者两门课程的预设学习水平可以大致相同。尽管我们的夏季课程取得了普遍的成功，但我们的哲学课程还从未获得过巨大的成功。如果您想让这些课程更具普适性，那么您完全可以这么做。我希望明年夏天能亲自授课，因此，我出于个人和系里的原因，希望您能接受这个邀请。

　　…………

　　我对夏季学期安排得有些疏忽，为了弥补自己的拖延，我不得不对其他人施加一些时间上的压力。如果方便的话，那我希望能尽快知道您的决定；课程的确切题目可以稍后再等等。

您真诚的约翰·杜威

---

　　① 霍勒斯·M. 卡伦（Horace M. Kallen），1908 年，在哈佛大学获得哲学博士学位；1909—1911 年，任哲学系讲师；1912—1918 年，任威斯康星大学哲学讲师；1919—1969 年，任社会研究新学校（The New School for Social Research）社会哲学教授。——原注

（五十一）致斯蒂芬·S. 怀斯[①]（John Dewey to Stephen S. Wise，1917.01.24）

亲爱的怀斯博士：

我收到了一份通知，现在还搁在桌上，不知道该怎么处理才好。让我纠结的，倒不是需不需要加薪这个问题；实际上，生活成本一直在上涨，可教师们的工资却涨得比谁都慢。只有在经济不景气的时候，教师们的日子才算好过点，因为那时候他们的工资不会像其他人那样迅速下降。我犹豫不决，主要是因为纽约的整个教育体系在财务上看起来挺让人绝望的。好像不管怎么做，总会有人吃亏；工资要是涨上去了，肯定就有别的地方得紧巴巴地过日子。不过话说回来，教学质量才是最重要的，我也不能老往消极的地方想，得向前看才行。

您真诚的约翰·杜威

（五十二）致尼古拉斯·默里·巴特勒（John Dewey to Nicholas Murray Butler，1917.02.14）

亲爱的巴特勒校长：

我们原本指望今年的哲学 A 课程的预算能控制在一定范围内，不过现在春季学期的课程已经排定，看情况这个愿望要落空了。很多课程的开销都超出了我们的预期。琼斯（Jones）教授和凯佩尔（Keppel）院长商量之后，建议我们再增设两门课程。这样一来，我们就需要额外的 225 美元资金：其中的 125 美元给一位授课老师，另外的 100 美元支付给另一位。

---

①　斯蒂芬·塞缪尔·怀斯（Stephen Samuel Wise），1901年，在哥伦比亚大学获哲学博士学位。后成为俄勒冈州波兰特犹太教堂牧师。——原注

这里需要解释一下，当初做预算的时候，伍德布里奇教授还没决定今年要不要休学术假。现在既然他决定休假了，他的很多工作就得交给科斯先生来处理。所以，科斯先生不得不放弃部分哲学 A 课程的授课任务。换句话说，这笔额外的开销，主要是因为伍德布里奇教授不在，才落到我们头上的。

当然，如果决定要增加新课程，那最好还是尽快安排好。

诚挚的约翰·杜威

（五十三）致约翰·麦克雷[①]（John Dewey to John Macrae，1917.04.23）

亲爱的麦克雷先生：

上周我去了西部地区，今天才返程，所以一直没能及时回复您的善意来信，在此向您表示歉意。非常感谢您的来信和随信寄来的 502.50 美元的支票。看到我们的书持续热销，我感到由衷高兴，也感谢您在书籍推广上所做的努力。销量能如此稳定，我真的很欣慰。

我一直在考虑出版那本小型论文集的事情；其实，大部分论文我早就整理好了，只是一直在找时间补充一两篇论文，并进行最后的修订。不过，最近确实有点忙，始终抽不出时间来。我想书稿应该很快就能完成，然后交给您。

至于那本更厚的书，我现在真的很希望能开始动笔，但灵感还没到来，这种事情强求不来。

您真诚的约翰·杜威

---

① 约翰·麦克雷（John Macrae），从1884年起，先后任达顿出版公司（E. P. Dutton & Co.）办公室职员、高级合伙人、副主席、公司司库，1923年成为该出版公司主席。——原注

（五十四）致贺拉斯·M. 卡伦（John Dewey to Horace M. Kallen，1917.11.20）

亲爱的卡伦：

　　我自己也是个懒散之人，所以实在没有资格批评美国政策委员会。上周四晚上，诺曼·安吉尔（Norman Angell）发表了演讲，那场会议挺有意思的。他强烈推崇为最终的和平会议制定一部更具民主性的宪法。据我所知，目前的委员会其实只是个躯壳，偶尔召开会议讨论一些问题，也只是给个人带来一些启发而已。现在的委员会主席是纽约市立学院的斯蒂芬·达根教授[①]。他在去年春天组织长滩会议时就表现得很积极，我觉得他会很愿意接受关于建立组织来引导公众舆论的建议。我觉得，相比于做一些特别的研究，这才是我们应该采取的行动方向。

　　我计划在圣诞节那周去芝加哥参加大学教授协会的会议。也许到时候会有不少来自不同大学的人集聚在那里。我会给杜根写封信，问问他是否也会出席。

您真诚的约翰·杜威

（五十五）致尼古拉斯·默里·巴特勒（John Dewey to Nicholas Murray Butler，1917.12.22）

请假申请表

请假信息

　　请假人姓名：约翰·杜威

　　[①] 斯蒂芬·达根（Stephen Duggan），一开始是纽约市立学院国际法讲师，1896年成为教育史教授；1906年，成为教育系领导；1910年成为政治科学教授；1928年退休后在国际关系领域工作；1919年国际教育研究所成立，他是第一任主任，一直到1946年。美国参与第一次世界大战时，他在美国教育委员会国际教育关系委员会工作。——原注

职务：哲学教授

申请请假时间：1918—1919 年全年

上次请假时间：1911—1912 年半年

教学工作安排建议

我已经与科斯（Coss）教授进行了协商，他将开设一门新课程，这门课程将接替我原计划在接下来的一年中开设的课程 121-22。该课程主要面向研究生，同时也欢迎准备充分的本科生参加，课程编号为 21-22。另外，我原本的高级研究生课程，平均有 8—12 名学生参加，将暂停开设。但科斯特洛博士[①]会对他的课程进行调整，以满足那些希望进一步专攻逻辑学的学生的需求。除了上述编号为 21-22 的课程外，我目前没有其他本科课程的教学任务。

备注：

关于请假和课程调整的提议，我已经与系里的同事们进行了充分的沟通和协商，并已获得了他们的理解和支持。如果学校需要进一步了解详情，可以向院长或伍德布里奇教授咨询。

由于相关的教学安排需要根据是否批准我的请假申请进行调整，因此我希望能在合理的时间内得到学校的明确答复。非常感谢！

签名：约翰·杜威

日期：1917 年 12 月 22 日

（五十六）致艾丽丝·奇普曼·杜威（John Dewey to Alice Chipman Dewey，1918.07.26）

亲爱的艾丽丝：

---

① 哈里·托德·科斯特洛（Harry Todd Costello），1911年，获得哈佛大学哲学博士学位。在哈佛大学和耶鲁大学任教之后，1915—1920年，成为哥伦比亚大学讲师。随后，成为哈特福德三一学院布劳内尔哲学教授。——原注

…………

关于我之前提到的去日本的事情，如果给你留下了不佳的印象，那我深感抱歉。如果条件允许，我非常期待这次旅行，相信你也会喜欢。但实际上，这件事还存在很多不确定性。东京大学的福崎（Fukusaki）教授还不能确定得到校方邀请我去那里讲学，更不要说那些新共和主义者的回应了。

你可能已经收到了萨比诺之前的信。如果他们提高他的工资，可能会影响他是否留下的决定，尽管我认为他在 8 月 4 日之前能攒够旅行的费用。他似乎还不明白，在底特律，他有很多其他的工作机会，而且不必对佩特（Pet）姑妈太粗鲁，我每次写信都跟他这么说。在经历了一个凉爽的夏天之后，费城又迎来了一周的高温，每天都能达到华氏 95 度（摄氏 35 度）。亚历山大先生一直和我在一起，而我和以前相比更不怕热了。我担心你和简会觉得生活有些单调。你们为什么不去太浩湖或其他地方度假几周呢？我们改变计划后节省了不少钱，足够支付这次旅行的费用了。

…………

送上满满的爱

约翰

（五十七）致弗兰克·坦嫩鲍姆[①]（John Dewey to Frank Tannenbaum，
1918.08.03）

尊敬的弗兰克：

我刚巧经过这座城市的时候就收到了您的来信。我一有空闲时间，就会

---

① 弗兰克·坦嫩鲍姆（Frank Tannenbaum），1921年，在哥伦比亚大学获艺术学士学位；1927年，在罗伯特·布鲁金斯研究生院经济学院获哲学博士学位。在经济学院期间，调查过墨西哥、秘鲁的经济、社会和教育条件。1935—1961年，先后任哥伦比亚大学讲师、副教授和教授。——原注

仔细阅读那份关于教育问题的资料①，并且尽快给您回信。不过说实话，我现在真的看不出自己何时或如何能找到片刻的空闲，来参加关于教育问题的会议。我手头的工作实在太多了，它不仅占据了我所有的时间，而且还让我满脑子都是工作的思绪。当然，如果我的参与能够对任何宣传或运动有所帮助，让更多人关注到教育问题，那么我一定会非常乐意地加入其中。

听说波士顿的新任学校督学汤普森②今年夏天会在师范学院任教，我对他还不是特别了解。但如果我是你，我肯定会去拜访他，看看他对教育问题有什么看法和反应。毕竟，像他这样的人在行政上有着重要的影响力，他们的态度和支持对于推动教育问题的解决至关重要。

另外，您还提到了斯特雷耶教授③，我知道他现在是全国教育协会（NEA）的新任主席。如果您有机会见到他，不妨和他聊聊教育问题。不过要注意，不要一上来就试图引起他的兴趣或者让他表态支持什么，这样可能会让他觉得有些突兀或者不舒服。您可以先和他聊聊教育领域的现状和挑战，看看他有什么想法和建议。如果他本身就支持我们正在关注的教育问题，那么他自然会成为推动此事的重要力量。但在这个过程中，我们要避免给他任何暗示或者压力，让他觉得我们是在质疑他的立场或行动。

最后，我还想说，可能是位于华盛顿的全国教育协会办公室在幕后发挥了重要的作用，他们可能通过一些渠道和方式获取了威尔逊④的支持或者影响力，这对于推动教育问题的解决无疑是一个积极的信号。

您真诚的约翰·杜威

---

① 可能是坦嫩鲍姆的《奇迹学校》（*The Miracle School*）。——原注

② 弗兰克·V. 汤普森（Frank V. Thompson），1918—1921年，任波士顿公立学校督学。在此期间，说服波士顿公立学校董事会在公立学校中引入商业教育。他教授过"商业教育的组织和行政管理"与"实践艺术教育的当代问题"等课程。——原注

③ 乔治·德雷顿·斯特雷耶（George Drayton Strayer），1918年，成为美国国家教育紧急情况联合委员会主席；1919年，成为全国教育协会主席。——原注

④ 伍德罗·威尔逊（Woodrow Wilson），美国第二十八任总统（1913—1921）。——编译者注

（五十八）致亨利·T. 亨特[①]（John Dewey to Henry T. Hunt，1918.08.22）

亲爱的亨特：

在我还是哥伦比亚大学研究生的日子里，我就与布兰德·布兰查德（Brand Blanchard）先生建立了深厚的友谊。他在学业上表现出色，去年他已经开始在哲学系执教。最近几个月，我们携手对费城的波兰移民的生活状况进行了深入调查。他特别关注波兰移民的宗教、教育和智力发展活动。在这个过程中，他不仅广泛接触了各类人群，积累了丰富的一般性信息，还偶然间获取了一些对军事情报局工作极为有益的知识。我由衷地赞扬他的才智、品格以及对工作的绝对忠诚。

衷心的约翰·杜威（哥伦比亚大学哲学系教授）

（五十九）致塞缪尔·H. 戈登森（John Dewey to Samuel H. Goldenson，1918.11.21）

亲爱的戈登森先生：

今年，我正处于休假期间。休假的初期，我在加州大学承担了一些教学工作，正是在那里，我收到了您的来信。对于您对我文章的赞赏，我深感荣幸和感激。

…………

得知您搬家并换了工作，我由衷地为您感到高兴。我相信这是您努力应得的晋升，祝愿您在新的岗位上一切顺利，心满意足。

---

① 亨利·托马斯·亨特（Henry Thomas Hunt，1878—1956），在耶鲁大学和辛辛那提大学法学院接受教育。后成为俄亥俄州众议员。——原注

关于您的论文，布什博士现在负责系里的工作，而伍德布里奇教授应该还在管理档案室。不过，我听说由于纸张等价格上涨，档案室的运营受到了不小的影响。我建议您直接联系他们中的一位或两位，询问关于您论文出版的事宜。我记得您之前提到过想要对论文进行一些修改，不知道您是否已经完成了这项工作。

最后，向您致以最诚挚的祝福和问候。

您真诚的约翰·杜威

（六十）致塞缪尔·B. 韦斯顿①（John Dewey to Samuel B. Weston, 1922.01.12）

亲爱的韦斯顿先生：

在中国时，我有幸在多个省份担任教育讲师，这得益于一些私立教育协会的鼎力支持。同时，我也在北京大学讲授哲学与教育课程，这一经历持续了两年有余。在这段时光里，我游历并访问了十七个省份中的十一个，发表了一系列演讲。接下来几天，我会尝试整理一份简要的报告，谨供您参考。

您真诚的约翰·杜威

（六十一）致亨利·R. 哈特菲尔德②（John Dewey to Henry R. Hatfield，1922.03.24）

亲爱的哈特菲尔德先生：

---

① 塞缪尔·B. 韦斯顿（Samuel B. Weston），1885年建立了宾夕法尼亚大学伦理文化协会（The Society for Ethical Culture in Pennsylvania）。1885—1890年与1897—1935年，任该协会主席。1890—1914年，任《国际伦理学杂志》（*International Journal of Ethics*）编辑。——原注

② 亨利·兰德·哈特菲尔德（Henry Rand Hatfield），1909—1920年，任商学院院长，后来成为加州大学伯克利分校校长。——原注

针对您 3 月 14 日的来信，我想明确表达我对亚当斯教授 [①] 的全力支持。这并不是说我不尊重霍恩尔（Hoernle）教授，实际上，我非常敬佩他的学识。但在我看来，亚当斯教授对美国国情和教育体系的深入了解，加上他对贵地具体情况的把握，使他在这场竞争中占据了优势，即便是在其他所有条件都相当的情况下。就我个人而言，我认为亚当斯教授在哲学洞察力和独创性方面更为出众。相较之下，霍恩勒教授的工作似乎更加传统，更多地体现在对哲学学识材料的熟悉上。

因此，我认为亚当斯教授是这一职位的绝佳人选，几乎无需再考虑其他候选人。

您真诚的约翰·杜威

（六十二）致F. C. S. 席勒（John Dewey to F. C. S. Schiller, 1922.07.18）

亲爱的席勒：

很高兴收到您的便条，尽管它似乎来得稍晚了一些。得知您有望获得教授职位，我真心为您感到高兴。随信附上我之前所做声明的副本，并根据当前情况做了细微的调整。

关于您为我撰写新书 [②] 评论的事情，我感到有些遗憾。我已经收到了您的再印版文章，但一直未能及时回复，因为最近实在太忙了。在中国期间，我几乎没有进行任何哲学阅读，所以回来后需要花很多时间补回来。再加上大学里的工作堆积如山，让我分身乏术。不过请您放心，我已经把您的文章放在手

---

① 乔治·普林顿·亚当斯（George Plimpton Adams），加州大学伯克利分校哲学教授。——原注

② 指《人类本性与心灵行为》（*Human Nature and Conduct for Mind*）。——原注

边，一旦有空就会立刻阅读。

最后，衷心祝愿您在未来的职业生涯中取得更大的成功。

您真诚的约翰·杜威

（六十三）致比尔·辛克莱^①（John Dewey to Beall Sinclair，1922.08.24）

亲爱的辛克莱先生：

这无疑会令您感到惊讶，但我个人对此并没有什么特别的贡献或见解。在哥伦比亚大学，从未有人直接或间接地试图影响我的教学或写作，也没有人以任何方式对此进行干涉。这种情况无疑并不能令我显得出众。然而，实际上，在很大规模的大学中，这类事情并不像人们通常认为的那样普遍。这种影响或压力往往是间接的，源于大学氛围、大学传统习俗、个人胆怯等因素。大多数情况下，它主要影响那些还需要考虑晋升和家庭问题的年轻教师。根据我的经验，大学成员里拥有社会进步思想的比例，高于任何其他涉及经济方面的行业，比较低层次的学校教师、医生、传教士等群体中的自由主义者甚至激进主义者还要多。我们受到的影响，大多只是来自一般社会环境的影响。至少这是我的观察所得，而我的相关经验已有 35 年之久。

您真诚的约翰·杜威

---

① 比尔·辛克莱（Beall Sinclair），1920—1922年，为美国国会社会党候选人；1926—1930年，为加州州长社会党候选人。——原注

（六十四）致I. L. 坎德尔^①（John Dewey to I. L. Kandel，1923.11.20）

亲爱的坎德尔先生：

约瑟夫·拉特纳先生^②告知我，他正在申请美国战地服务团为法国大学哲学专业提供的奖学金。这是拉特纳先生第 2 年在我的班上攻读研究生课程。我可以毫不犹豫地说，他是一名顶尖的学生，完全值得获得这份奖学金荣誉。他不仅学术能力强、勤奋努力、掌握了独立工作的良好方法，还天生具有哲学思维的倾向和原创能力。我坚信，如果他继续深造哲学，他一定会取得显著的成就。在我看来，没有人比他更值得获得这份奖学金，也没有人比他更有可能很好地利用这份奖学金。

您真诚的约翰·杜威

（六十五）致三一学院导师（John Dewey to Trinity College Senior Tutor，1924.04.07）

亲爱的先生：

了解到贵校有可以授予之前无剑桥大学背景的学生的奖学金，我很荣幸能推荐约瑟夫·拉特纳先生，他现在正于纽约市立学院任教。

我认为拉特纳先生会提交他哲学领域的已发表作品的副本。从这些作品

---

① 艾萨克·L. 坎德尔（Isaac L. Kandel），出生于罗马尼亚的哥伦比亚大学师范学院教育学教授，卡内基基金会高级教学委员会（The Carnegie Foundation for the Advancement of Teaching）成员。1923年，他被任命为新成立的卡内基基金会国际研究院（International Institute）成员。——原注

② 约瑟夫·拉特纳（Joseph Ratner），1924年，在纽约市立学院获得艺术学士学位；1923年与1930年，分别在杜威指导下获得艺术硕士和哲学博士学位；1924年，获得英国剑桥大学三一学院奖学金。回美国后，在纽约市立学院、哥伦比亚大学、纽约大学、社会研究新学校任教。作为杜威先生的同事和朋友，帮助杜威编辑出版了几本著作。——原注

中可以看出，拉特纳先生的思想既敏锐又独立，同时他还具有非凡的文学表达能力，这在同龄人中是相当罕见的。我认识他已经两年了，在这段时间里，无论是在我的课堂上，还是在非正式的讨论中，他都展现出了超越其笔下文章的品质。他的思维总是那么敏锐且具有批判性，同时又充满回应和同情心。他勤奋好学、学识渊博，在思想史、当下学术议题和心理学方面都有着充分的准备，这使得他的思维敏捷且根基深厚。此外，他的表达清晰明了、条理分明。

简而言之，他是一个与众不同的人，具有非凡的潜力。我满怀信心地推荐他，相信如果他获得奖学金，他一定会证明自己是值得这份荣誉的。

衷心的约翰·杜威（哥伦比亚大学哲学系教授）

（六十六）致科妮莉亚·布赖斯·平肖[①]（John Dewey to Cornelia Bryce Pinchot，1925.03.04）

亲爱的平肖女士：

我的朋友巴恩斯先生作为巴恩斯基金会的负责人，已经成功地在他的基金会与宾夕法尼亚大学及哥伦比亚大学之间建立了教育联系。现在，他渴望将基金会的艺术设施用于公立学校的教育，并使其发挥实际作用。他自然比我更能清晰、详尽地阐述他的想法和计划，特别是他可以在画作旁直接进行解释，这样效果会更好，更具优势。我深信，无论是从个人层面还是教育层面，您都会对此产生浓厚的兴趣，并且在您与巴恩斯先生及其组织为公立教育提供的巨大帮助中，您会发现双方的合作将是互利共赢的。因此，我诚挚地希望您能尽快安排与他会面。

您真诚的约翰·杜威

---

①科妮莉亚·布赖斯·平肖（Cornelia Bryce Pinchot），一位有效的且直言不讳的公众演说家，弗吉尼亚州州长吉福德·平肖（Gifford Pinchot）的夫人。1918—1919年，任宾夕法尼亚妇女选举权联合会秘书，建立了独立的州共和党妇女委员会。——原注

（六十七）致伊万杰琳·沃克·安德鲁斯①（John Dewey to Evangeline Walker Andrews，1926.06.10）

亲爱的安德鲁斯女士：

现已成立了一个中国研究所②，该研究所由东南大学的原校长、当下正在纽约的郭秉文博士担任所长。该研究所的职能之一就是协助处理像您这样的案例。我不知道他们在组织方面进展到了什么程度，但我已经就您的情况写信给郭博士，并期待很快收到回复。

同时，我附上了三张名片。但由于当前局势动荡，这些人可能四处奔波，因此通过名片上的地址可能无法找到他们。如果蒋梦麟博士和胡适博士不在北京，那他们可能就在汉口或上海，您几乎可以在那里找到任何人帮您联系到他们。您无须做太多介绍，因为一旦您开始行动，一个人就会帮您找到下一个人。

…………

您真诚的约翰·杜威

（六十八）致约翰·麦克雷（John Dewey to John Macrae，1927.03.19）

亲爱的麦克雷先生：

感谢您的陈述和刚刚收到的支票。不过，我对《明日之学校》的销售情

---

① 查尔斯·麦克莱恩·安德鲁斯（Charles McLean Andrews），1880年与杜威一起在哥伦比亚大学学习。——原注

② 中国研究所（The China Institute），由杜威和其他人建立于1926年，其目的是通过教育促进中美人民加深理解，以及促进中国文化在美国的研究。1933年，开始为公共学校教师设立中文课程。1944年，与纽约大学合作成立非营利组织"促进教育和文化中国基金会"。——原注

况略感失望，难道它的销量不能再提升一些吗？我们是否可以在师范学校和培训学校加大推销力度呢？尽管我的《学校与社会》一书已经出版了近30年，但由于它被用作学校的教材或辅助读物，每年的销量仍保持在近1000册。我的经验告诉我，被用作教材是保持书籍年复一年稳定销量的关键。也许您见过教育局局长的声明，他说《明日之学校》是一本重要且具有影响力的教育书籍。如果我们向师范学校等发送特别通报，引用这一说法，可能会促使他们将该书用作教材。

很抱歉，我现在手头的事情太多，无法为班纳德 ① 的书写任何东西。

您真诚的约翰·杜威

（六十九）致埃里克·许拉②（John Dewey to Erich Hylla，1928.04.23）

亲爱的许拉先生：

您4月4日的来信我已经收到。我毫不怀疑您有能力完成所提到的翻译工作，因此我在此给予您我的许可。就我而言，我不会提出任何财务条件。当然，您必须获得出版商——纽约麦克米伦公司的许可。可能的话，如果您写信告诉他们我已经在此事中放弃了我的财务权益，他们也许也愿意这么做，或者至少会给出有利的条件。

感谢您提议翻译我的书，我对此深感荣幸。

诚挚的约翰·杜威

---

① 埃布尔·班纳德（Abel Bonnard），法国诗人、小说家、政治家，1927年访问中国。——原注

② 埃里克·许拉（Erich Hylla），德国教育家。1926—1927年，在哥伦比亚大学师范学院学习教育行政管理与科学；1930年，成为德国哈勒大学教学研究院心理学和教育学教授；1935—1937年，再次到访哥伦比亚大学；1938年，在康奈尔大学任教。——原注

（七十）致海伦·帕克赫斯特①（John Dewey to Helen Parkhurst，1928.10.15？）

亲爱的帕克赫斯特小姐：

我把这张便条交给我的朋友兼以前的学生麦特尔·麦格劳小姐②。她想通过与一些学校建立联系，来接触那些需要心理咨询和帮助的孩子。

她在这方面接受过相当独特的培训，并且也有成功的经验。她非常擅长赢得孩子和家长的信任，并帮助那些需要帮助的人做出更好的调整。

也许您能给她提出一些建议或意见——我不知道道尔顿学校③是否已经聘请了一位咨询心理学家。

您真诚的约翰·杜威

（七十一）致弗兰克·A. 曼尼（John Dewey to Frank A. Manny，1929.02.11）

亲爱的曼尼先生：

---

① 海伦·帕克赫斯特（Helen Parkhurst，1887—1973），美国教育家，道尔顿制的创立者。——原注

② 默特尔·拜拉姆·麦格劳（Myrtle Byram McGraw），1923年在俄亥俄州的卫斯理大学获得艺术学士。读研究生期间，在哥伦比亚大学师范学院帮助杜威打印《经验与自然》（*Experience and Nature*）书稿。1925年获宗教教育硕士学位后，重新回到哥伦比亚大学学习心理学，1931年获得哲学博士学位。他是儿童发展心理学的开拓者。——原注

③ 道尔顿学校（The Dalton School），1919年由海伦·帕克赫斯特建立。帕克赫斯特进行了实验规划，在华盛顿州的塔科马（Tacoma）和马萨诸塞州的道尔顿（Dalton）实施了这一计划。1919年，道尔顿学校迁往纽约，1929年开设中学部，1939年与托德亨特学校（The Todhunter School）合并。——原注

梅休女士①和爱德华兹女士②正在我的协助下，撰写一篇关于我们芝加哥学校的报道。不过，关于研究生与学校之间的联系，相关记录和报告尤为不足。鉴于您积极参与了许多有益的活动，我想请问您是否能帮助我们弥补这一方面的不足。如果您能回忆起并写下自己和其他人在这一方面的经历，那我们将不胜感激。此外，也许您还可以提供一些可能拥有相关素材的其他人的名字。

致以最诚挚的问候。

您真诚的约翰·杜威

（七十二）致克里福德·莱斯利·巴雷特③（John Dewey to Clifford Leslie Barrett，1929.10.23）

亲爱的巴雷特先生：

克伯屈先生已经将您给委员会的电报转交给了我。

在我 70 岁生日之际，您发来了亲切的贺词，对此我深表感谢。如果您有机会的话，是否能代我向所有发来美好祝愿的人转达我最诚挚的谢意？在这次庆贺活动中，我深感欣慰的是与教育行业的同事们之间的团结和一致。

您真诚的约翰·杜威

---

① 凯瑟琳·坎普·梅休（Katherine Camp Mayhew），1894年在杜威指导下获得哥伦比亚大学师范学院学士学位。后在芝加哥大学初等学校和杜威一起工作，是杜威家族的好朋友。——原注

② 安娜·坎普·爱德华兹（Anna Camp Edwards），曾在芝加哥大学初等学校和杜威一起工作，是杜威家族的好朋友。——原注

③ 克里福德·莱斯莉·巴雷特（Clifford Leslie Barrett），1917年，在西方学院（Occidental College）获得艺术学士学位，1920年获得普林斯顿大学艺术硕士学位，1926年获得美国锡拉丘兹大学哲学博士学位。1923—1931年间，任加州大学洛杉矶分校哲学系主任，1931—1940年任教于普林斯顿大学，之后在克莱蒙特研究院哲学教授。——原注

（七十三）致詹姆斯·B. 埃德蒙森① （John Dewey to James B. Edmonson，1929.10.26）

亲爱的埃德蒙森院长：

我想通过您，向密歇根大学教育学院的全体教职工表达我对他们在 10 月 17 日来信②中的善意和关怀的深深感谢。我无法用言语来表达，当我收到来自教育界同人的这些来信时，我是多么地深受触动。我特别珍视密歇根大学的来信，因为它在我心中占据着一个非常温暖和特殊的位置。

正如您所说，我是在安阿伯开始了我的教学活动。正是在那里，我对教育产生了浓厚的兴趣，并一直保持至今。我一直感激我的职业生涯是从中西部的一所州立大学开始的。在那里，我深刻体会到了教育机构与其所服务的社会群体之间关系的深远意义。此外，我还在那里结交了一些我一生中最亲密的朋友。

我被您在信中提到的那个故事③逗乐了。即使这个故事并不是关于我的，但它确实是一个很好的故事。我记得当我第一次去安阿伯时，同样的故事也与伯特教授④有关。我希望现在这个故事已经转移到其他人身上了。

请接受我深切的、真诚的感谢，感谢您的亲切来信，它让我感到非常温

① 杜威的这封信首次发表在《密歇根大学教育学院院刊》（*University of Michigan School of Education Bulletin*）第1期（1929年11月），第26—27页。詹姆斯·巴特利特·埃德蒙森（James Bartlett Edmonson，1882—1954），密歇根大学中等教育教授。1914—1929年，任密歇根大学中学调查主任；从1929年起，任教育学院院长。——原注

② 1929年10月17日，密歇根大学教育学院院长詹姆斯·B. 埃德蒙森（James B. Edmonson）代表该院教师给杜威写信祝贺他70岁大寿。——原注

③ 信中说到的故事是：一个周日的上午，杜威推着婴儿车到邮局取邮件，他在邮局门口取回邮件，然后若有所思地回到家里，结果完全把孩子忘记在街道上，独留孩子在阳光下静静地睡着了。——原注

④ 本杰明·查普曼·伯特（Benjamin Chapman Burt），1881—1887年，任密歇根大学的英文和修辞学助理教授。——原注

暖和欣慰。

您真诚的约翰·杜威

（七十四）致布鲁克斯夫妇[1]（John Dewey to Mr. & Mrs. Leonard Brooks，1929.12.11）

亲爱的布鲁克斯夫妇：

不幸的是，我今天早上突然遭遇了食物中毒，因此深感遗憾，无法亲自出席今晚在您府邸举行的亚伯拉罕·林肯基金会[2]会议。虽然我无法身临其境，但我想借此机会表达我如果到场会很高兴的观点。亚伯拉罕·林肯大学的计划本质上非常完善，经过了深思熟虑，能够经得起任何反对意见的考验。这一计划对于创造人类间的理解和共识至关重要，而这种理解和共识是实现持久世界和平的最终保障。

…………

您真诚的约翰·杜威

（七十五）致拉尔夫·M. 伊顿[3]（John Dewey to Ralph M. Eaton，1930.01.09）

亲爱的伊顿博士：

我立即给您写信，是想解释为什么我无法马上回复您1月6日的邀请。当然，我感到非常荣幸，并希望能接受这一邀请。

---

① 居住在普莱森特维尔的贝德福德路（Bedford road，Pleasantville）的居民。——原注
② 亚伯拉罕·林肯基金会资助了一个通过教育促进世界理解的项目。——原注
③ 拉尔夫·M. 伊顿（Ralph M. Eaton），哈佛大学哲学系主任。——原注

　　但是，我已经申请了从今年 7 月开始的退休生活 ①，因此我必须弄清楚卡内基基金会的规定对接受这一邀请有何具体影响。尤其是考虑到哥伦比亚大学方面的额外复杂性，虽然在这里我不想麻烦您了解所有细节。

　　在稍后给出明确答复之前，请代表系里接受我对这一荣幸邀请的深深感激。

您真诚的约翰·杜威

（七十六）致詹姆斯·H. 伍兹②（John Dewey to James H. Woods，1930.04.14）

亲爱的伍兹教授：

　　在我结束了几周的缺席归来后，我收到了您 3 月 26 日的便条。

　　得知伊顿博士病倒了，我感到非常遗憾。在与我通信时，他要求我每周非正式地与研究生们见一次面，虽然这可能被称为研讨班，但我并未意识到它

---

① 尼古拉斯·默里·巴特勒致约翰·杜威（Nicholas Murray Butler to John Dewey，1929.12.24）

　　亲爱的杜威教授：

　　　　我非常高兴地收到您21日的来信，得知您在明年6月30日退休后，愿意接受我们授予的驻校荣誉教授职位，这是您之前在信中申请的。

　　　　根据卡内基基金会的规定，您在这个职位上唯一的限制是，不能开设任何正式的学位课程。

　　　　如果您能继续保留在晨边高地（Morningside Heights）的办公室，偶尔举办讲座，与研究生进行学术交流和指导，并做所有那些对终身大学学者来说既合适又有趣的事情，那么这将极大地促进我们大学的发展。

　　　　在此，我向您致以最诚挚的节日问候和祝福。

此致
尼古拉斯·默里·巴特勒

② 詹姆斯·H. 伍兹（James H. Woods，1864—1935），先后在哈佛大学、牛津大学、斯特拉斯堡大学获得学位。从1891年起，在哈佛大学任教；1913年成为全职教授，主要研究印度和日本哲学。——原注

在严格意义上确实是研讨班。无论如何，他并没有提及需要提前设定任何主题，并持续进行 10 周。当然，我将很乐意继续这一安排，具体由您来决定如何最好地选择学生。

对于您提出的每周进行一次讲座的建议，我当然也非常乐意接受。只是我不知道您是否希望现在就公布讲座的主题。我认为，我可以选择"逻辑理论"作为这次讲座的主题。

您真诚的约翰·杜威

（七十七）致约翰·麦克雷（John Dewey to John Macrae, 1930.04.17）

亲爱的麦克雷先生：

我已经与 Minton Balch 出版公司签订了关于"个人主义"文稿的合同，非常感谢您对此事的关注。

我将与伊夫琳探讨修订《明日之学校》（*Schools of Tomorrow*）的可能性，并考虑加入新的材料。

很高兴收到来自亚历山大 ① 的问候。

您真诚的约翰·杜威

---

① 弗雷德里克·马蒂亚斯·亚历山大（Frederick Matthias Alexander，1869—1955），澳大利亚著名戏剧演员，"亚历山大技巧"（alexander Technique）的发明者。亚历山大在纽约时曾与杜威有较多的交往。——编译者注

第五部分
国外访问时期

（1919.03—1928.11）

（一）致温德尔·T. 布什（John Dewey to Wendell T. Bush，Tokyo，1919.03.06）

亲爱的布什：

我已将此事告知即将呈递此信的高木八尺先生[①]，并将他介绍给伍德布里奇院长及其他与其学业相关的人士，我想让你们从个人和社交层面认识他。他被选中填补帝国大学最近由赫伯恩先生[②]捐赠的美国历史、宪法和外交学教席，并被政府派往美国学习和生活，作为其任职准备的一部分。这一教职被视为促进两国友好关系的重要举措，显然，高木先生和他随行的年轻夫人（日俄战争中声名显赫的黑木将军[③]的孙女）不仅要了解美国，还要直接接触社交和艺术生活。您和您夫人能为他们做的任何事情，我都将感激不尽，这也将对我国大有裨益。

您真诚的约翰·杜威

（二）致杜威的孩子们（John Dewey to the Dewey Children，Tokyo，1919.03.13）

…………

我想妈妈已经告诉你们了，我们打算留下来，因为直到战争结束，钱大

---

① 高木八尺（Yasaka Takagi），东京帝国大学毕业生，日本学士院院士。他是太平洋关系学院（The Institute of Pacific Relations）工作的积极参与者。1935年，在美国出版了有关日本研究的第一份报告。1951年，在东京建立了日本国际之家，促进国际理解和合作。——原注

② 阿隆佐·巴顿·赫伯恩（Alonzo Barton Hepburn），1904年，成为大通国民银行（Chase National Bank）总裁。他对纽约州奥登斯堡市的医院、图书馆、教育机构都有很多捐赠，还向米德尔伯里学院（Middlebury College）、哥伦比亚大学、威廉姆斯学院（Williams College）、圣劳伦斯大学（St. Lawrence University）、普林斯顿大学等进行了捐赠。1916年，他捐赠6万美元给东京帝国大学（今东京大学），设立了文中所述的教席。——原注

③ 黑木为桢（Tametomo Kuroki），日俄战争时的日本高级将领。——原注

概还够用。换句话说，有一艘船将于 8 月离开横滨，我们正考虑要不要搭乘，尽管我们还没订票。即便如此，恐怕我们在中国停留的时间也不会超过 6 周。当然，我在这里做演讲时遇到了很多有趣的人，如果没有那些演讲，我可能不会遇到他们。撰写演讲稿占用了我大量宝贵的时间，除了街上的风景，我几乎没怎么观光。到目前为止，我观光的时间还不如一个普通的五日游的东京游客。好了，现在我要告诉你们一个更糟糕的消息。今天下午，有两位中国先生来访，他们正要去美国，并途经欧洲，一位是南京一所师范学校的校长，另一位是中国的一位教授。他们想知道，如果哥伦比亚大学能安排的话，我是否愿意明年留在中国，把时间分配给北京大学和其他一些政府机构。妈妈很希望这样，而我也没有反对。我不假思索地答应了。但这件事能否成真还是另一回事。显然，他们打算向哥伦比亚大学提议，设置一个交换教授的职位，由哥伦比亚大学支付我的薪水，而中国方面则支付他们派来的人的薪水——如果这不可行，那他们就让哥伦比亚大学给我放个假，他们会支付我的薪水。

…………

　　我前几天收到了胡适①的一封很好的信——你们可能还记得他。今天来访的人说他是如何多才多艺，以至于他没有太多时间用于研究哲学，尽管他有一本关于中国哲学的书即将出版。他正与其他人一起试图改革中国的语言和戏剧，翻译易卜生②和莫泊桑③的作品，以及其他一些我不知道的作品。他还首次使用口语而非书面语言创作中国诗歌——总的来说，他是中国文学新派作家的领袖。此外，他还举办了一场公开讲座，比较了一些中国古代哲学家与实用主义。我已经拍了照片。很明显，我当时胃疼得厉害，但我却坚强地忍着。这

---

　　① 胡适（1891—1962），中国现代著名学者。1915—1917年在哥伦比亚大学师从杜威，攻读哲学博士学位。他帮助安排了杜威1919—1921年在中国的访问演讲，并成为杜威演讲的翻译者。——原注

　　② 易卜生（Henrik J. Ibsen），挪威剧作家。——原注

　　③ 莫泊桑（Henry R. A. G. de Maupassant），法国作家。——原注

张照片将和一篇教育演讲的报道一起刊登在一本杂志上。编辑写信给我说，他们的成千上万的读者会欣然地端详我的脸。

向你们所有人致以最诚挚的爱

爸爸

（三）致艾伯特·C. 巴恩斯（John Dewey to Albert C. Barnes，Kobe，1919.04.23）

亲爱的巴恩斯：

周日 27 日，我们将离开神户前往上海，并计划在中国逗留大约 6 周。我在那里的中国老学生们都很忙碌，而我也不得不进行比我原本愿意的更多的讲座。最近有一些关于我明年留在中国大学讲课的议论和报道。我想他们已经给巴特勒发了电报。如果一切能够安排妥当，那我愿意留下来。一年内我确实能学到一些关于东方的东西。他们这里对"学者"有一种近乎迷信的尊重。无论如何，这都是一种宝贵的资产。无论如何，我可能都会回到这里度过夏天。我不得不在东京撰写我的大学讲座稿，这让我忙得不可开交，以至于我几乎没能见到我想见的所有人。顺便说一句，我有一部根据我的讲座整理而成的半通俗的名为《哲学的改造》的书稿，我可以在空闲的几周内进行校对，然后交给出版社。我避免对美国的情况发表评论。在很多方面，我并不后悔暂时离开美国，直到那里的混乱或动荡稍微平息一些。

请不要根据我写信的频率来判断我对你的思念和关心。我一如既往地思念着你。

约翰·杜威敬上

（四）致尼古拉斯·默里·巴特勒（John Dewey to Nicholas Murray Butler，Shanghai，1919.05.03）

亲爱的巴特勒先生：

在日本时，我曾写信给伍德布里奇院长，谈到了我可能受邀明年留在中国从事教育工作的事情，以及如果此事能成，我愿意留下来的意愿。之后，胡适博士在写信征得我的同意后，给您发了电报。我到达这里时，他特地从北京赶来迎接我，同时还有此地和南京的教育工作者。他们都认为，当前是中国教育和知识发展的关键时期，一位西方尤其是美国思想界的代表，现在比以往任何时候都更能发挥作用。至于我自己，我非常珍视这次难得的机会，可以借此了解东方的思想和各种状况。因此，我希望教育部部长即将向您和哥伦比亚大学当局提出的正式请求能够获得批准。由于这次经历，我将来会对哥伦比亚大学更有价值，同时我也希望我的到来能够增加哥伦比亚大学的日本和中国学生的人数。当然，您一定经常听说哥伦比亚大学现在在中国的影响力特别大。这里有一个哥伦比亚大学校友会，大约有 40 人。许多人向我保证，哥伦比亚大学毕业生在中国的影响力超过了任何其他美国或欧洲大学的毕业生。

在此次访问期间，除了在这座城市，我还给杭州、南京和北京的公立学校教师做了讲座。在日本时，除了在东京和京都的帝国大学做哲学讲座外，我还与东京、京都、大阪和神户的教师们进行了交流。

您真诚的约翰·杜威

（五）致杜威的孩子们（John Dewey to Dewey Children，Hangchow，Shanghai，Peking，1919.05.18—1919.07.10）

1. 致杜威的孩子们（John Dewey to the Dewey Children，Nanking，1919.05.18）

毫无疑问，我们身处中国。据说，杭州曾是最为繁荣的中国城市中的一座，看过这个城市之后，我们能够相信这一点。

…………

在四处走动的过程中，出现了一件有趣的事，那就是我仅能偶尔看到典型的中国人面孔，很多时候我都会忘记他们是中国人。他们看起来就像其他任何地方那些脏兮兮、贫穷又可怜的人。他们心情愉悦但不贪玩。我真想拿出几百万美元来建操场、买玩具和请游戏指导老师。我不禁想到，中国所存在的缺乏主动性和"让别人去做"的这种现象，在很大程度上与孩子们的过早长大有关。在这个拥有30多万人口的城市里，为孩子们开办的学校不到100所，而且学校里的学生也只有几百人，最多不过两三百人。街上的孩子们总是在观察和张望，他们聪明，有人情味，而且相当愉快，但却超乎寻常地成熟和严肃。当然，很多孩子在织布机前工作，或者年纪更小的时候就在缫丝。这是一个丝绸业相当发达的地方，我们参观了一家政府开办的工厂，有几百人在工作，这家工厂至少看起来能够自给自足。这个镇子里没有动力缫丝机或织布机，也没有提花织机。有时会有一个男孩坐在机器上面操作，有时会有6到8英尺长的脚踏板。很多缫丝工作甚至不是靠脚力驱动，而只是靠手，不过他们的手动缫丝机比日本的要巧妙得多。似乎有很多地方可以着手改进，但所有这些都相互关联，改变又如此艰难，难怪每个留在这里的人或多或少都会被中国化，并且会因为中国人和蔼可亲的品质而喜欢上他们。

由于当前的政治局势、抵制日货等情况，学生们正在组建一个爱国联盟。但南京大学的老师们表示，学生们没有满足于做好两三件力所能及的事，而是制定了一个涵盖所有方面的宏大计划。等他们精心制定好章程，精力就会耗尽，或者会遇到众多困难，以至于对原本能做的事都会失去信心。我不知道我跟你们讲过没有，上海裁缝店里有个店员，他先是采取了那种常见的对现状无可奈何的宿命论态度，然后又说抵制日货是好事，不过"中国人意志不坚，很快就会忘了这回事"。

在很多地方，能看到很多挂起来的草帽，上面写着汉字。因为是日本制造的，所以他们拦住路人把帽子拿走。这一切都很友好，没人反对。日本商店前有警察，不让任何人进去，他们在"保护"日本人。这就是中国的特色。警察都带着配有刺刀的枪，人数众多，无精打采地闲逛，看上去无聊至极。唯一看起来同样无聊的就是狗了，数量更多，四肢伸开躺着，从不蜷缩，也从不碰巧做点什么。

我们参观了正在拆除的旧科举考场。这些考棚约有 25000 个，考生在考试期间就被关在里面。这些考棚排成很长的一排，在倾斜的屋顶下，大多面对面开在一条露天的走廊上，没有遮盖。有些考棚对着一堵墙，那是下一排考棚的背面。考棚宽 2.5 英尺，长 4 英尺。里面两边的墙上各有两条凸起物，一条在座位的高度，另一条在桌子的高度。他们在上面铺上两块 2.5 英尺长的木板，这就是他们的家具。他们在这些考棚里坐、写、做饭、吃饭、睡觉。要是不下雨，他们的脚可以伸到走廊里，这样就能在坚硬的地板上伸直身体。考试持续 8 天，分为三个阶段。他们在八月初八晚上进入考场。第一个科目考到初十下午，然后晚上离开。八月十一下午他们进来考第二个科目，写到十三下午，然后休息一天。八月十四晚上他们再次进入考棚，进行第三个阶段的考试，八月十六晚上结束。他们在封闭且上锁的走廊里可以自由交流，任何理由都不许外人接近他们。经常有人在里面死去。只要能和一个懂行的朋友分到一个走廊，中国最笨的人也能让人代写试卷并通过考试，成为硕士之类的。中国著名的文人就是这样产生的。准备考试不是政府的事，可以通过任何可能的方式进行。考官的房子仍然状况良好，很容易改建成一所学校。但你们觉得他们会这么做吗？根本不会。政府没下令在那里建学校，所以这些房子要么被拆除，要么用于某些官方工作。除非你们亲眼所见，否则你们无法想象官僚作风有多严重。我们还参观了一座孔庙，规模很大，每年使用两次。它和所有的庙宇一样，积满了多年的灰尘。要是你们被扔到任何一座中国庙宇里，你们会觉得自己置身于一个被人类遗忘的荒废废墟之中。星期天我们去了一座阎王庙，陪同我们的那位先生向庙祝 ① 提议，应该把神像上的灰尘擦掉。"是的，"庙祝说，"如果擦掉会更好。"

约翰·杜威

2. 致杜威的孩子们（John Dewey to the Dewey Children，Shanghai，1919.05.23）

我觉得没人能搞清楚政治前景究竟会怎样，这场学生运动引入了一个全新且难以估量的因素，而这一切都发生在我们来到中国后的短短 3 周内。起初，我们听到的全是有关中国政治的悲观说法，说官员腐败叛国，士兵不过是领了钱的土匪，军官靠从日本拿钱给士兵发饷，中国人之间毫无组织能力和凝聚力。接着，学生们掌控了局势，顿时有了活力，引发了一阵骚动。这里有 100 名学生正在接受培训，准备出去演讲，他们将分散在城市的 100 个不同地点。据说士兵们也对爱国宣传有所回应，有人跟我们讲，当一些学生和他们谈论中国的困境时，士兵们都哭了，山东（已被割让给日本的省份）的士兵带头向其他省份的士兵发电报，呼吁抵抗腐败的叛徒。当然，大家都担心这只是昙花一现，但他们已经在筹划让学生运动长期化，并在这件事解决之后给学生们找点事做。他们的想法是把学生们重新组织起来，开展民众宣传，投身教育，多开办学校，教导成年人，从事社会服务，等等。

将出过国的人和没出过国的人做比较是件很有趣的事，我指的是学生和教师。那些没出过国的人在某种程度上近乎无助，他们只是文学和学术方面的高手；而那些出过国的人，哪怕只是在日本留过学，也更有冲劲。当然，在中国，教育领域的古典主义者有一个绝佳的范例，证明只要坚持得足够久，他们的教育方式就能产生效果。另一方面，中国古代文学在审美方面必定有极为出色之处，甚至许多现代年轻人对它都怀有情感上的依恋，就如同他们对待优美

---

① 庙祝，寺庙中管香火的人。——编译者注

的汉字书法那样。他们用所有的艺术术语来谈论它："留意这个竖画的力度、这个横画的神韵以及整体布局的优雅节奏。"前几天我们参观了一座寺庙，这是中国主要的佛教圣地之一，有人送给我们一份据说是中国有史以来最优秀的书法家的书法拓片。这些字是几个世纪前镌刻在石头上的，我不知道具体是多少个世纪。很容易理解，当政治腐败、社会生活的总体状况令人沮丧时，有教养的人是如何在艺术和精神世界中寻求庇护的。在这里能看到这种情况，也能看到这种衰落是如何被加剧的。

…………

约翰·杜威

3. 致杜威的孩子们（John Dewey to the Dewey Children，Peking，1919.06.20）

上周末我们走了大约 10 英里，到了清华学院。这所学院是用退还的庚子赔款①创办的，是一所设有约两年大学课程的中学。刚刚毕业的六七十名学生明年将去美国完成学业。这些学生分布在各地，大多去了小型学院和中西部的州立学校，不少去了理工学院，还有一些去了史蒂文斯学院，但没人去哥伦比亚大学，因为它在大城市。至于霍博肯（Hoboken）怎么样，我不清楚。中国有很多哥伦比亚大学的毕业生，但他们是去那里读研究生的。毫无疑问，一开始让学生们远离大城市是明智之举。除了中文教学，所有的课程都是用英语进行授课的，这些男孩子的英语似乎已经说得相当不错了。

他们在美国会遭受某种对待，会承受某些侮辱，在真正适应这些之前，这实在令人感到羞愧。然后当他们回到中国后，重新适应的过程会更加艰难。他们一直在理想化自己的祖国，同时又在不知不觉中被美国化，找工作谋生对他们来说很困难。他们曾被告知自己是国家未来的救星，可回国后国家根本不需要他们做任何事。他们忍不住进行对比，从而意识到了中国的落后和诸多严

---

① 即中美庚子赔偿基金。——编译者注

重的问题。同时，或许每个中国人心底都坚信中华文明的优越性，也许他们是对的，毕竟中华文明延续了 3000 年，这是相当长的一段时间。

…………

给聪明人提个醒：永远不要问中国人会不会下雨，或者其他任何关于未来天气的问题。乌龟被认为是能预测天气的，但乌龟被视为地球上最卑劣的生物，所以你可以想象这样的问题是多大的侮辱。在最近的一次活动中，他们对日本人的一种微妙的侮辱方式是把从路人头上摘下来的日本制造的草帽剪成乌龟的形状，然后钉在电话杆上。

顺便说一下，我发现之前把这里学生的第一次示威活动和大学生的胡闹相提并论是不公平的。看起来整件事都是精心策划的，而且甚至比原计划提前了，因为其中一个政党很快就要示威了，他们担心自己的运动（同时进行）会让人觉得他们是这个政治派别的代理人，他们想要作为学生进行独立行动。试想我们国家 14 岁及以上的孩子带头掀起一场大规模的清理改革政治运动，并促使商人和专业人士加入他们。这绝对是个了不起的国家。

约翰·杜威

4. 致杜威的孩子们（John Dewey to the Dewey Children，Peking，1919.07.04）

今天上午我们要去高等师范学校，工业系主任会带我们去。今年夏天，学生们正在建造三栋新校舍。他们制定了计划、设计图和细节，还监督着施工，同时也承担着日常的木工活。作为我们的向导和接待人的工业系主任，一直在组织与学生活动相关的"民族工业"活动。除了其他事项，他目前正试图在行会的控制下组织学徒学校。其想法是在每个"工厂"（实际上当然只是家庭作坊）选取最聪明的学徒，每天为他们提供 2 小时的课程，以期将新方法和新产品引入该行业。他们准备在这里开展金属加工，然后希望能在全中国推广开来。你难以想象这里的工业有多落后，不仅跟我们相比，跟日本相比也是如此。所以，他们这里的市场充斥着廉价低劣的日本制品，他们购买这些产品只是因为它们便宜，这是阻力最小的选择。但也许山东的生意会物有所值。棉花行会非常渴望合作，如果学校能保证提供熟练工人尤其是主管人员，他们就愿意提供资金。现在他们向日本出售价值400万元的棉花，在日本纺成纱，然后再以1400万元买回这些纱线用于织布。这还不包括他们大量进口的棉织品。

我在读书时发现，过去10年里，外国游客已经多次宣称中国已经觉醒了，所以我现在犹豫要不要再次这样宣称。但我认为这是商人与行会第一次真正积极地行动起来试图改进工业方法。如果是这样，再加上与学生的结合，这才是真正的觉醒。……

这一天快结束了，然而这一天过得并不完美。我们按计划参观了学校，我发现我之前搞错了。学生们制定了三栋楼的计划并监督施工，但并不参与建筑工作。不过，木工班的学生整个夏天都留在学校，他们接了为新楼制作所有课桌的合同。学校为他们提供食宿（食物及其准备费用每月约为5美元），他们实际上是在贡献自己的时间。所有金属加工专业的学生都留在北京，在车间工作以改进和丰富产品。要记住，这些都是18到20岁的孩子，他们正在为自己的国家进行宣传。北京夏天的阴凉处平均气温都能达到100华氏度（约37.8摄氏度），你得承认这里面有真东西。

今天下午我们去参加了庆祝活动的一部分。我们看到的这部分不太像美国的独立日庆祝活动，但很有趣，这部分是中国的魔术表演。他们长袍翩翩，但要端出一个盛满水的大汤碗，或者五个各装有一条金鱼的玻璃碗，也绝非易事。似乎有时候艺人在端出大碗水的时候会翻个跟头，但我们没看到这个。这些魔术都不复杂，但却是我见过最利落的。今晚有一场自排的滑稽表演，但下雨了，而且表演（以及之后的舞蹈）都在户外，所以我们没按原计划去。

你无法想象若中国没有签字那意味着什么。整个政府之前都是支持签字的，总统在签字前10天还说有必要签字。这是公众舆论的胜利，都是由这些年轻的学生们发起的。中国能做到这样的事，美国肯定应该感到羞愧。

约翰·杜威

（六）致约翰·麦克雷（John Dewey to John Macrae，Peking，1919.07.04）

亲爱的麦克雷先生：

感谢您 5 月 15 日的来信。烦请您将 5 本《明日之学校》（*School of Tomorrow*）和 5 本我女儿的新书寄到上述地址给我。另外，还有一本帕特里（Patri）的《大城市的校长》（*Schoolmaster of a Great City*）。倘若有任何您觉得对中国进步人士有所帮助的新的教育类图书，期望您能附上副本。致以最美好的问候。

您真诚的约翰·杜威

（七）致埃德温·R. A. 塞利格曼（John Dewey to Edwin R. A. Seligman，Peking，1919.08.04）

亲爱的塞利格曼教授：

能作为中间人向您介绍我在日本结识的众多好友之一——东京帝国大学的小野冢喜平次教授 ①，我感到非同寻常的高兴。他是政治经济学教授，在该学科属于法学院的一部分时，他曾任法学院院长，是这所大学里颇具影响力的人物之一。他现在代表政府来美国执行教育方面的使命，我深知，除了您能在专业方面为他提供协助外，您也一定会很乐意与他结识。

您真诚的约翰·杜威

---

① 小野冢喜平次（Kiheiji Onozuka），毕业于东京帝国大学法学院。1901年，任东京帝国大学政治科学教授、法学院院长；1917年，成为帝国科学院院士；1925年，任日本贵族院议员；1928年，成为东京帝国大学校长。——原注

（八）致杜威的孩子们（John Dewey to the Dewey Children，Peking，1919.08.04）

上周我去天津参加了一个为期两天的教育会议。这次会议是由本省的专员召集的，参会人员包括所有高等学校的校长，会议旨在讨论与秋季学校开学相关的问题。大多数学校的负责人都极其保守，他们强烈反对学生罢课，也反对学生参与政治活动。对于学校的开学，他们非常紧张和担忧，因为他们觉得学生整个夏天都在参与政治，不会轻易服从学校纪律。他们的中学等学校都是寄宿制学校，学生们在管理了几个月政府之后，还想管理学校。少数开明人士虽然希望学生能安心学习，但认为学生的经历有很大的教育价值，他们会带着新的社会观点回来，教学内容应当改变。学校的管理方法也应当改变，以适应新的形势。

…………

约翰·杜威

（九）致艾伯特·C. 巴恩斯（John Dewey to Albert C. Barnes，Peking，1919.09.15）

亲爱的巴恩斯：

…………

我的讲座这周正式开始，分布在不同地方——在清华学院每周一天讲座；在北京大学每周两次讲座，不过其中一次是面向公众而非学生的课程；还有一次是在教育部。我们会在这里待到大约 3 月 1 日。

…………

请代我向巴恩斯夫人问好。

您真诚的约翰·杜威

（十）致威廉·A. 沃特（John Dewey to William A. Wirt，Peking，1919.11.12）

亲爱的沃特先生：

我非常高兴为您介绍北京高等师范学校的陈宝川先生及其同事，他们组成了一个教育委员会，正在访问美国的学校。我希望他们能有时间参观您的学校。也许您还能够安排让他们带回一些图片等资料。中国的公立学校正处于一个极其有趣的发展前夕。在我在这里的所有演讲中，我都强调了他们有机会在西方世界最先进的思想和实践基础上起步，只要建设得当，而非必须克服错误的方法，很快就能赶上甚至超越我们。如果我在离开时就知道会在这里花费这么多时间，那我应该准备得更充分些，包括带上您工作的影片。中国在学校与本地家庭式多样化产业的合作上，比世界上任何国家机会都多。议会等方面的社会工作肯定也会吸引他们。也许除了您自己的学校，您还能给他们推荐其他可供参观的学校。

致以热烈的问候。

您真诚的约翰·杜威

（十一）致温德尔·T. 布什（John Dewey to Wendell T. Bush，Peking，1919.11.13）

亲爱的布什先生：

一个教育委员会将于本月底离开这里前往美国。我为他们写了给伍德布里奇和孟禄[①]的推荐信。我不知道您在那儿，也许他们到的时候您不在。不幸

---

① 保罗·孟禄（Paul Monroe），美国教育家、教育史学家，1902年任哥伦比亚大学师范学院教育史教授；1915—1923年，任该院院长。——编译者注

的是，他们不太会说英语，很多事得通过一些年轻的口译员来处理。这些年长的人大多在日本接受教育，与我们在美国听到的可能相反，日本的影响塑造了这里的学校制度。因此，这些年长人士的此次访问更具意义。这意味着他们现在真的在向美国寻求想法和建议。这当然部分是由于现在这里盛行的反日政治情绪，但不完全是。中国人的性情和才智与日本人非常不同，他们想要更自由、更有个性的东西。

昨晚我在北京大学开始了一个新的包含八次讲座的课程，题目是"思维的类型"。我将用两次讲座试图解读经典的亚里士多德逻辑学，用两次讲座解读大陆理性主义，用两次讲座解读经验主义，用两次讲座解读现代思潮。讲座由胡适博士进行翻译，所以每次讲座要花 2 小时。尽管主题和时间如此，还是有 300 名学生到场——我在国内开设的类似的课程大概只有 15 名学生。当然，下次以及之后的课程，学生人数会大幅减少，而且他们中的很多人其实并不理解课程内容。但这里的学生有着令人同情的求知需求。

我写信是为了表达希望您能来这里。如果顺着自己的感受，我会催促您来。您能来这里的话真是太好了，我觉得我们能帮您顺利开启行程。

向布什夫人和您致以热烈的问候。

您真诚的约翰·杜威

（十二）致杜威的孩子们（John Dewey to the Dewey Children, Peking, 1920.01.01, 02, 04）

…………

昨天我们休息了一天。只是早上有一个学生代表团来拜访，他们是学生会的代表。是他们而非官员邀请我们来此。代表团中有 4 个男孩和 3 个女孩，后者都来自卫理公会的英华学校（The Anglo-Chinese School）。他们都会说一些英语，女孩们说得尤其好，而且非常健谈。露西说，她们比她见过的任何北京女孩都更善于交流，也更不害羞。这个联合代表团相当特别。胡适说，前一天下午他参观了学生会总部，发现每个房间里都有一个由男孩和女孩组成的委员会在工作，毫无拘束，他说这是他在中国见过的最令人鼓舞的景象。只有在这里和上海才有这样的情况。为什么我们可以听到那么多有关土耳其妇女的事情，而有关中国东方主义的事情却少之又少，除非是游客的目光都被那富有诗意的面纱所吸引。

昨天早上的报纸称，内政部长蔡元培已辞职，原因是调解谈判失败。胡适昨晚很晚才回来，他和其他人花了很长时间寻找已从北京消失的蔡元培，据推测他去了天津。所有从小学到中学的校长都辞职了，教育界陷入了极度混乱。还有一个原因是，政府调解人吴将军[1]让教师回去工作的理由之一是恢复帝制的企图。胡昨晚非常激动，因为昨天是传言中设定的日子，但今天早上的报纸只字未提。我不知道我的讲座接下来会怎样，但我希望能找到办法恢复，而不是无休止地等待，那意味着我永远无法完成在北京的工作并拿到薪水。

…………

向大家致以深深的爱

爸爸

（十三）致约翰·雅各布·科斯[2]（John Dewey to John Jacob Coss，Peking，1920.01.13）

亲爱的科斯：

我们的信件相互错过了，所以我希望我那封陈述课程的信能及时寄达贵处。您那封信送达的那天，我的一位中国朋友提及了我再留一年的问题。我

---

① 吴佩孚，直系军阀。——编译者注
② 约翰·雅各布·科斯（John Jacob Coss），哥伦比亚大学哲学系主任。——原注

渴望回家，然而年龄渐长，这里生活的安逸（更不必说更多内在的价值）颇具吸引力，特别是因为信件中满是生活成本高昂、难以找到"帮手"之类的内容。在一个不大且不奢华的公寓里，我们一家三口雇了三个佣人，花费还不及在国内雇一个人的工资——而且他们自行解决饮食，当然也会占我们些便宜，而我们支付的是当地最高的现行工资。毫无疑问，一个精明强干的人就能做完这三个人的工作，但中国人口众多，总得让他们有生计，中国的一切，包括工作节奏、人数的合理性以及工资水平，都适应了这一现实。嗯，我一开始是想说我们再留一年的问题已初步被提出。要等1个月或6个星期，这个提议才会有明确结果。我现在提及此事，这样万一我给您发电报，您也能心中有数。这是一次很有价值的经历，与其说具体学到了什么，不如说总体上有了全新的视角和视野。从这个角度看，西方的一切都不再完全相同，这差不多是在这个世界上所能期望的最接近重焕青春的体验了。从这个距离审视，我们在哲学上的那些细微差别，就像我们在宗教上的类似差别一样，显得技术化且不真实。至于我是否有所成就以及收获颇丰，那是另一回事。谈到评判，中国依然是一片巨大的空白和难以穿透的高墙。我猜测有所成就的地方主要在于给年轻的自由派分子"面子"。尽管并不明确，但这是一种外部的支持。有时我又觉得中国文明如此深厚且以自我为中心，以至于通过外国人呈现的任何外国影响都难以触及表面。然而，一些年轻的中国人，比如我们的胡适是其中一位杰出的领导者，一直在推动变革。目前针对旧的家庭制度的斗争正在进行，并要求妇女解放——这并非意味着投票权（因为对男人来说投票权目前也无甚意义），而是打破真正的东方式的隐居和屈从。……

请代我向每一个人问好，并把这封信转交给伍德布里奇院长。我还有一个哲学上的建议，当我回师范学院的时候，将重新认真阅读柏拉图著作。我相信，希腊文明比我们想象的更具东方色彩，而鉴于面子的重要性以及事实、客观性普遍从属于面子，存在与表象的区分的重要性获得了新的意义。柏拉图在一个很大程度上属于东方的文明中努力成为一个西方人，很自然地，他混淆了西方文明和东方文明。

您真诚的约翰·杜威

（十四）致雅克·洛布^①（John Dewey to Jacques Loeb，Peking，1920.03.15）

亲爱的洛布：

我们有一位年轻的日本朋友小野（Ono Eijiro)先生，他非常渴望来美国继续进行科学研究。我觉得，他在日本找不到适合开展科学研究的氛围。而且，他在彼得格勒求学时娶了一位俄罗斯夫人。过去几周他一直在北京，是为了在洛克菲勒新医学大楼启用时宣读一些论文而来。文森特·考德雷博士^②对帮助他很上心，我也一样，如果我能帮得上忙的话。当然，从科学方面我无法为他说话，但他的论文和考德雷博士可以。考德雷博士很快就要去美国了，能直接跟您介绍他的情况。我只想说，他是个极其优秀的人，综合智力很高，性格非常随和，而且相当可靠。我希望如果洛克菲勒学院^③在明年秋天有任何助理职位的空缺，您能记着他。我想他还不到 30 岁，有夫人和年幼的孩子。我想他父亲会给他一定的补贴。他在东京帝国大学有个名义上的职位，但我觉得并没有什么报酬。我不知道现在美国助理的薪水是多少，他肯定能靠和情况类似的美国人一样的收入生活。我坚信，如果他在美国能有机会，那他一定不会辜负帮助他的人的信任。

向洛布夫人和您致以热忱的问候。

您真诚的约翰·杜威

---

① 雅克·洛布，从1910年起，是洛克菲勒学院的成员。——原注
② 文森特·考德雷（Vincent Cowdrey），洛克菲勒医学研究院医生。——原注
③ 即洛克菲勒医学研究院，1901年由约翰·D.洛克菲勒（John D. Rockefeller）建立，目的是促进医学科学研究和使医学知识被人们所利用。——原注

（十五）致杜威家人（John Dewey to the Dewey Family，Nanking，1920.04.19）

亲爱的家人们：

…………

昨天下午我和当地"少年中国学会"的成员举行了茶会。我原本以为这个学会规模很大，结果发现到场的全部代表总共 10 人，在师范学院（他们更愿意称之为高等师范学校）和南京大学之间差不多对半分。来自南京大学的一个人做了个简短的发言，介绍了学会及其宗旨。学会目前共有五个分会，一个在北京（去年 7 月成立的），一个在成都，一个在这里，一个在东京，一个在巴黎。他们总共有 68 名成员，出版两份月刊和一份周报。想想一小群美国大学生做这样的事的话会怎样？更别说他们的目标是为中国创造新文明，并与其他国家的运动合作，进行全面重建。他们不参与政治，致力于包括教育在内的社会改革，以及传播科学方法和成果。老师们跟我说，这个团体中的学生都是精英。除非对新成员非常了解，否则不予吸纳，而且有四个要求：品行纯洁、生活节俭、有战斗精神、信守承诺。——这可不是一份糟糕的清单。从他们的交谈来判断，至少在这个团体中，他们目前主要关注的是家庭和妇女问题，急于了解女权主义，强烈支持男女同校，等等。……

星期四下午，他们的教育刊物《青年与社会》的学生编辑邀请我和他们见面。昨天的会议在绅士俱乐部的花园举行，我想就是去年春天妈妈和我与那些顽固官员争论的地方。瑟斯顿（Thurston）女士不在这儿，代理校长沃特林（Vautrin）小姐每天晚上带着她教的教育课学生，大概 8 到 10 人，到师范学校听讲座，实习学校的女教师也来。下午的讲座也有一些零散的女学生，今天还有来自女子师范学校的。我本周三晚上要在金陵女子大学演讲，明天要给师范学院的科学教师演讲，上周五在大学演讲过了，所以我正在完成这些活动安排。5 月 7 日和 8 日这里将有一个教师会议，会有外地的教育工作者参加。这里将举行一场运动会，之后会议才进行，我想这就是他们避开官员的办法。据说罢工明天结束，反正这对我没什么影响。学生们今天早上举行了第一次示威、游行和演讲。但我不知道这事，所以错过了。这次运动没有什么热情，除非这次示威激起了一些波澜，否则我觉得不会持续太久。如果厨师也走了，那我不明白你们为什么不稍微提前一点儿来这里。我觉得为了两周时间重新安排不值得。希望你们去过了长城，也希望你们去一下明十三陵，不过要是去的话，你们最好住在酒店，别试图在一天内完成，最好前一天下午去。这里的暑期学校大约在 7 月 15 日开始。我想他们的课程都安排好了，但我要看看能了解到什么。伊夫琳最好也和胡适谈谈这事。我已收到了家里的其他信件，前几天有外国邮件送达，我现在盼着能收到更多。

向大家致以满满的爱

约翰

（十六）致约翰·雅各布·科斯（John Dewey to John Jacob Coss，Nanking，1920.04.22）

亲爱的科斯：

正如您所知，我已决定留在这里继续任教一年。我犹豫了很久，其中一个因素是他们邀请伊夫琳留下，而她没法立刻拿定主意。不过，即便是她拒绝了，我还是决定再留一年：一方面是因为既然人已经在这里了，留下来似乎是最省事的选择，特别是考虑到目前来自美国的有关生活方面的消息并不是特别吸引人；另一方面也是为了努力巩固今年已经开启的成果。我明年的教学会更具深度，将主要在大学里进行，不过冬天会抽出足够的时间去广州——这也是我留下来的另一个原因，因为我们还没去过南方。原本计划今年夏天出游，但一些美国人基于健康原因强烈劝我们别去。胡适和其他一些人非常渴望让大学实现现代化，要做到这点，不光要聘请教师，还得准备好教学材料。他迫切希望我开设一门解读西方哲学史的课程，这在一段时间内能够成为该学科的某种标准基础。顺便提一下，中国最大的出版社最近已安排了大量的翻译工作，尤其是在哲学方面。胡适、师范学院的蒋梦麟和大学校长蔡先生都是编委会的成员。虽然学生们又罢课了，以抗议政府与日本的往来，但我的课没受影响。我在这里讲授教育哲学还挺受欢迎的，还有希腊哲学史和逻辑学，每周总共 8 小时，但翻译会占用其中的部分时间，所以这相当于是一种选择、浓缩和举例说明的教学。

非常感谢您寄来的资料。能得到有关考试和教学大纲的信息，我很高兴，这门课程对我而言极具实用价值。书籍稀缺且难以获取，这份教学大纲能替代不少书籍。我在大学出版社书店有个账户，当您看到您觉得我确实该读的哲学或社会理论方面的书，希望您告诉他们寄给我——寄到旧的北京地址，并记在我的账上。我感觉自己有点跟不上趟了。顺便说一下，希望您现在把罗素的《数理逻辑导论》寄过来，寄到这里，因为在 7 月份之前这里是我的主要地址。

我非常想念我的课程和同事们。知道有人在那边想念我，也算是一种慰藉。我不得不把关于社会哲学的讲稿写出来，以便翻译成中文。讲稿还没有彻底完成，我正在考虑是否用英文出版。不过，我担心这些讲稿讲得太笼统了，因为我的目标是勾勒出整个领域的轮廓。我在日本写的关于哲学改造的讲稿集，霍尔特出版公司可能很快就会出版。至少我在 1 月份就收到了校样。我在那本书里试图总结我的过往，然后抛开过去重新起步。

请代我向大家问好，尤其要向伍德布里奇、蒙塔古、埃德曼以及可能对我感兴趣的年轻人们问好。致以最美好的祝福。

您真诚的约翰·杜威

（十七）致杜威家人（John Dewey to the Dewey Family，Nanking，1920.04.24）

最亲爱的孩子们：

…………

　　法国人现在正在遣返一些中国劳工。法国的这批劳工大多来自长江流域各省，大船沿长江而上来到这里，今天有 1100 人上岸，每个人都在检查自家的门窗锁，也都在咒骂法国人。他们只是把劳工卸下来就不管了。这些劳工可能身无分文，离家还有 100 多英里。他们给劳工们开了支取欠薪的汇票，不过不是在这里兑付，而是要到上海，而且只有当上海的银行收到巴黎的通知后才能兑付。他们中的一些人已经等了两个月，靠慈善救济或其他方式维持生计，等着银行从法国获得授权来兑付他们已持有的汇票。他们还得有带指纹的身份证明文件。在文件丢失、被盗和被赌掉之间，一切都混乱不堪。第一批人在这里上岸时，没有人接待他们，也没有人给他们提供建议。基督教青年会现在有一个组织，收取他们的汇票并寄往上海托收。每个人都把法国人的管理和英国人的管理进行对比：英国人把一部分工资寄到劳工国内的家中，给每封信都做了登记，跟踪处理，还因为不诚实而解雇了几名邮局职员；当劳工回国时派人照顾他们，并在劳工的家乡开设了很多发薪办公室。而且英国人让他们的劳工很容易就能存上钱，而法国人则为他们提供一切便利，让他们尽快把钱花掉。

…………

　　昨天我去了鸡鸣寺的一场茶会——佛教寺庙经常有相连的茶馆。这场茶会是由一份教育双周刊《青年与社会》的学生编辑举办的，他们用英语做了四个非常精彩的演讲，解释了他们的目的和工作。最精彩的一个演讲说他们的目标是帮助造就"社会青年"和"青年社会"——这是中国平衡观念的一个优雅范例。我们正在交谈时，3 个警察走了进来。他们深深地鞠躬，我受宠若惊，还以为他们是专门来向这位尊贵的外国客人表示敬意的。但这里实行戒严，和尚报告说这里正在举行会议。他们鞠躬后马上就出去了，我们离开时他们还在另一个房间喝茶，所以显然他们是借此出来休息的。一些学生谈了一些话。北京大学的某位教授似乎主张公共抚养孩子，理由是父母太无知而无法抚养孩子，而且家庭制度无论如何都是失败的，家庭应该被废除。我想收集一些正在流传的极端提议。一个有趣的现象是，这些提议实际上是由完全没有接受过外国教育，但对现状感到厌恶的中国人提出的。显然，尽管中国人总体较为保守，但在不同时期还是存在相当多的激进主义。另一个问题是，这所学校因在教育上培养激进分子而出名，当他们找到教书的工作时，马上就会与传统的教育工作者发生冲突，很多人不得不辞职——或者有些人仅仅因为顾及面子而辞职。这个社团和另一个社团一样，似乎都非常强调战斗精神。我们在北京的时候，有人给我们读了浙江省省长给那里一位学校校长的信，指责校长教学生自由恋爱等等怪癖。结果我们发现省长是从一些老教师的匿名信中得到的信息，他们因为校长的一些进步教育倾向而不喜欢他。这位校长是一位旧式的中国学者，他的进步思想都是在过去两三年里形成的。这些事情让我们对变革的斗争有所了解。这些年轻编辑让我为他们的杂志推荐主题，该杂志发行量为1200份，我建议对"面子"的弊端进行批判性讨论。其中一个人用一句话概括了中国的整个政治困境，他说考虑到立即革命只会将权力从一批官员和军阀手里转移到另一批人手中，而依靠对人民进行适当教育从而真正建立民主政府的教育革命又太慢、太迟，那么学生们该怎么办？

我的行程终于确定下来了。我们应该在5月16日离开这里，在到达上海之前要停留六站，每站停留一到两天，于26日抵达上海，在那里度过5月剩下的时间。然后在包括杭州在内的上海地区的三个城市停留两周，再然后在6月的最后两周沿长江返回——不过不会到达汉口那么远。7月1日之后我们就自由了，我是说开始休假了。所以如果我们想再往长江上游走的话，那是可以去的。

在另行通知之前，你们最好还是把邮件寄到这里。一艘皇后号轮船今天抵达上海，所以希望能很快收到最新消息。向大家致以满满的爱。我要给萨比诺写信，提醒他我们最近错过了他的好消息。

爸爸

（十八）致艾伯特·C. 巴恩斯（John Dewey to Albert C. Barnes, Nanking，1920.08.20—1920.09.12）

1. 致艾伯特·C. 巴恩斯（John Dewey to Albert C. Barnes, Nanking，1920.08.20）

亲爱的巴恩斯先生：

几天前收到了您关于博米尔的两封信以及他随信附上的东西。您不必担心我会误解您对博米尔的看法。从他参加的研讨会中，我就看出他学识渊博、能力出众。即便我之前不认识他，也绝不会认为您对他的关心仅仅是出于善意的人道关怀，而不是出于对推动更科学的哲学的兴趣。

我不能贸然写信给伍德布里奇让他录用博米尔，因为我们系里的事务从来不是这样处理的。而且，要给人一个助理教授的职位并非易事。我们系 10 年来仅有过一次这样的任命。我们跟讲师们讲，他们别指望留在哥伦比亚大学，得去其他地方找机会。博米尔写信自荐是最好的办法，我会高度赞扬地给伍德布里奇写信介绍他，并告诉伍德布里奇，我觉得我们应该在他被别的地方录用之前争取到他。我一直在忙着写作，为两年多前在斯坦福大学做的三场讲座做出版准备，所以还没读他的论文；我一直在思考，不想中断，怕思路断了。"人性与道德"是这些讲座的主题；当时我没把它们写下来，所以现在实际上是根据剩下的一些笔记来写新内容。当时做讲座时有个条件，就是要在两年内出版一本书，所以我已经拖后了。

您真诚的约翰·杜威

2. 致艾伯特·C. 巴恩斯（John Dewey to Albert C. Barnes，Nanking，1920.09.12）

亲爱的巴恩斯：

我们 14 日要回北京，因为大学要开学了。露西和我今年都要任教，或者更确切地说，她要授课，而我要继续讲学。政治动荡为教育部带来了史上最为出色的任职者 ①，他是我们所有朋友的好友，去年我和他见过不少次。我上次听说，教师们从 4 月起就没发工资了，我不知道他是否能够成功筹到钱。新政府宣称在财政方面学校将优先，但说易行难。过去，学校排在末位，几乎不在考虑范围之内。去年我的薪酬由私人社团支付，今年则由国立大学支付，所以我个人很关心政府财政。社团正在邀请伯特兰·罗素来华，我想就是去年资助我的那些社团。我的"光芒"（如果有的话）要黯淡了。这不是谦虚，也不是自我保护的反应。学生们的兴趣自然且恰当地从去年对教育的强烈关注拓展到了一般的社会问题。总的来说，伯特兰·罗素的作品比其他人的都更受欢迎——我怀疑是否有人听说过霍布森 ②。据说《通往自由之路》（*Roads to Freedom*）的英文版在日本已售出了 15 000 册，罗素是中国激进思想的伟大英雄。年轻一代的整体情绪是革命的，他们对旧制度厌恶至极，认为做出任何改变都会令社会变得更好——改变越极端、越彻底越好。在我看来，他们对任何建设性变革的困难几乎毫无概念。伯特兰·罗素 ③ 那种有点超脱且数学化地提出理想改革的方式因此极具吸引力。北京的学生们正准备创办一份伯特兰·罗素杂志。完全抛开罗素及其影响不谈，这也是研究革命理想主义心理的绝佳机会——要是我能读懂中文就好了。

············

您真诚的约翰·杜威

---

① 可能是鲁迅（Lu Hsun）——原注。

② 约翰·A. 霍布森（John A. Hobson），在英国牛津大学接受古典教育。1880年，在一所大学拓展学院做讲座。后成为一名记者，为英国几个自由杂志撰稿。——原注

③ 伯特兰·罗素（Bertrand Russell），英国哲学家。曾被任命为纽约市立学院（City College of New York）的哲学教授。——原注

（十九）致约翰·雅各布·科斯（John Dewey to John Jacob Coss，Peking，1920.11.15？）

亲爱的科斯：

昨天我从各省旅行归来，发现了您的便笺。今天又收到了孟禄的一封。我在给他的回信中说，我在这里的工作要到 6 月底才能结束，所以我无法参加暑期学校。我没有跟他提及政府实际上已经破产、教师工资发不出来、大学可能被迫关闭这些情况，因为不知怎的，似乎总会出现奇迹，我想我会在这里待完这一年。不管怎样，指望我回去是不保险的。伯特兰·罗素现在在北京，正在讲授一门基础心理学课程和一门有关哲学问题的课程。他打算在对中国有了更多了解之后再举办关于社会重建的讲座。我在旅行中的一天晚上见过他，但在这里还没见到。

非常感谢您寄来的东西。东西全都收到了，包括埃德曼（Edman）的著作、教学大纲（第二版）和系里的通知。前几天，在卡伦（Kallen）的一封便笺中，他不经意地提到了布什，似乎后者在考虑来这里，这让我很惊讶。我们都在琢磨这是什么意思。

回去之后，我想在一个主题上做一些类似传教士的工作——为日本和中国等东方学生确立标准。降低标准对这些国家没有益处。我觉得我们系没有过错，尤其是哥伦比亚大学没有，从这里的学生身上明显能看出，有些人没有接受过和美国学生相同的测试。还有他们的语言水平。哥伦比亚大学应该开设一门专门的英语课程，对东方学生进行英语考试，那些英语还不够出色的学生应该参加这门课程，在他们真正理解和会说英语之前不授予任何学位。过去我总是对他们报以疑虑。我再也不会这样做了。当你有疑虑时，其实就没有理由再怀疑。可他们就是不明白。

请代我向系里的每个人致以最美好的问候，尤其是伍德布里奇。我一直想写信，但写完家信和处理完日常事务后，我似乎就筋疲力尽了。这是我所做过的最感兴趣的和在智力上最有益的事情，但到时候我还是会很高兴地回去。

您真诚的约翰·杜威

（二十）致艾伯特·C. 巴恩斯（John Dewey to Albert C. Barnes, Peking，1920.12.05）

亲爱的巴恩斯：

　　大部分人在开始其哈佛职业生涯时都不是很幸福，除非他是一位老哈佛人。我不相信麦克杜格尔[①]正在考虑离开，他仅仅是经历了适应的痛苦。由于塔夫茨今年在哥伦比亚大学，因此我不久将给他写信，请他询问芝加哥大学的情况。我那天收到了纽约的来信，说激进主义已经在哥伦比亚大学被开除了，现在那里被安全和理智的平庸控制。麦克杜格尔在哲学上非常接近霍恩尔（Hoernle），从长远来看应该进哲学系而不是心理学系。我很感激麦克杜格尔，同时不想让您认为我不尊重他。我的批判是技术性的，您无法在专业案例上提供帮助。他们主要涉及两个事情，他认为本能有固定的目的，而智力只是帮助达到这些目的的手段。在我看来，这是对本能和智力的根本误解，他倾向于如此巧妙地和明确地区分本能。我认为，这些都是错误的，这与第一点很可能是关联的。我在我的新著中对此进行了一些讨论，但我现在仍然不能摆脱它，不是关于麦克杜格尔的著作，而是关于一般情况。说到这本著作，我用了更多的篇幅批判日常习惯、机械习惯和模仿的影响，比我之前写的任何书都多。在我收到您最近的来信之前已经完成了这些工作。鉴于您的信，我改进了其中的一二个观点，以便使这种批判更加有力。

　　[①] 威廉·麦克杜格尔（William McDougall），在曼彻斯特大学和剑桥大学学习生物学和社会科学。1904—1920年，任牛津大学精神哲学讲师；1920—1927年，任哈佛大学心理学系主任；后来，在杜克大学任教。——原注

············

这里的学生非常善于接受知识而不加以批判，他们储存的知识很多但不能形成普遍性结论，到目前为止都是这样。我非常乐意今年进行特定的教学，而不是一般性的讲演，事实上这是去年春季提出的留下来的条件。我就"民主与教育"这个主题在两所大学开设了两门课程，一门是伦理学，另一门是西方哲学史，并尽可能地将其简化而使其更易于理解，他们看起来对此非常感兴趣。课上没有配翻译，我还不确定他们大部分人的英文水平和能力，而且很难从他们那里获取问题和进行讨论。班级中的一般学生拥有很好的心智，但是普遍抱怨他们不喜欢工作。

现在的主要问题是学生在年龄很小的时候就出国学习、生活。现有一种观点认为，应该做好更好的准备后再派他们出国，并提前送他们去做一些计划好的特殊工作。我们的政府让留学生无法追求赚钱，这产生了非常坏的影响。我们有一个派遣学生到工厂和铁路等处工作的计划，但是我告诉我们的华盛顿劳工部，这件事正在被拖延。从美国产业利益的角度看，这是一个非常愚蠢的政策，更不用说其他更大的担忧了。

您真诚的约翰·杜威

（二十一）致杜威家人（John Dewey to the Dewey Family，1921.07.25）

我最亲爱的家人：

我们现在已坐上了开往青岛的火车，第一次感觉好像我们真的要离开中国了。一想起要离开中国，我的心情感慨万千。我们昨天没有离开，因为周五学生们来，给我们准备了一个欢送茶会，所有的地方都站满了人，几乎没有立足的地方。还有一个欢送午餐和晚宴，以及周六安排的下午茶会。因此，只能一直待到周日了。我想，让男孩子们不安的事情是女子师范学校安排了周五下午的招待会，他们感到有失面子。你们能够收集到关于山东女性教育的一些伤心的故事，在整个山东省的官办学校中，这是唯一一所中学教育阶段的女校，而这个省有 3800 万人。教会学校的数量会更多一些。在这个假期里，有大约 30 名女生留在学校，她们都很漂亮、充满活力，而且生活丰富多彩。这显示出她们养成的良好习惯的作用，而我现在能够比初见她们时看到更多漂亮的女性，因为我已习惯于融合她们温柔的特征。露西看起来很像中国人，但还是太西方化了。

这是一个非常有趣的下午。我全程一句话也不用讲。在你妈妈发完言后，她询问了这些女孩子，让她们表达自己的希望和计划。等了一会儿，有 3 位女生站起来做了非常有趣的有关女性教育落后的演讲。她们面临的困难是，仅有的几所招收女生的高校也很难给她们入学名额。其中一位女生在诉说男性如何不希望女性接受教育的时候，激动得哭了。另外一名女生说她准备和她的同班同学在毕业后开设一所小学，因为官办学校不允许充分的自由，且会受到政府官员的过度干涉。女校校长是一位男士，他似乎比大部分男性更对女孩子们充满希望与同情，至少他女儿也是自由演讲的 3 位女校学生之一。这个省过去曾每年选送 60 名学生到日本留学，现在他们准备把名额改为 40 名去美国，20 名去日本。这里的演讲，大都基于与美国的友谊而不是与其他什么地方。我对他们如此地依赖我们而感到十分伤心。他们希望我们能够给他们带来奇迹。他们对太平洋会议（The Pacific Conference）的热情被一种对凡尔赛会议（The Versailles Conference）的质疑冲淡了。令人惊讶的是，在这些受过教育的人中，如此之多的人对于这次战争（即第一次世界大战）的结果有所了解，以及他们拥有如此完全一致的判断。

…………

给你们很多很多爱

爸爸

（二十二）致乔治·A. 普林顿[①]（John Dewey to George A. Plimpton，Constantinople，1924.11.12）

亲爱的普林顿先生：

尽管我没有给您及时回信，但我在伊斯坦布尔[②]的时候收到了您的来信，并与学院的伯恩斯女士[③]和其他一些土耳其朋友谈论了这件事。

毫无疑问，承担您安排的工作，不仅使土耳其女教师对暑期学校很满意，而且伊斯坦布尔学院开展这项工作也能够给土耳其带来巨大收益。但我发现，目前在实践上还存在着两个困难。

首先的一个困难是，愚蠢的法律禁止学校在一年中最热的月份开学。其主要目的是保护儿童，但是这样的法律也被解释为适用于教师。我建议废除或修改这项法律，然而我相信，我的建议将不会有任何影响力。但我想这项法律能够被修改，如果我们学院做这件事的理由能明确提出来的话。

另一个困难可能也无法跨越。我被告知教师的经济情况非常窘迫，以至于大部分教师在他们的假期时间不得不出去另找工作。实际上每年这个时候的情况都是如此，教师以便能够赚取足够多的生活费用。

我非常赞同土耳其的美国学校现在应该把它们的服务主要集中在为土耳其人民服务上。这是很自然的。在过去的几年中，可能还不可避免地向保加利亚人、希腊人、亚美尼亚人发出很大呼吁，但是我的所闻所见让我感到这一政

---

① 乔治·A. 普林顿（George A. Plimpton），1914年任吉恩公司（Ginn & Co）主席，1919年在伦敦设立了一个办事处，处理与世界其他地方的贸易，包括中国、日本、菲律宾等。当普林顿退休的时候，吉恩公司已成为最大的两家学校课本供应商。普林顿还是伊斯坦布尔女子学院的董事和财务委员会主席。——原注

② 杜威书信原文为"君士坦丁堡"（Constantinople），此处订正为"伊斯坦布尔"。本书其他地方相同。——编译者注

③ 阿伦·T. 伯恩斯（Allen T. Burns），共和党全美委员会执行主席（Chairman Republican National Committee）。——原注

策正在向相反的方向发展。例如，我并不认为从很小的一点上说，保加利亚人应该以比土耳其人以更低的学费进入这两所学院。土耳其医学院的一位教授告诉我，所有的法国学校仅仅收取土耳其教师子女一半的学费。这也是唯一的一个使很多的土耳其教授把他们的子女送到法国学校而不是美国学校的原因。普遍降低教授和教师子女的学费，实际上节省了教师们的开支，因此教师们感到他们是任何特定慈善的接受者。

对我来说，这里的医疗环境也让人疑惑不解，需要写一下。我认为，在医疗行业的成员中存在着大量的恐惧和嫉妒。医生有某种交易联盟的情感，不希望任何额外的竞争。官办的医学院已经向土耳其女性开放，也对这一环境产生了影响。我非常怀疑医学院是否能够安排医学预科课程之外的任何课程。我所得出的结论是，这所医学院的校方应该首先拿出非常具体的规划安排，然后是院长或学院的其他领导应该直接去安卡拉，把此事向公共教育部长（The Minister of Public Instruction）汇报，而不需要在任何两者之间汇报。否则的话，将会产生二者的误解而导致延误。

非常感谢您的来信，希望不久能够见到普林顿夫人和您本人，致以最美好的祝愿。

约翰·杜威诚挚问候

（二十三）致艾丽丝·奇普曼·杜威（John Dewey to Alice Chipman Dewey, Mexico, 1926.07.07—1926.08.22）

1. 致艾丽丝·奇普曼·杜威（John Dewey to Alice Chipman Dewey, Mexico, 1926.07.07）

亲爱的艾丽丝：

我希望你收到这封信，并随信附上支票 100 比索，这 100 比索我昨天已经寄出。我附上所有今天上午我收到的来信。我推测，障碍的减少意味着更少的不适，而不是任何实际的改变。从官方的角度看，学校今天上午开学。巴伦库先生 [①] 开车过来又送了我一程，在开会之前把我送到会场。练习非常简单，由校长用很流利的英文做了一个简短发言，然后用西班牙语重复，由 10—15 人组成的混合合唱团演唱了几首古典音乐。在老建筑的庭院门外，曾经有一座修道院，风景秀丽。这座建筑非常庞大，由很多门庭组成，幼儿园在一个门庭里上课，孩子们在回廊的鲜花和丛林中玩耍，非常漂亮。……威尔逊（Wilson）女士看见我，并上前询问在此期间我是否计划访问任何学校。她告诉我，她有一封来自教育部长的信，如果他们把她和我一起带上参与这一旅行，那将会减少麻烦。这当然取决于他们，但它并没有增加希望的乐趣。

我猜想，我忘记告诉你周五我只有一次讲座。但是，我必须写出每一门课程的大纲，以便能够翻译成西班牙文，我还要准备每一个讲座的摘要，以便能翻译成西班牙文和复印，所以有足够多的事情要做。周五，教育部长普鲁格（Puig）博士以官方名义请我和其他包括大学和当地小城领导的 9 名客人一起吃午饭。

……整个城市学校已经在五点关闭，他们给出的理由是因为我的讲座可能会晚一些。他们是否认为这个时间对美国人来说不方便。我也注意到在官方的午餐会上，没有美国人被邀请。

根据气象变化，我判断下午三点之后不会下雨，还不是很晚，但我还没有看见火山。

爱你的约翰

---

① 曼纽·巴伦库（Manuel Barranco），在墨西哥完成师范学院学业之后，在美国学习了 6 年。1910—1914 年，在哥伦比亚大学学习了 4 年。——原注

2. 致艾丽丝·奇普曼·杜威（John Dewey to Alice Chipman Dewey，Mexico，1926.08.12）

亲爱的艾丽丝：

…………

教育秘书萨恩斯先生[1]曾经去过美国一段时间，但是在我做讲座之后，已经回到墨西哥。昨天晚上，我与他通过电话，我希望与他见个面，可能会在我离开墨西哥之前了解墨西哥的一些教育状况。据说他是教育部的智囊，曾经在纽约的林肯学校[2]授课。

法官等人昨天晚上邀请我和一些美国人共进晚餐，法官在这里出生，并一直生活在这里。有一位化学工程师在造币厂工作，有时候阅读哲学。他是非常幽默的一个人，但对墨西哥人有自己的看法，他认为墨西哥人是地球上最粗鲁的人，所有的礼节都外显出来。他说的大部分事情就像东方人与墨西哥人一样。今天中午，来自洛杉矶的希尔兹（Shields）先生在暑期学校教授现代语言教学方法，他带着我一起参加了美国学生和美国牧师的见面会。牧师与100多个人握手，他是一位非常明智的人，没有发表任何讲话。然后，我们到花园里看电影。

…………

爱你的约翰

---

① 莫伊兹·萨恩斯（Moises Saenz），曾在华盛顿杰斐逊学院学习。1916—1920年，任墨西哥国家预备学校（The National Preparatory School）校长；1921年获得哥伦比亚大学师范学院硕士学位后，曾在纽约的林肯学校工作过；1922年起，担任墨西哥公共教育部秘书；1925—1930年，任墨西哥公共教育副秘书长。——原注

② 林肯学校（Lincoln School），哥伦比亚大学师范学院的附属学校之一。——编译者注

3. 致艾丽丝·奇普曼·杜威（John Dewey to Alice Chipman Dewey，Mexico，1926.08.17）

亲爱的艾丽丝：

…………

在我班上的美国学生想要学分，为了留住优秀的美国学生，我必须再等一天看看需要多少手续，带多少张纸。然而，我想自己能够侥幸逃脱。因为我开始写这封信的时候，已经在萨恩斯房间里与教育部副秘书长以及其他人一起吃过午餐了。这三个人是教育部最美国化的人，萨恩斯拥有的美国的书比西班牙的书要多，被批判为清教徒，我不知道这是不是真的。他在查普尔特佩克高地（Chapultepuc Heights）外面居住，那里有非常壮观的鲜花。这是我平生见到过的最好的鲜花。一些加利福尼亚矮牵牛花比我们见过的要大三倍而且颜色更美。美妙的大丽花、常绿树篱围绕着他住的地方，这地方还到处生长着很多的甜豌豆。

…………

爱你的约翰

4. 致艾丽丝·奇普曼·杜威（John Dewey to Alice Chipman Dewey，Mexico，1926.08.22）

亲爱的艾丽丝：

从现在开始，我们将有一周时间在大海上航行，因此如果我要准备写信的话，这是最后的一次机会。周四，我做了最后一场讲演。周五，我完成了论文，训练结束。我们中的三个人在曼纽尔·巴兰库饭店（Manuel Barranco）吃了午餐。另外，两名美国教育官员也在那里，我们一起过得很愉快。训练结束得很好，一些幼儿园和小学的男女孩子载歌载舞，一些美国学生化装成墨西哥人载歌载舞。这所大学有一名女士，她走过全墨西哥收集民歌、民间歌词、民间音乐。周四，伊夫琳和我去美国领事馆午餐。维德尔①和 14 人一起用午餐，他们都非常富有。周五，我们坐卧铺车行驶了 15 个小时到这里。

昨天上午，我们逛了大教堂和市场。午餐时，这个州的联邦教育厅厅长出现了，说他们收到了来自墨西哥城萨恩斯（Saenz）的电报，要他照顾我们。因此，我们告诉他想参观一个制陶器的印第安人村落。我们走了 8 到 10 英里到了一个制作陶器最好的村落，有几千人居住，几乎每一家都制作陶器，黏土来自一英里左右之外。根本没有轮子，所有的造型都是用手或者一些模具做成的。并不是每一家院子里都有小火炉。火炉有 4 英尺高，仅燃烧 3—4 个小时。最有趣的事情是家庭，男人、女人和孩子们坐在地上，绘画造型，这些都是自然的矿物颜料。因为我没有地方放，所以仅买了一个茶盘。今天上午 10 点，带我们去一个印第安人乡村学校教师举办的嘉年华会，明天我们准备去查帕拉湖②。周二，我们去了金字塔，他们派了考古学系一个很帅的年轻人。我们度过了愉快的一天。

…………

约翰

（二十四）致乔治·赫伯特·米德（John Dewey to George Herbert Mead，Paris，1928.06.20—1928.09.06）

1. 致乔治·赫伯特·米德（John Dewey to George Herbert Mead，Paris，1928.06.20）

亲爱的乔治：

---

① 亚历山大·W. 维德尔（Alexander W. Weddell），1924—1928年，任美国驻墨西哥总领事。——原注

② 查帕拉湖（Lake Chapala），墨西哥最大的湖泊，位于墨西哥中高原哈利实斯科州和米却肯州之间。——原注

我今天收到了您的信——我实在不明白，在准备爱丁堡讲座的同时，如何还能完成您所要求的事，尽管在某些情况下我会很乐意这么做。在吉福德（Gifford）那件事出现之前，我就答应了博德①去做一周的讲座，所以我得信守这个承诺。而且即便如此，我也会忙得不可开交。

还有另外一件事——我很惊讶地得知您期望我和您共处4周，我原以为是场讲座，或者是一周的时间。我们的冬季工作要到1月20日左右才能结束，并非圣诞节，我原本计划大概在1月最后的一周去您那儿。很抱歉造成了误解，这无疑是我的过错。

我们在伦敦待了大约两周——天气宜人，其他方面也令人愉快，伊丽莎白②在这里已经一周了。有一些纽约的朋友现在在英国，他们有车，我们从普利茅斯乘车去了牛津，最后从伦敦去了黑斯廷斯、坎特伯雷，再到多佛。英国人极其热情友好。斯坦顿·科伊特博士③，那位伦理教会的人士，为大约30位哲学家和教育工作者举办了一场晚宴，到场者包括一些家属，并由霍尔丹勋爵④主持。伊丽莎白在这里也有一些来自格利特内克（Great Neck）的朋友，我们和他们一起四处逛了逛，但我们主要的活动是欣赏画作，我们俩都对此感兴趣。实际上，我觉得我对画作的兴趣仅次于哲学，我们都接受了巴恩斯式的教育，品味也相投。

约翰诚挚问候

---

① 博伊德·H. 博德（Boyd H. Bode），1900年，在康奈尔大学获得哲学博士学位；1902—1921年，在伊利诺伊大学教哲学，先后任讲师、助理教授、教授等职。——原注

② 即杜威的长媳伊丽莎白·布雷利·杜威（Elizabeth Braley Dewey）。——原注

③ 斯坦顿·科伊特（Stanton Coit），先后在艾莫赫斯特学院、哥伦比亚大学、柏林大学学习。1886年，成立邻居协会，建立美国第一个社会住宅区。1888年，到达伦敦指导英国的伦理部。除了担任社会伦理工作，还编辑《伦理世界》（*Ethical World*），帮助建立《世界伦理学杂志》（*International Journal of Ethics*），成立道德和宗教领导国际基金会。——原注

④ 理查德·伯登·海德（Richard Burdon Haldane），第一次世界大战时期英国的国务秘书。1912年，成为勋爵高级大臣，为英国参与第一次世界大战做了很多准备。——原注

2. 致乔治·赫伯特·米德（John Dewey to George Herbert Mead，Vienna，1928.09.06）

亲爱的乔治：

我实在记不得塔夫茨关于报酬是怎么说的了；我依稀记得好像是四场讲座总共约 400 美元，但不太确定——就我而言，您可以先把这事搁置一下，等我讲完课，然后让塔夫茨告知金额。但也许您得提前做好预算安排，以您觉得公平的任何方式来处理都没问题。

伊夫琳和我明天早上要出发去卡尔斯巴德待大约 10 天。我们在这里停留的时间比原计划要长——主要是为了一次自驾游，我们得配合沃尔夫的空闲时间。我们在山里度过了精彩的 10 天，大部分时间是在奥地利的山里，有时也去瑞士的山，还有意大利的多洛米蒂山。俄罗斯之行相当累人，适应起来真的很吃力，而且我已经无所事事地休息了大概 6 个星期，除了闲逛、吃喝，我一点也不觉得遗憾。维也纳是个适合悠闲休息的迷人地方。露西和她的丈夫都不错，不过我来的时候她相当疲惫——孩子得了百日咳，丈夫做了阑尾手术还得了扁桃腺炎，她自己也得了流感，这一连串的事情很折腾人。但孩子们和保姆一直在乡下，她也恢复了不少。

俄罗斯比我预期的更有趣，实际上令人激动。这是在我所有经历中最难以清晰讲述的，甚至都无法用言语来表达。……

很高兴得知塔夫茨的好消息，当然尤其为海伦感到高兴——向大家献上我的爱。

约翰诚挚问候

（二十五）致艾伯特·C. 巴恩斯（John Dewey to Albert C. Barnes，New York，1928.11.07）

亲爱的巴恩斯：

　　在俄罗斯的时候以及在那之后，我在心里无数次地给您写信。但想说的太多了，似乎尝试去说其中任何一点都不值得。您知道那种感觉的。俄罗斯的画太棒了，圣像画和画廊里的画都是如此。在列宁格勒我们有时间欣赏画，但在莫斯科我们时间不够，尽管我们参观了主要的画廊。您的朋友不在，不过那个画廊现在国有化了，此外还有一个在现代法国画作方面不相上下甚至在某些方面更出色的画廊。列宁格勒的提香①的作品是我见过的同类作品中最出色的，虽然我不太记得很久之前在意大利看到过什么了。还有一幅据说是出自弗拉·安杰利科（Fra Angelico）之手的画作，确实很有力道。不过，话又说回来，为什么要开始谈论这个呢？

　　如果不是因为收到了一个人的来信，可能我现在也不会动笔。这个人在加州大学教授美学，他想和他的父亲（波士顿艺术画廊俱乐部艺术委员会的主席兼会长）一起参观基金会。他的地址是：

　　佩珀博士②

　　康科德，马萨诸塞州

　　您什么时候在纽约？我想见您，有太多的话要聊。

约翰·杜威敬上

---

　　① 提香·维切利奥（Tiziano Vecellio），16世纪最伟大的威尼斯艺术家，他对色彩的运用获得国际声誉，对文艺复兴时期绘画主要领域做出贡献。——原注

　　② 斯蒂芬·科伯恩·佩珀（Stephen Coburn Pepper），知名画家，毕业于哈佛大学，1919年在加州大学伯克利分校哲学系任教，1938年被选为加州大学伯克利分校艺术系主任。——原注

第六部分
退休后时期

（1931.06—1951.12）

（一）致莫里斯·R. 科恩^①（John Dewey to Morris R. Cohen，1931.06.05）

亲爱的科恩：

一个由 30 至 35 人组成的委员会正在筹备中，目的是审视纽约的公共教育体系，并制定一套建设性的方案，以提升教师工作士气，同时在系统内建立更加高效的领导机制。我们期望与调查机构 Graves 携手，但同时也会保持我们的独立性，自行开展一些调查工作。目前，拉塞尔院长、克伯屈等哥伦比亚大学师范学院的成员已经确认加入，同时还有许多其他人也表达了参与的意愿。那些对此感兴趣的人们也热切希望您能成为委员会的一员。委员会成员将主要吸纳教育工作者，以及对公共教育有明确兴趣的其他人士。我们希望这个组织能够长久地存在下去。过去，许多关注过相关调查的人们普遍认为，问题迟迟未能得到解决的一个重要原因是，缺乏一个有组织的舆论机构来持续跟进和监督。

您真诚的约翰·杜威

（二）致亚伯拉罕·弗莱克斯纳^②（John Dewey to Abraham Flexner，1932.03.30—1932.04.07）

1. 致亚伯拉罕·弗莱克斯纳（John Dewey to Abraham Flexner，1932.03.30）

亲爱的弗莱克斯纳博士：

① 莫里斯·R. 科恩（Morris R. Cohen），1906年获哈佛大学哲学博士学位，1906—1907年在哥伦比亚大学哲学系担任哲学讲师，之后先后纽约城市学院、芝加哥大学任哲学教授。——原注

② 亚伯拉罕·弗莱克斯纳（Abraham Flexner），1886年获得约翰斯·霍普金斯大学艺术硕士学位；1906年获得哈佛大学艺术硕士学位；1907年，获得柏林大学艺术硕士学位。他在路易斯维尔建立了一个男孩预备学校，实施他的科学教育方法。他也是卡内基基金会董事会成员，对美国和加拿大医学教育标准的提高做出了杰出贡献。——原注

感谢您的来信。我当然认同文化和职业是相互交融的，这也是我多年来教育教学工作的核心理念。您在信中也提到职业和文化紧密关联，看来我们在这个观点上并无分歧。教育确实需要考虑人们的闲暇时间，并补充职业活动的不足之处。不过，您提到的理发、速记、街道清洁等职业，其实只是美国社会边缘的例子，而非主流。

我们之间的主要区别可能在于，您是在美国当前的生活背景下进行思考和写作的，而我更关注的是潜在的可能性。对于新旧个人主义，我曾尝试阐述，若要发展出真正的美国文化，那它必须根植于美国的生活实际。我认为，仅仅通过补充其他活动是无法获得真正的文化的。这正是我们目前所走的道路，也是导致我们文化落后的一个重要原因。除了专业和职业培训外，我不希望存在其他形式的教育。我期望所有的教育都能与现代生活中蕴含的科学方法、思想以及社会可能性紧密关联，毕竟我们的生活已经工业化了，不论我们是否喜欢。我渴望看到美国教育能朝着这个方向发展，并相信通过大胆的想象，我们可以将学校教育中的实用性转化为这一目标的推动力。我们所经历的发展过程中确实存在着实用主义和社会本能，尽管目前看来还显得有些混乱。然而，这种混乱中蕴含着比任何的回望往昔都更加旺盛的生命力和潜力，因为回望往昔，除了可以进行表面的补充之外，对于大多数人而言并不真实。

…………

您真诚的约翰·杜威

2. 致亚伯拉罕·弗莱克斯纳（John Dewey to Abraham Flexner，1932.04.07）

亲爱的弗莱克斯纳博士：

我并不特别想为自己辩解，以反驳别人对我观点前后矛盾的指责，但如果我写得更详尽一些，我认为这样的指责就不会出现。

我认为，我们无法彻底实现我所追求的教育理想，即完全不需要任何"补充"。但另一方面，我也不认为"补充"应该成为我们教育工作的最终目标。

我从未料到，我所提及的美国本土文化会被误解为与过去或欧洲文化毫无关联。我本以为这是一个常识，即每个发展成熟并对人类生活做出杰出贡献的国家，都会形成一种独特且可被称为本土文化的东西。虽然我的表述简短，但我并没有意图暗示我们应该忽视外国文学、哲学、艺术等领域所孕育的文化价值。

您真诚的约翰·杜威

（三）致詹姆斯·R. 安吉尔（John Dewey to James R. Angell，1933.03.22）

亲爱的安吉尔校长：

我已收到您 3 月 18 日的亲切来信。非常感谢您和耶鲁大学邀请我出席 1933—1934 学年的特里讲座。能与杰出前辈们一同被邀请，我深感荣幸。我很高兴接受这个邀请，更令我欣喜的是，这次机会唤起了我对那些一直珍藏的旧日时光的美好回忆。

您真诚的约翰·杜威

（四）致波特女士①（John Dewey to Mrs. Porter，1933.07.29）

亲爱的波特女士：

…………

战后，我在乔治街住了 7 年，和兄弟们一起在北街的一所学校上学。我记得有位老师几乎每天都会体罚学生，有时用尺子打手，有时用皮鞭抽打身体，这给我留下了深刻的印象。有一次，她和几个高年级的男生从街上带回一

---

① 波特女士（Porter Lander MacClintock），在芝加哥大学初等学校教育系教文学。——原注

个逃学的孩子，狠狠地打了他一顿，我觉得那孩子可能会留下永久的心理阴影。而这件事就发生在 60 多年前的公立学校里。后来，我去了位于学院街的中学上学，当时的校长是巴特利（Messers Bartley）和哈尔西（Halsey）。哈尔西是英语语法方面的专家，他常对学生说"那是违反规定的"，因此他在我们学生中很出名。弗伦奇（French）先生是一系列算术读物的作者，他有时会来学校监督；他的算术题里总是充满了关于百分比的难题，有时甚至教师们对答案都持有不同意见。

好吧，就写到这儿吧。

您真诚的约翰·杜威

（五）致阿格尼丝·E. 迈耶（John Dewey to Agnes E. Meyer, 1935.04.28）

亲爱的迈耶女士：

非常感激您寄给我您的地址。很巧的是，我明天就要去达特茅斯参加一个为期 3 天的艺术研讨会，而我准备探讨的主题是艺术在当今社会中的作用。在思考我的发言内容时，我意识到，在社会如此动荡和不确定的今天，艺术似乎并没有一个固定的功能。所以，我对您所说的内容非常感兴趣。除此之外，我觉得您不仅精彩地阐述了这个场合需要表达的观点，而且做了一项非常有意义的工作，这种以适中的价格让画作进入千家万户的方式，既有利于大众，也有利于画家。

关于《社会前沿》（Social Frontier），我非常希望能和您达成共识。我确实同意您的一些具体批评。例如，我自己也不会在教室里推荐赫斯特出版社（Hearst Press）的作品。但是，当我想到全国各地学校中存在更为恶劣的灌输行为时，我便无法严厉责怪那些希望看到另一类灌输的人。我实际上是被迫从另一个角度来看待问题，而立场的选择至关重要。当我想到教师和学校所遭受的苦难（例如，克利夫兰的教师工资被削减了 50%），以及他们面临的压力和整体的胆怯、无助时，我会选择站在那些试图提升教师的社会智力和勇气的人的一边。当然，我希望随着办刊经验的累积，粗糙的内容会逐渐减少。只要整体方向正确，我愿意忽略部分粗糙的内容。《社会前沿》是唯一一本由教师编辑并为教师服务的期刊，它持续关注影响学校工作的经济和社会条件。很少有期刊能超出学校新闻和教学技巧等范围。冒着可能让您震惊的风险，我还是决定给您寄一份 4 月份的杂志。

既然在写信，我想借此机会询问一下，布利斯夫妇①是否已经回来了？您有没有机会谈及农伯格小姐②和我之前跟您提到的艺术和手工艺项目？在进步教育协会③的赞助下，墨西哥城的项目④已经顺利启动，同时我们也希望其他项目能够同步进行。我们希望从某个基金会获得初步支持，但行政流程还在进行中。然而，我们对此抱有很大的希望。

您真诚的约翰·杜威

（六）致有关人士（John Dewey et al. to To whom it may concern，1936.01.01）

1933 年 4 月，德国纳粹政府以与政治、宗教和种族相关的原因解雇了德

---

① 可能是亨利·E. 布利斯（Henry E. Bliss）和埃伦·德科斯特·布利斯（Ellen de Koster Bliss）。——原注

② 玛格丽特·农伯格（Margaret Naumburg），曾就读于哥伦比亚大学巴纳德学院，听过杜威的课程。1915年，她建立了"儿童学校"（Children's School），后改名为"沃尔顿学校"（Walden School）。——原注

③ 进步教育协会，系美国推动进步教育运动的组织，于1919年成立，1955年宣布解散。——编译者注

④ 即第三届美洲工艺美术展览会（The Preliminary Cultural Committee of Arts and Crafts of the Three Americas Exhibit）。杜威曾服务于该展览会的筹委会。——原注

国大学的学者，而这些原因与他们的学术资格并无关联。此后，哥伦比亚大学的教授会向他们的同事咨询了两个问题：一是他们是否支持提供一些设施，以便让一些被解雇的德国学者能够在哥伦比亚大学继续他们的工作；二是他们是否愿意为此捐款。教师们对这两个提议的反响热烈，于是在 1933 至 1935 年期间，他们共同筹集了 4600 美元的资金。

截至 1936 年 1 月 1 日，这笔资金以及其他机构提供的额外资金，已全部用于支付哥伦比亚大学各院系提名的 4 位访问学者的薪资。

然而，与此同时，因政治、种族和宗教压迫而成为受害者的德国人对精神和经济援助的需求急剧增加。因轻微政治原因被解雇的人数不断上升，而且纳粹政府决定清除所有不支持新政体的德国知识分子，这使得学术自由问题变得日益严峻。在其他国家找到临时工作的大多数人的职位并不稳定，哥伦比亚大学的情况尤为严重，因为在我们大学邀请的学者中，没有一个人的职位能在 1936 年 7 月 1 日之后得到保障。

这些事实表明，1933 年导致我们设立基金的状况，在 1936 年变得更加严重了。我们认为，应该继续设立并稳定这项基金，以达到以下两个目的：

首先，通过向基金捐款，无论金额大小，表达我们对学术自由所受威胁的认识不断加深，以及对首先受到这种威胁的人的深切同情。

其次，为那些被剥夺工作和生活手段的同事们提供帮助。我们随信附上一份认捐卡，您可以选择立即捐款，或者在 1—3 年内按月或按年分期支付。

主席约翰·杜威

弗朗茨·博阿斯

约瑟夫·P. 张伯伦

亨利·斯隆·科芬

汉斯·T. 克拉克

约翰·J. 科斯

维克多·K. 拉默

罗伯特·M. 麦基弗

韦斯利·C. 米切尔

乔治·B. 佩格拉姆

埃德温·R. A. 塞利格曼

秘书 L. C. 邓恩

（七）致艾迪斯·格林利和萨比诺·杜威（John Dewey to Edith Greeley & Sabino Dewey，1936.03.19）

亲爱的艾迪斯和萨比诺：

这里有 6 到 8 个和艾丽丝、桑顿（Thornton）年纪相仿的孩子。大家一起用餐，让学生们体验到了家庭般的温暖，但又不会过于依赖。孩子们会参加舞会等活动，这里有一位英国音乐教师，他教了二三十种方形舞，都是古老的英国民间舞蹈。附近的一些孩子也会加入我们的活动，而且附近还有一所小学，由一位教职员工的夫人和一些高年级学生负责教学。我觉得你们可能会对这个地方感兴趣，有机会可以过来参观一下。我甚至在想，等比诺（Bino）开始工作后，这里会不会是一个适合他工作的地方。这里周围有许多小屋，公共餐厅让生活变得简单，还有学校和其他孩子，居民们也都非常友好、聪明且真诚。

…………

爱你们的爸爸

（八）致理查德·W. 韦林①（John Dewey to Richard W. Welling，1936.04.01）

亲爱的理查德：

我饶有兴趣地阅读了您给科南特校长②的信。因此，我决定写一封信，而非简单地寄出明信片，来跟您分享多年前马萨诸塞州的布鲁克林一所中学的校长告诉我的一个故事。在那所学校，他们鼓励学生根据个人兴趣，结合当地情况，对地方政府进行深入研究。据说，曾有一位哈佛大学的教授访问该校，他对学生们的研究成果印象深刻。正因如此，他提议将公民学科加入哈佛大学入学所需学分的课程列表中。然而，据教授所说，这样做的结果是学校不得不以传统的方式来教授这门课程，而无法再像之前那样以生动的方式进行。这类事件让我深深感悟，通过中学自身来进行教育改革或许是最好的途径。

您真诚的约翰·杜威

（九）致埃尔默·G. 彼得森③（John Dewey to Elmer G. Peterson，1936.04.16）

亲爱的彼得森院长：

昨晚，我和哈奇女士④共进晚餐，氛围非常愉快。她把您12日的信交给

---

① 理查德·沃德·格林·韦林（Richard Ward Greene Welling），毕业于哈佛大学，在纽约做律师。他的主要兴趣是改革和教育。在50年的时间里，多次参与纽约的政治和公民运动。1882年，与西奥多·罗斯福共同建立城市改革俱乐部（City Reform Club），并一直担任俱乐部主任。——原注
② 詹姆斯·布赖恩特·科南特（James Bryant Conant），美国化学家。1933—1953年，任哈佛大学校长。——原注
③ 埃尔默·G. 彼得森（Elmer G. Peterson），犹他州立农业学院院长。——原注
④ 洛根·博伊德·哈奇（Logan Boyd Hatch），美国华尔街金融家。——原注

了我。哈奇夫妇都热切希望我能接受您的邀请，还非常热情地表示，如果我接受邀请，他们在我逗留期间会盛情款待我。我之前跟您说过，我已经彻底放弃了教学工作，包括暑期学校的教学工作。现在我很少做讲座，即便是关于教育的话题，因为我已经很久没有直接和学校打交道了。不过，无论如何我都无法逗留超过一周的时间。所以，我写信是想询问您，从 7 月 7 日开始的一周时间是否符合您的安排。我之所以这么问，是因为如果您觉得一周时间够用，我可能会接受您的邀请；否则，我就无法接受了。我将在 5 月 12 日启航。

您真诚的约翰·杜威

（十）致约翰·A. 赖斯[①]（John Dewey to John A. Rice，1936.04.16）

亲爱的赖斯先生：

扬女士今天早上给我打了电话，我很快会与她安排面谈。尽管我现在与学校的联系不多，但我很期待与她交流。

上周，我参观了西弗吉尼亚州阿瑟戴尔（Arthurdale, West Virginia）的一所与再安置计划（The Re-settlement project）有关的学校。这所公立学校在我看来，是这个国家最出色的学校之一。校长是克拉普小姐[②]，我记得她曾与吉尔（Geer）小姐合作过。

我一直疏忽了给您和您夫人写信，未能及时感谢你们的热情款待，也未能再次表达我对你们礼貌周到的深深感激，真是失职。德沃托[③] 对阿达米克[④]

---

① 约翰·A. 赖斯（John A. Rice），黑山学院（Black Mountain College）教务长，黑山学院 1956 年因管理不善倒闭。——原注

② 埃尔茜·里普利·克拉普（Elsie Ripley Clapp），曾是杜威在哥伦比亚大学师范学院任教时的助教。——原注

③ 伯纳德·德沃托（Bernard Devoto），美国小说家、历史学家和新闻记者。——编译者注

④ 路易斯·阿达米克（Louis Adamic），美国作家——编译者注

文章的评论让我惊讶地发现，学术观点对他的影响竟然如此之深。不过，从某些角度看，阿达米克文章中的过度情绪化表达确实给了他批判的机会。

您真诚的约翰·杜威

（十一）致萨比诺·杜威（John Dewey to Sabino Dewey，1936.05.08）

亲爱的比诺：

很高兴收到你的信，得知你的状态有所好转，我十分开心；膀胱镜检查的报告听起来也还不错；希望这样的检查你不需要经常做，毕竟检查带来的副作用需要一段时间才能恢复。我想，再过几个星期，你4个月的服役期就该结束了吧。

上周五晚上，我去了安阿伯做了一次演讲[1]，见到了一些老朋友，遗憾的是他们中的大多数都已经离开了。安阿伯的变化太大了，我几乎找不到路了。不过，那里现在确实有一些非常宏伟的建筑。

另外，阿瑟戴尔的景象令我印象深刻。那是我见过的最好的学校，有许多杰出的老师和他们的夫人。那里的科学和机械加工紧密关联，很有特色。当时，我在那儿的时候想到了你，但遗憾的是，学校已经有一位机械师了，所以当时我并没有推荐你。但后来，这所中学的校长比彻（George Beecher）先生来找我，提到学校的机械师已经辞职了，他询问我是否认识可以担当此任的人，我立刻就想到了你。我跟他说，你是一个非常合适的人选，他似乎对我的推荐很满意。我告诉他，你现在的情况可能无法立刻上任，他会理解你的。他的全名是乔治·比彻，来自西弗吉尼亚州的阿瑟戴尔。

除了气候因素，我认为阿瑟戴尔在很多方面都超过了黑山（Black

---

[1] 系密歇根州校长俱乐部（The Michigan Schoolmasters' Club）的第50届年度演说。——编译者注

Mountain)。虽然那里的冬天可能会很冷，但你可以向校长先生询问冬天日照的具体时间，再考虑是否要去。总的来说，那是一个非常美丽的地方。最重要的是，他们需要培养年轻人，帮助他们找到工作，同时也有一些年纪较大的人需要工作机会。他们拥有充足的机械设备、电力资源，车间的扩建空间也很大。我相信，从教学开始，你可以在那里逐渐发展你的本领，即使进展缓慢也没关系。毕竟，人才是可以慢慢培养的。而且，那里的木材很便宜，附近还有一个货运火车站，非常方便。

虽然教师们的薪水不高，但他们可以获得学校提供的房子，房子里现代化设施一应俱全，周围的环境也很好。学校有一个很好的儿童教育机构，老师和他们的家人都非常友好，我相信你的妻子艾迪斯（Edith）也会喜欢这里的。

我建议你给比彻先生写封信，询问一些具体的问题，对一些问题不需要立刻做出决定。当然，这一切都要取决于你秋天时的身体状况。如果你能够康复并准备开始工作，那么这将是一个非常好的机会。由于与社区的联系紧密，这份工作可能会占用你一些时间，但我相信你会觉得它非常有趣且值得。写信的时候，记得把"我"（I）的字母大写。

…………

爱你的爸爸

（十二）致路易斯·罗米格①（John Dewey to Louise Romig, 1936.09.05）

我最亲爱的人：

---

① 路易斯·罗米格（Louise Romig），杜威的女性朋友，他们二人最早于1927年在加拿大新斯科舍省哈伯兹（Hubbards, Nova Scotia）见面。杜威与罗米格的爸爸是朋友。——原注

火车上之前一直把桌子当床用的那个人下车了，我终于可以静下心来给您写信了。说实话，如果她也在庆典①现场，那我其实也不会太介意，因为我这几天真的是太忙了，每天都要忙到午夜才能休息。不过，尽管如此，我还是度过了非常愉快的几天。

我住在威廉·詹姆士（William James）的故居里，这个地方对我来说意义非凡，比剑桥的其他任何地方都让我感觉亲切。威廉·詹姆士的儿子和儿媳也住在这里，他们都是特别好的人。他另一个儿子亨利·詹姆士（Henry James）是纽约洛克菲勒研究所的所长，同时也是哈佛大学董事会的一员。这次是他邀请我来参加庆典的，所以我感觉自己受到了特别的礼遇。另外，我还遇到了即将从柏林大学转职到芝加哥大学的耶格教授②。他是个非常友善的德国人，虽然对离开德国有点遗憾，但他似乎对未来的新生活充满期待。

在詹姆士家的午餐会上，我有幸见到了英国诗人梅斯菲尔德③。虽然没能和他说上话，但能够亲眼见到他，我就已经很满足了。他的面容透露出一种人性的善良，让人看着就感到温暖。

…………

最激动人心的时刻莫过于罗斯福总统④的演讲了。我坐在离讲台不到 30 英尺的位置，可以清楚地看到他的每一个表情，听到他的每一句话。他的声音真的非常有感染力，让人不由自主地被吸引。虽然他在哈佛大学可能并不太受欢迎，但他的演讲还是赢得了大家的热烈掌声。他还幽默地调侃了自己在哈佛

---

① 指哈佛大学200周年校庆。——编译者注

② 沃纳·威廉·耶格（Werner Wilhelm Jaeger），芝加哥大学希腊文和希腊哲学教授。——原注

③ 约翰·梅斯菲尔德（John Masefield），写过《永恒的怜悯和再见中的寡妇》（*The Everlasting Mercy and the Widow in the Bye Street*）。——原注

④ 富兰克林·罗斯福（Franklin Roosevelt），美国第三十二任总统（1933—1945）。——编译者注

的"不受欢迎",引得大家哄堂大笑。

总的来说,这次庆典真的是我参加过的最精彩的活动之一了。每一天都充满了惊喜和感动,让我难以忘怀。希望以后还能有机会参加这样的活动!

约翰·杜威

(十三)致有关人士(John Dewey to To whom it may concern, 1936.11.22)

敬启者:

罗伯塔·洛维茨小姐[①]研发出了一种教学方法,能让小学高年级的地理教学更加有趣而富有活力,只要将其与地理常规教学结合使用即可。我热切地向所有教育工作者、学校管理人员以及教师推荐这一方法。此外,它对英语学习以及改善学生的阅读习惯也大有裨益。在地理学科教学方面,它将激发学生对世界其他国家真正的好奇心和兴趣。

我已经充分了解了洛维茨小姐根据她的教学计划准备的材料,我确信这些材料内容准确,且呈现方式清晰生动。……

衷心的约翰·杜威(哥伦比亚大学荣誉退休教授)

(十四)致艾伯特·C. 巴恩斯(John Dewey to Albert C. Barnes, 1937.12.27)

亲爱的巴恩斯博士:

非常抱歉,我在得知"艺术与教育之友"(The Friends of Art Education)

---

① 即杜威的第二任夫人罗伯塔·洛维茨·格兰特·杜威(Roberta Lowitz Grant Dewey)。——编译者注

协会成立大会的消息之前已经有了其他安排，因此无法参加 29 日的活动。这项新运动的开展充满了希望——我认为将艺术与教育结合是个非常棒的想法。我深信你们前程似锦。即使只是以荣誉身份与贵组织产生联系，我也倍感荣幸。

您真诚的约翰·杜威

（十五）致尼古拉斯·默里·巴特勒（John Dewey to Nicholas Murray Butler，1938.11.10）

亲爱的巴特勒校长：

我非常支持古德里奇教授和其他人提出的建议，即为胡适博士颁发荣誉学位。在我看来，胡适博士是在哥伦比亚大学获得博士学位的外国人当中最出类拔萃的学者之一。他最近被任命为中国驻美大使，这充分认可了他在公共服务领域的卓越贡献，与其在哲学和教育领域的贡献不遑多让。在教育领域，他凭借出色的行政管理能力和对中国年轻一代的谆谆教诲所展现的非凡领导力而广受赞誉。他作为中国驻美大使，象征着东西方文化的交融，而他正是这一文化交融的杰出代表。

您真诚的约翰·杜威

（十六）致弗兰克·P. 格雷厄姆[①]（John Dewey & Alvin S. Johnson to Frank P. Graham，1938.11.15）

格雷厄姆校长：

我们深信，教育界的领袖有责任公开发声，谴责纳粹德国对文明实施的

[①] 弗兰克·P. 格雷厄姆（Frank P. Graham），北卡罗来纳州农业和工程学院院长。——原注

暴行，这是对人类文明的沉重打击。因此，我们呼吁教育工作者加入我们，共同公开表达对这种暴行的谴责。如果您认同我们的观点，请在今天发电报表达您的支持，我们将统一收集并公开出版。电报请发送至纽约市西 12 街 66 号的新学院（New School）。

约翰·杜威

阿尔文·S. 约翰逊

（十七）致肯尼斯·怀尔特劳特[①]（John Dewey to Kenneth Winetrout，1939.07.24）

亲爱的怀尔特劳特先生：

您真是太贴心了，不仅给我写了信，还给我寄了波多黎各那所以我名字命名的学校的照片。我之前对此毫不知情，现在知道后感到非常自豪。相比大城市那些大规模的学校，我对这种学校更感兴趣。

我相信您在哥伦布的工作一定会非常有趣且有价值。我曾多次与博德（Bode）博士的团队一同前往那里，那里的氛围真的非常激励人心。

希望逻辑学不会给您带来太大的困扰。

您真诚的约翰·杜威

---

① 肯尼斯·怀尔特劳特（Kenneth Winetrout），在康奈尔大学和俄亥俄州立大学接受教育，后在俄亥俄州一所学校任教。1949年后，任美国国际学院（American International College）教育系主任。——原注

（十八）致菲奥雷罗·H. 拉瓜迪亚[①]（John Dewey，George S. Counts，Sidney Hook，& Horace M. Kallen to Fiorello H. La Guardia，1940.04.02）

亲爱的先生：

我们与纽约市那些富有见识的市民观点一致，都认为麦吉汉法官[②] 的裁决——使伯特兰·罗素教授的职位任命无效，是美国自由教育事业迄今为止所遭受的最严重挫折。

麦吉汉法官的这一裁决，使得伯特兰·罗素被描绘成了一个放荡不羁且品行不端的人，这与罗素先生曾执教的美国各大学校长们所证实的、众所周知且易于核实的事实大相径庭。不能因为教师讨论了一些涉及刑法的问题，就指控其倡导违反刑法，这就好比因为医生讨论了一些涉及道德伦理的问题，就指控他们不道德一样荒谬。

在思想偏执的历史长河中，剥夺伯特兰·罗素的教学权利将被记录在案，这一行为与曾经迫害苏格拉底和伽利略的行径无异。罗素教授正是继承了这些先哲的批判精神和对自由探究的坚定信仰。

如果放任麦吉汉法官的裁决不管，那么这将为针对成千上万美国教师的私人信仰的审查打开大门。

我们强烈呼吁对该裁决提出上诉，我们也随时准备站出来为罗素教授辩护。

您真诚的乔治·S.康茨

约翰·杜威

悉尼·胡克

贺拉斯·M.卡伦

---

① 菲奥雷珞·H. 拉瓜迪亚（Fiorello H. La Guardia），纽约市市长。他试图剥夺纽约市立学院的预算，如果院方聘用罗素的话。——原注

② 约翰·E. 麦吉汉（John E. McGeehan），纽约最高法院的法官。——原注

（十九）致理查德·W. 韦林[①]（John Dewey to Richard W. Welling，1940.04.08）

亲爱的理查德：

有件事是确定的：如果威廉·詹姆士今天还活着，他一定会成为捍卫思想自由的领导者之一；艾略特校长也会如此，尽管他反对罗素的一些社会观点。

尽管我不愿意这么说，但我不得不说，您对欧洲的状况和德国的看法会影响您的立场。如果一个人相信思想自由，他就必须接受其不利之处和有利之处。在欧洲，在法西斯国家，由于面临了困难和不利条件，他们取消了思想自由，而对罗素的攻击正是这方面的步骤之一。所有的反动分子都将利用，实际上已经在利用战争局势所造成的恐惧来限制思想的自由。看到您在帮助他们，给他们以安慰，我非常难过。

当前的问题与罗素最初被任命的明智与否完全无关——事实上，他在这方面或多或少是一个受害者，因为他从未申请过这个职位，也没有积极争取过。

然而，人们从罗素的书中挑选出某些段落，然后做出像那个狂热偏执的麦基汉所做的那样的事情——谈论"一个老师向年轻人教授的东西"，这是再不公平不过的了。被引用的内容是罗素在面向成年人和同龄人的书中提出的，他从未在大学课堂上向年轻人教授过这些内容。那些攻击他的人让年轻人比罗素自己更了解他在这些问题上的观点。不管人们怎么看待他的观点，他都是一位绅士，他的学生会这样说他，也确实这样说过，即使他们不能完全回忆起他教授过什么，他的生活和个性也对他们产生了很好的影响。罗素教授哲学，他从未将自己的和平主义等方面的观点作为哲学的一部分。事实上，对他来说，

---

① 理查德·W. 韦林（Richard W. Welling），毕业于哈佛大学，在纽约担任律师。他的主要兴趣是改革和教育。多次参与纽约的政治和公民运动。1882年，与西奥多·罗斯福共同建立城市改革俱乐部（City Reform Club），并一直担任俱乐部主任。——原注

这些问题超出了他严格意义上的哲学兴趣范围。

我可以根据自己的经验提供给您一个与对罗素的攻击完全相似的例子。我对宗教，或者更确切地说是神学问题持"异端"观点。在过去的几年里，天主教徒一直在不断加强对我所有教育观点的抨击，理由是我在向我的批评者教授无神论，就好像我的超自然主义观点是我进步教育理念中固有的一部分，就好像如果后者取得任何进展，所有的年轻人都会在学校里系统地被灌输无神论或者反超自然主义。当然，我关于宗教的文章是为成熟的人写的。事实上，我的讲座是在耶鲁神学院进行的。我认为教师们可能并不同意我的观点，当然，他们没有对此大惊小怪。……

…………

您真诚的约翰·杜威

（二十）致威廉·欧内斯特·霍金[①]（John Dewey to William Ernest Hocking，1940.05.16）

亲爱的霍金：

我看过您给罗素的那封信的副本，我不得不说，其中有一部分内容让我感到不安——尤其是这些内容出自您之手。

当然，我并不认为自己有资格从哈佛大学的角度来谈论这个问题，或者就哈佛大学行政管理方面的问题给出建议。但有一点我确信无疑：哈佛大学的任何软弱都会助长反动势力，无论是教会的还是其他方面的——这些势力已经在快速增长，大概是因为现在的恐惧和不安状态太过普遍。我认为有必

　　[①] 威廉·欧内斯特·霍金（William Ernest Hocking），1904年获得哈佛大学哲学博士学位；1906—1908年，在加州大学任教；1909—1914年，任耶鲁大学助理教授、教授；1914年回到哈佛大学，积极参与马萨诸塞州坎布里奇的希德希尔学校的建立。——原注

要指出，纽约市议会在干涉市立学院事务后通过了一项决议，要求解散现有的高等教育委员会，并任命一个新的委员会——现有的委员会成员主要是拉瓜迪亚的任命者，他们坚持自由派立场，这也是他们最初被任命的原因——尽管市长最近的懦弱行为令人震惊。坦慕尼协会①和教会现在没有得到他们想要和曾经得到的教育资源。在我看来（虽然没有证据），对罗素的初步攻击，以及麦基汉的决策条款，都不是孤立的事件。布鲁克林的反动天主教报纸《匾额》（ *The Tablet* ）只是公开表达了希望此举能成为废除大纽约地区所有市立大学的开始——现在有 4 所大学。在我看来，"绥靖政策"对这个古老的极权机构不会比对新的机构更有效。每一次软弱都将是新攻击的信号。关于哈佛大学的情况，可能与您的观点无关。

············

您真诚的约翰·杜威

（二十一）致伯特兰·罗素（John Dewey to Bertrand Russell，1940.05.27）

亲爱的罗素先生：

感谢您的留言。首先，我想说，我已经充分参与了这件事情，所以即使结果不太理想，我也不会太过烦恼。

言归正传，我在费城附近的梅里昂（Merion）与艾伯特·巴恩斯博士一起度过了一天。他是巴恩斯基金会的创始人和主管，该机构拥有美国乃至全世界最优秀的现代画作收藏。巴恩斯基金会拥有宾夕法尼亚州颁发的教育机构执照，与宾夕法尼亚大学等机构的执照拥有同等地位。巴恩斯博士告诉我，他很乐意让基金会聘请您为讲师，年薪为 6000 美元。您可以根据自己的时间安排，

---

① 坦慕尼协会，美国纽约市的一个民主党实力派组织。——原注

选择在明年的任意时间开始工作；也可以根据自己的兴趣选择讲授的主题，每周的工作时间等等都可以按照您的意愿来安排。虽然那里的工作主要是艺术方面的，但执照并没有任何限制，您将享有完全的自由。

我本来打算在给您写信之前，先和我们这里的地方委员会秘书兰德尔商量一下这件事情，但他恰巧外出了。既然我正在给您写信，那么现在就告诉您吧。这个提议是积极的，并不需要您立即做出回复。如果您有兴趣接受这份工作，巴恩斯博士当然会正式向您发出邀请。

还有一件私事要告诉您。我在给巴恩斯博士的信中没有提及我是如何偶然看到他给您写的部分信件的。他在给我的回信中表示（顺便说一句，他在信中还表达了他希望在下个学年能成为您在哈佛的官方支持者），他对您在这件事情中扮演的角色有所误解。现在我已经做了我应该在第一封信中就该做的事情，告诉了他这件事情的真相，也就是在和兰德尔讨论您的未来时，我们从财务角度进行了考虑。

您真诚的约翰·杜威

（二十二）致马塔·阿克拉维①（John Dewey to Matta Akrawi, 1940.07.08）

亲爱的阿克拉维先生：

再次收到您的来信，我十分高兴。我希望在这个充满纷争的世界中，伊拉克能够保持和平、持续发展。

我非常高兴地授权您和您的朋友将《民主主义与教育》一书翻译成阿拉

---

① 马塔·阿克拉维（Matta Akrawi），在哥伦比亚大学获得学士、硕士和哲学博士学位。1923—1933年，任伊拉克初级教师学院校长（Primary Teachers College）；1937—1945年，任高级教师学院院长；1945—1947年，是阿拉伯国家研究教育委员会的成员，担任高等教育主任到1949年；后来成为巴格达大学校长。——原注

伯文。你们采用的方法似乎非常出色。虽然最终翻译出的神韵比文字本身更为重要，但首次翻译采取直译方法确实是一个很好的保护策略。我会给您寄去一张我亲笔签名的照片。

　　向您致以诚挚的问候，并衷心感谢您一直以来的关注和支持。

您真诚的约翰·杜威

（二十三）致乔治·S. 康茨[①]（John Dewey to George S. Counts，1940.11.13）

尊敬的康茨博士：

　　想必您也知道，我是最早一批加入教师联盟（Teachers Union）运动并为之奋斗的大学教师之一，尽管当时面临着诸多误解与反对。然而，几年前，我不得不遗憾地从纽约第五地方工会辞职。我个人的经历让我深知，工会中有一大批人过于活跃，他们使教师的合理诉求屈从于外部政治的影响。我坚信，长此以往，他们的所作所为必将损害组织的权益，也会破坏与美国劳工联合会或任何以维护工人利益为宗旨的机构中的有关教师的组织。我认为，随后发生的一系列事件也证明了我们当初的举措是正确的。

　　在您的领导下所取得的成果，以及在上届全国代表大会上获得的胜利，都让我备受鼓舞。我由衷地信任现任领导下的教师联合会，并衷心祝愿它能取得应得的成功。然而，我无法相信它会赢得大纽约地区教师的信任，我推测，它也无法赢得整个国家的教师的广泛信任，只要像纽约第五地方工会这样强大的地方工会在背后暗中反对和破坏它的正当活动。

您真诚的约翰·杜威

---

　　① 乔治·S. 康茨（George S. Counts），美国教育家，美国教师联合会主席。1916年获得芝加哥大学哲学博士学位后，曾在几所学院执教。1927—1955年，任哥伦比亚大学师范学院教育学教授；1962年，任南伊利诺伊大学卡邦代尔分校教育学教授，主要从事比较教育。——原注

（二十四）致段康城[①]（John Dewey to Kang-cheng Tuan，1941.08.09）

亲爱的段康成博士：

自我离开中国至今已有约 20 年光景；我曾密切接触过的那一代中国学子已先后离开美国，所以我也已经有一段时间没有了解到中国社会的实际状况了。提及这些，是想让您理解我为何无法对您的两个问题给出明确答复。您所提及的实际问题，需结合具体情境来评判，而我目前缺乏这方面的了解。因此，您或许会发现，我所给出的观点并非十分自信，需要在有所保留并附加条件的前提下接受。

1. 在这一部分，我对关于课程的第一个提议，即彻底改变怀疑态度。全面的重新规划可能是有必要的，但这种规划应该给予足够的时间，以便教师们能够做好准备并有效地实施。我曾目睹过一些纸面上的突然变革，但由于教师们的准备不足，这些变革的实际效果并不理想。在制订新的课程时，一个重要的考量是从一开始就尽可能地获得教师的合作。应该向他们征询意见，收集并整理这些意见后，再提交给更大的团体以获取更多的想法。您提出的第二和第三个方案在我看来有相似之处；如果进行部分修订，并且这种修订持续多年的话，那么这种部分修订实际上也就是逐步修订。从我对第一个提议的回复中，您可以看出这是我所倾向的观点。

2. 我所说的自己知识欠缺这一点，在您的第二个问题上体现得尤为突出。只有对中国政治舆论的状况有详尽的了解，才能给出有价值的答案。一般来说，我认为一党执政可能带来的坏处要多于好处，而且往往会违背这种政权只是过渡性的初衷而无休止地延续下去，俄罗斯就是如此。战时，一定程度的公民自由受限是不可避免的，但这应该被视为一种并非必然的坏事。理论上，所

[①] 段康成，国立厦门大学教授。——编译者注

有群体的合作似乎是最好的，但实际情况可能是目前无法真正达成。如果把他们聚集在一起会引发过多争议，那很可能会引发不和谐而不是有效的合作。我应该赞成在不同群体能够就一个共同计划达成一致的范围内，尽量扩大合作——试着在条件允许的情况下尽快逐步实现。

约翰·杜威

（二十五）致弗兰克·P. 琼斯（John Dewey to Frank P. Jones，1942.10.05）

亲爱的琼斯先生：

我饶有兴致地阅读了您的论文。我期望《学校与社会》杂志能将它发表。我当然完全认可您就我与亚历山大家族相关工作所说的一切。您提到的关于某些命题和信仰的一种知识性认同与在体验过他们的工作之后所得出的这些命题和信仰所具有的具体且关键的意义之间的差别，这一点真是让我印象深刻。

请代我向艾伯特·亚历山大（Albert Alexander）转达我最诚挚的问候。

您真诚的约翰·杜威

（二十六）致陶行知（John Dewey to Tao Hsing-chih,1944.06.10）

亲爱的陶博士①：

我非常高兴地通过您之前的一位同事——朱智贤（Chi-hsien Chu）副教授得到了您的消息。我也非常高兴地知道您健康状况良好，教育工作也在继续进行，即便是在非常困难的情况下还在进行。我非常高兴地知道美国政府至少正在为您多灾多难的祖国做些事情……

---

① 陶行知（Tao Hsing-chih），中国近现代教育家。——编译者注

致以诚挚的问候和最美好的祝愿！

您真诚的约翰·杜威（哥伦比亚大学荣誉教授）

（二十七）致威廉·H. 克伯屈（John Dewey to William H. Kilpatrick，1944.11.29）

亲爱的克伯屈先生：

此次特来询问您，我们是否能够把您的名字列入工业民主联盟 1945 年 40 周年庆典的赞助人名录中？庆典将以 1945 年 2 月 3 日周六晚在纽约市罗斯福酒店举办的一场大规模且具代表性的晚宴开启。我们衷心期望您会同意成为我们的赞助人之一。

这个联盟致力于"为在我们的经济、政治和文化生活中增强民主而开展教育"。它于 1905 年成立，从那时起一直到现在，它都在我们共同生活的各个方面持续且有效地开展着民主教育工作。我们急切地希望在 1945 年，不仅要纪念这 40 年来有意义的教育活动，还要为接下来的更宏大且更有效的活动打下坚实基础。实际上，这一整年的主要侧重点将不会放在我们过去的成就上，而是放在我们如何能最好地抓住未来的机遇上。

要是除了借用您的名字外，您还能给我们发来一两句对于联盟过去、现在或未来的评价，我们会非常感激。

期待能尽快收到您的答复。

您真诚的名誉主席约翰·杜威

（二十八）致艾伯特·C. 巴恩斯（John Dewey to Albert C. Barnes，1945.01.10）

亲爱的艾伯特：

非常感谢关于罗素小册子 ① 的材料。我很高兴但并不惊讶它做得如此出色。他们是看到《新领导》（*The New Leader*）上的通知，说他们将发表罗素关于印度的文章，这才让我询问您是否给他们寄了一份。罗素早期作为自由派的声誉在许多自由派中仍然存在。自由派总体上如此无力的一个原因是他们容易受到多愁善感的耀眼附着物的影响。

我从未回复您关于布克班德 ② 的咨询，原因是我对费城的情况没有感觉。一般来说，我很难相信他这篇最初的文章会有影响力；就像我当时说的，我不相信有百分之二十的老师读过它——百分之五都是高估了。……

感谢您和劳拉的新年祝福。

挚友杰克

（二十九）致约瑟夫·拉特纳③（John Dewey to Joseph Ratner，1945.05.26？）

亲爱的乔：

您的大纲还可以——我只想到了一处可能的变动，就在第一个问号那里。倘若您说您的研究将聚焦于我的社会（或文化）哲学，并且从最宽泛的意义上来说，将我的美学、教育、心理学等等理念当作它的各个方面来探讨，那么

---

① 即巴恩斯著的《伯特兰·罗素与民主与教育案例》（*The Case of Bertrand Russell versus Democracy and Education*）。——原注

② 杰克·布克班德（Jack Bookbinder），美国画家和雕刻家。曾在宾夕法尼亚大学和坦普尔大学学习。1936—1944年，在巴恩斯基金会做讲座。后在宾夕法尼亚大学任教到1959年，1959—1970年任艺术教育系主任、费城学区主任。——原注

③ 即约瑟夫·拉特纳（Joseph Ratner），1919年来到美国，后在纽约市立学院获得艺术学士学位；1923年与1930年，在杜威指导下分别获得艺术硕士和哲学博士学位；1924年，获得剑桥大学三一学院奖学金。回美国后，在纽约市立学院、哥伦比亚大学等处任教。作为杜威的同事和朋友，他帮助杜威编辑出版了几本著作。——原注

这种表述或许会显得更集中些。可照目前这样，您说您的研究将围绕7件事情，其中之一是"社会"。如果您进行一番改动，用两三句话表明在我的哲学中"社会"在最广义上意味着什么，那可能就比较恰当了。

约翰·杜威敬上

（三十）致悉尼·胡克（John Dewey to Sidney Hook，1945.06.28）

亲爱的悉尼：

我想祝贺您在《星期六晚报》（*Saturday Evening Post*）上发表的进步教育案例（The Case for Progressive Education）。当我看到您的文章发表的消息时，我很期待。您超越了任何人都抱有的最高期望。您在表达方面非常精致，材料的选择和安排非常出色。我认为，我的判断没有受到您慷慨引用我的文献的影响。当然，5卷报告[1]给您提供了远远超出撰写反对案例的人[2]的起点，反对案例总体上来说比较薄弱，我认为不需要直接反驳。您所说的自由放任学校可能包括了反对者所经历的进步主义中学。在这种中学里，他们相信自己是进步主义的，仅仅是因为他们为所有科目提供了包罗万象的课程，并且以非常夸张的方式进行教学。我猜想，反对者是抓住了这类学校的线索，而根本没有与30所学校[3]中的任何一所甚至是最偏远的学校接触过。我认为，有许多中学组织涣散，西部的表现更为糟糕。

现在我在写信，是想提另一件事。我刚读了波拉尼（Polanyi）的《伟大

---

① 进步教育协会的《美国教育的风险》（*Adventure in American Education*，5 vols. New York: Harper & Brothers, 1942—1943）。——原注

② 威廉·欧文（William Owen）的《我的反对进步教育的案例》（*My Case Against Progressive Education*），发表在《星期六晚报》1945年6月23日上。

③ 美国进步教育协会1933—1940年曾对美国中等教育进行了8年调查研究，有30所中学参加，故亦称"三十校实验"。——编译者注

的变革》（*The Great Transformation*）。这是出版商大概一年前寄给我的，但我之前没看。我发现它非常有趣——在智力上极其令人兴奋。我认为他对 19 世纪历史以及截至目前的 20 世纪的总体趋势给出了我所见过的最好的解释。不用他说的那个词，最终结果就是一个用实际具体的术语来阐述的、为人道主义社会主义的论证——用他的话说就是"对社会的发现"。要是哈耶克读过这本书的哪怕一章，我想他都会羞于写他自己的那本书 [①]——因为这是一个令人信服的证据，表明哈耶克所构建的所有弊病和令人反感的问题都是市场经济中社会保护的必要性所产生的产物，但都是零碎且相当盲目地产生的，因为他没有否定市场经济的基本信条和实践，也没有在原则上发展出一个能取代市场经济的社会制度。

············

约翰·杜威诚挚问候

（三十一）致西奥多·托马斯·拉弗蒂 [②]（John Dewey to Theodore Thomas Lafferty，1945.08.09）

亲爱的拉弗蒂：

　　听闻利哈伊大学 [③] 的状况对您在那儿的工作造成的影响，我深感遗憾。战争的创伤可不单单局限于战场，我担忧大学生活已遭受重创，其后果将会持续良久。我期望自己能为您在哲学领域谋得一席之地出份力，如果我听闻了任何

---

① 弗里德里克·A. 哈耶克（Friedrich A. Hayek）的《通往奴役之路》（*The Road to Serfdom*，1945）。——原注

② 西奥多·托马斯·拉弗蒂（Theodore Thomas Lafferty），在芝加哥大学获得学士、硕士和哲学博士学位。曾在芝加哥的利哈伊大学和胡德学院（Hood College）任教。1946—1969年，在南加州大学任哲学教授。——原注

③ 利哈伊大学（Lehigh University）的校长C. C. 威廉斯1944年退休之后，该大学在两年时间内没有校长，由各个院长组成委员会管理大学。——原注

消息，我肯定会告知您。但我听到这类消息的可能性着实不大。我脱离教学都快15年了，也不再接收任何请求，而且除了极为特殊的情况，我与现在在系里授课的那些人没有什么联系。我怀疑贝克尔①是否知晓现在系里的那些人，我猜想他在哥伦比亚大学执教时的那些人如今应该都不在了。倘若那里有在他求学时认识他的人，他要是写信给他们提及您，也不会有什么坏处。

我很高兴看到您的论文——就我个人而言。我怀疑我的评论对您能有多大用处。我还没读过布兰沙德的那本书②。或许让您的文章③发表对您的学术之路会有帮助。

致以问候。

您真诚的约翰·杜威

（三十二）致尼玛·赫申松·阿德勒布卢姆④（John Dewey to Nima Hirschensohn Adlerblum，1946.02.07）

亲爱的阿德勒布卢姆女士：

我希望我没有及时回复您那友好的电报和信件不会给您带来更多麻烦——我着实感激您所付出的一切艰辛努力。我深知在持续艰苦努力下取得您所达成的成功意味着什么。我向您保证，我真的是非常非常感激您。如果可以这么讲的话，您对我的工作这般感兴趣并且如此有效地去做了，我既感

---

① 弗兰克·C. 贝克尔（Frank C. Becker），利哈伊大学哲学系主任。——原注

② 布兰德·布兰沙德（Brand Blanshard）的《思想的本质》（*The Nature of Thought*）。——原注

③《哲学的内部交流》（*Inter-Communication in Philosophy*）这篇论文发表在《哲学杂志》第43期（1946年8月15日）上。——原注

④ 尼玛·赫申松·阿德勒布卢姆（Nima Hirschensohn Adlerblum），1904年来到美国，在哥伦比亚大学巴纳德学院学习。在杜威的指导下，1926年获得哥伦比亚大学哲学博士学位。与威廉·克伯屈一起在南美翻译、传播和宣传杜威思想。——原注

到骄傲又觉得谦卑。

············

当然，墨西哥出版商得到了我完全的许可，我既不期待也不想要任何版税或其他任何报酬。如果需要一份大意如此的正式声明，我当然会很乐意发给出版商。同时，他们想尽快开展翻译工作是完全没问题的。

衷心感谢您，并致以最诚挚的问候。

您真诚的约翰·杜威

（三十三）致阿瑟·F. 本特利^①（John Dewey to Arthur F. Bentley，1946.02.09）

亲爱的阿瑟：

············

真是遗憾，您不能早点儿来。我收到了一份官方邀请，让我 4 月份去中国担任 6 个星期的政府教育顾问，为大学的发展出谋划策。我得说，25 年前在中国的那段时光，真是太美好了。在我离世之前，若能再次感受中国，见见我的中国老朋友，那真是再好不过了。格兰特女士也受邀同行，负责照顾我。之前我跟纽约的医生聊过，看明年夏天能不能去——那是在收到中国的邀请之前。医生说坐飞机去应该没问题，虽然我也没法提前很久确定自己的身体状况。当然，您要是能在 3 月中旬或这之前来，咱们还能聚聚。这边的住宿条件每况愈下，纽约北部的人好像都要去佛罗里达赌一把。为了保险起见，您得提前很久确定抵达日期，才能确保有地方住。现在的情况比您之前了解到的更糟糕。

············

约翰·杜威致以最诚挚的祝福，希望您身体健康

---

① 阿瑟·F. 本特利（Arthur F. Bentley），印第安纳大学教授。——原注

（三十四）致W. R. 休斯敦[①]（John Dewey to W. R. Houston，1946.03.16）

亲爱的休斯敦博士：

…………

我不知道这算不算一个疯狂的计划：我收到了官方邀请函，邀我去中国，与教育和政府代表商讨重新组织大学的事宜。前几天我收到了一封凯布尔[②]的电报，说魏德迈[③]已经争取到了两个优先权。格兰特女士会和我一起去，因为我不敢一个人前往——她已经收到了蒋梦麟的邀请（他现在是行政院秘书长，也是她的朋友）。电报上说随后会有信件跟进，我猜那封信会确定飞往上海的航班时间和其他安排。我在纽约的两位医生，内科医生和泌尿科医生都认为我去中国这个主意没什么不妥——他们说他们不认为在那里会发生什么比在这里更糟糕的事情。我以前在中国有过这样的经历，总的来说，我很想再去一次，哪怕只是很短时间的，也不愿去做其他我知道的任何一件事——所以我希望这个计划并不像看起来那么疯狂。无论如何，这件事使我转向积极的治疗。

…………

衷心地祝福您，也期待着能尽快收到您的回信。

约翰·杜威

（三十五）致艾伯特·C. 巴恩斯（John Dewey to Albert C. Barnes，1946.04.05）

亲爱的艾伯特：

---

① W. R. 休斯敦（W. R. Houston），美国内科医师学会（The American College of Physicians）成员。——原注

② 凯布尔（Cable），在华传教士。——原注

③ 阿尔伯特·C. 魏德迈（Albert C.Wedemeyer），中国剧院负责人，1947年任美国总统访华特使。——原注

…………

顺便一提，我了解到一些关于布林马尔学院的情况。德拉古纳小姐[1]，这位哲学系退休主任的女儿，这几天一直在拜访简；简以前在那里教书时与她的母亲住在一起，而这位前哲学教授在各方面都很不错。保罗·韦斯[2]并没有权力给奇泽姆[3]或其他人提供职位；他这么做，特别是在他即将离开的时候，显然对奇泽姆不利。而且，保罗·韦斯甚至建议学生不要上奇泽姆的课，还在其他方面与他产生了对立。在这种情况下，奇泽姆几乎不可能对韦斯试图安排到系里来的人持乐观态度。不过奇泽姆至少是个有风度的绅士。

在哥伦比亚大学，校长将职位推荐的责任交给了系里，他收到的任何推荐信都会直接转给系里去考虑。简告诉我，布林马尔学院也是这样操作的——这也许可以解释麦克布赖德校长[4]的行为。通常来说，在人事任命方面，系里的权力比人们普遍认为的要大，而校长的权力则相对较小。

关于去中国的事情，还是没有什么新的进展或确定的消息。我已经接种了一些疫苗，并在一天半后恢复了。

挚友杰克祝您一切安好

---

① 弗里德里卡·德拉古娜（Frederica de Laguna），布林马尔学院哲学系主任格蕾丝·A. 德拉古娜（Grace A. de Laguna）的女儿。——原注

② 保罗·韦斯（Paul Weiss），布林马尔学院（Bryn Mawr College）哲学教授，1945年去耶鲁大学任教。——原注

③ 罗德里克·奇泽姆（Roderick M. Chisholm），在布朗大学和哈佛大学完成学业，1946年任命为宾夕法尼亚大学巴恩斯基金会哲学教授，1947年到布朗大学哲学系任教。——原注

④ 凯瑟琳·伊丽莎白·麦克布赖德（Katherine Elizabeth MacBride），美国心理学家。在布林马尔学院获得学士、硕士和博士学位。后担任布林马尔学院第四任院长。1940年，任拉德克利夫学院院长。——原注

（三十六）致伊曼纽尔·G. 梅西里[①]（John Dewey to Emmanuel G. Mesthene，1946.04.05）

亲爱的梅西里先生：

感谢您的来信；我很高兴听说您已经退役，并被哥伦比亚大学录取。那里的课程将帮助您拓宽视野，特别是在历史方面，而且很可能还会为您提供材料，来检验您的批判性辨别能力。我认为您在独立研究方面已经有了足够的基础，所以您不会被您将要接触到的不同观点所困扰。这些观点的多样性都是对您有益的，只要您能用它们来检验和深化自己的研究。

…………

您真诚的约翰·杜威

（三十七）致阿格尼丝·E. 迈耶[②]（John Dewey to Agnes E. Meyer，1946.07.06）

亲爱的迈耶女士：

非常感谢您的来信和里面有趣的附件。看来儿童将是这场战争的最大受害者。我相信您耐心、坚持和智慧地为联邦教育所做的努力，很快就会见到成效。孩子们以及家长们应该会感激您并为您送上祝福。

---

① 伊曼纽尔·G. 梅西里（Emmanuel G. Mesthene），在哥伦比亚大学和阿德菲学院（Adelphi College）任教到1951年，并在班坦图书公司担任编辑。1953—1964年，在兰德公司工作。1964—1974年，指导哈佛大学技术与社会项目。在项目结束后，在罗格斯大学任哲学教授和利文斯顿学院院长。——原注

② 阿格尼丝·迈耶（Agnes E. Meyer），1911—1912年，在哥伦比亚大学学习，是教育和社会改革的倡议者，被六任美国总统任命为政府健康和教育委员会委员和代表。1910年与尤金·迈耶（Eugene Meyer）结婚，最终成为《华盛顿邮报》的所有者。——原注

我已经按照您的建议给麦卡伦参议员^① 发了电报。

…………

约翰·杜威诚挚问候

（三十八）致E. I. F. 威廉姆斯^②（John Dewey to E. I. F. Williams，1946.11.29）

亲爱的威廉姆斯先生：

很高兴听到委员会倾向于批准重新印刷我的《经验与教育》（*Experience and Education*）。您关于我个人态度的说法是正确的，我已经放弃了我个人所有的版税权益——我本来就没有此项权益。

…………

您真诚的约翰·杜威

（三十九）致伦道夫·亚当斯^③（John Dewey to Randolph G.Adams，1947.03.21）

亲爱的亚当斯先生：

非常感谢您把密歇根州中小学校长俱乐部第一次会议的报告（The Report of the First Meeting of the Michigan Schoolmasters Club）寄给我，我的感谢之情远不止看到我的著作被印刷出来，其实书中的内容我已经忘记了。对我来说，

---

① 帕特里克·A. 麦卡伦（Patrick A. McCarran），来自内华达州的民主党议员，是一位支持州政府为教育拨款的议员。——原注

② E. I. F. 威廉姆斯（E. I. F. Williams），德国教育家。在海德堡大学学习，后成为海德堡大学教育系领导和教育学教授，一直到1956年退休。——原注

③ 伦道夫·亚当斯（Randolph G. Adams），曾经在芝加哥、宾夕法尼亚等大学任教。——原注

我在安阿伯的那些时间意味非凡。这个中小学校长俱乐部对我的教育思想的形成有很大影响。中小学俱乐部与大学和中学都有着密切的联系，是本州教育系统统一的标志。事实上，我在如密歇根大学这样的州立大学任教，对我坚信教育与民主社会之间，以及整个教育系统的每一个部分之间应该紧密联系起来，产生了极大影响。

再次谢谢您。

您真诚的约翰·杜威

（四十）致杰克·C. 兰姆[①]（John Dewey to Jack C. Lamb，1947.03.27）

亲爱的杰克：

我即兴写了一封长信，回复您提到的"杜鲁门主义"（Truman Doctrine），我希望我已经邮寄了，但我不能确定，我现在找不到它。我想，您将不会觉得哥伦比亚大学呆板且自满，来到这里的人们至少发现哥伦比亚大学是振奋人心的，没有学术上的浮夸与守旧。除了哲学的宣传册外，您要求的社会学的、经济学的、政治学的宣传册都已经寄给您了。哥伦比亚大学师范学院的蔡尔兹（Childs）和康茨（Counts）在社会学和教育学方面做得都很好。我给您写信告知的那位中国学生已经离开了芝加哥学院，去了哥伦比亚大学师范学院。如果您对此感兴趣，我回来的时候把他的地址给您。再过两周或三周，您就可以给他写信了。我想他在哲学之外也很有智慧。

您真诚的约翰·杜威

---

① 杰克·C. 兰姆（Jack C. Lamb），1947年在佛罗里达大学获得哲学学士学位；1950年获芝加哥大学艺术硕士学位（社会学方向）。曾在佛罗里达南部学院（Florida Southern College）、佛罗里达大学教社会学和犯罪学。1959—1960年，任布法罗州立学院教育学院通识教育研究助理教授。——原注

（四十一）致杰克·C. 兰姆（John Dewey to Jack C. Lamb，1947.08.16）

亲爱的杰克·兰姆：

我不知道我是否曾经问过您，您是否在芝加哥大学遇到过一个叫樊星南[①]的中国学生。他在那里学习哲学，但后来转到了哥伦比亚大学师范学院。总的来说，我认为他是我教过的学生中最聪明、最独立、最有理解力和批判性的一个。他的学习之旅始于在战争期间将我的书译为中文，并没有让别人的观点影响他的判断。

约翰·杜威诚挚奉上并致以最美好的祝愿

（四十二）致阿德尔伯特·小埃姆斯[②]（John Dewey to Adelbert Ames, Jr., 1947.09.09）

亲爱的小埃姆斯：

感谢您的来信。我认为我有一个可能的新成员可能会引起您的注意。去

---

① 樊星南（Fen Sing-nan，1916—2011），中国苏州人。在中国中央政治大学获得学士学位，1945年起留美，先在芝加哥大学学习，1950年获得哥伦比亚大学师范学院哲学博士学位，他的论文题目是《与教育理论有关的社会–个人二分法的考察》（*An Examination of the Socio-Individual Dichotomy as It Relates to Educational Theory*）。1950—1952年，在霍华德大学任教；1953—1961年，在北卡罗来纳州任教；后来在内布拉斯加大学、波特兰州立学院任教育学教授。——原注。

我国改革开放后，樊星南教授1980年曾应邀在华东师范大学做"现代西方教育思想流派"系列讲座。——编译者注

② 阿德尔伯特·小埃姆斯（Adelbert Ames, Jr.，1880—1955），曾经在哈佛大学学习法律、艺术、绘画，1913—1917年在克拉克大学学习艺术感知和理解，1919年成为达特茅斯学院光学生理学教授。他发现了网膜异象症，1934年发明矫正眼镜并建立达特茅斯观察力研究所（The Dartmouth Eye Institute）。——原注

年春天，一个名叫谢弗·齐默恩[①]的德国人，自愿逃离纳粹统治，来找我分享他有趣的实验。他来到美国后，受雇于罗素·赛奇（Russell Sage）基金会，并在那里工作了5年，专注于通过绘画和涂鸦来帮助智力和行为有障碍的儿童。他是一名画家，尤其是绘画教师，在此之前从未与儿童一起工作过，也没有任何精神病学经验。然而，他取得了很大的成功，并已经撰写了一本包含实验成果和照片的书。现在，他在加州大学伯克利分校担任教授，教授教育学院的绘画课程。我认为他在这一领域享有充分的自由，尽管他与其他艺术教师的交流不多，并且对德国式的绘画历史教学方法感到厌恶。他从视觉感知的自发性和完整性角度出发来教授这门课程，并且对我提到的观察力研究所的工作非常感兴趣。我建议他联系坎特里尔（Cantril），看看在回加州之前能否看到相关的演示。

在我提到您的工作之前，他提到了赫尔姆霍茨（Helholmtz）于1855年在哥廷根做的一次演讲。他说那次演讲在关于艺术视觉感知方面，明显超越了他所知道的任何事物。我不知道这是否是坎特里尔所使用的赫尔姆霍茨工作的同一部分，但我觉得他提到的这一点非常有趣。他认为，艺术教育的问题在于太过偏重于从美学的角度进行探讨，而忽视了艺术创作的实质。真正的美感体验，应该从视觉创造的角度出发，而不应仅仅停留在表面效果的再现上。我认为您可能会收到他的消息，如果是这样，我相信您了解一下他的工作将是非常有价值的。他今天给我看了一些他班上大学生的作品照片，这些学生之前从未画过画，但他们的作品作为个体视觉艺术的展现非常有趣，且在构图上几乎没有偏离常规。

您真诚的约翰·杜威

---

①亨利·舍费尔–齐默恩（Henry Schaefer-Simmern），以难民身份从纳粹德国进入美国，他研究儿童绘画和史前艺术。1948年，被加州大学伯克利分校聘任。1949年，开办了自己的艺术教育学院。——原注

（四十三）致莱尔·K. 埃迪^①（John Dewey to Lyle K. Eddy，1948.04.09—1948.04.12）

1. 致莱尔·K. 埃迪（John Dewey to Lyle K. Eddy，1948.04.09）

亲爱的埃迪先生：

感谢您 4 日给我的来信，信我已经收到了。我大概 10 天之后回纽约，地址是纽约第五大道 1158 号。我建议您等到 4 月 20 日左右再把论文寄给我，我会在 20 日之后阅览的。能读到您的论文我很开心，但读完之后，我不确定是否能给出什么修改建议。您想要深究一个哲学观点的最糟糕之处，这确实有很多值得说的东西。但到今年年底，关于这一点您可能已经把芝加哥大学的资源用得差不多了——我已经很多年没教书了，对其他大学的情况不太了解。当然，我很看好哥伦比亚大学。虽然奥托离开了威斯康星大学，但那里还是有很多优秀的人才。

无论如何，我收到您的论文后会再联系您。知道您觉得我的观点经得起批评，我当然很开心，虽然有些批评对原作者来说并不光彩。非常感谢您写信告诉我您对此很感兴趣。

您真诚的约翰·杜威

2. 致莱尔·K. 埃迪（John Dewey to Lyle K. Eddy，1948.04.12）

亲爱的埃迪先生：

自从上次给您写信之后，我突然想起了哲学系的一位中国学生，他能力出众，而且他在芝加哥大学的经历跟您很相似（他也曾撰文支持我的观点）。后来他转学去了哥伦比亚大学。虽然他是在师范学院注册的，但他一直在哥伦

---

① 莱尔·K. 埃迪（Lyle K. Eddy），1946—1948 年，在芝加哥大学哲学系读研究生；1950 年，进入哥伦比亚大学师范学院，在约翰·L. 蔡尔兹（John L. Childs）的指导下进行教育哲学学习和研究，并成为研究助理。他经常与杜威通信讨论问题。——原注

比亚大学哲学系选修课程。他比我更了解现在的哥伦比亚大学。我觉得您可以给他写封信交流一下。他的地址是：

樊星南，西 124 街 519 号，纽约市，纽约州

如果您愿意，跟他说是我让您联系他的也没关系。

您真诚的约翰·杜威

（四十四）致阿瑟·F.本特利（John Dewey to Arthur F. Bentley，1948.08.25）

亲爱的阿瑟：

这份石油城的报告真是挺奇怪的。我大学毕业后，曾在那里的一所中学教过书，记得当时的月薪是 40 美元。想想那时我还是个毛头小子，这点薪水可能正合我身价。我不记得在石油城时和上帝有过什么瓜葛，更别提去教堂了。

我预计 9 月 3 日或 4 日回纽约市。

致以最诚挚的问候与最美好的祝愿。

约翰·杜威敬上

（四十五）致樊星南（John Dewey to Sing-nan Fen，1949.01.23）

亲爱的星南：

非常感谢你提供的大纲。你成功地将主题融入到了传统的论文要求之中，观点阐述清晰，聚焦于教育领域——我坚信这必定会受到认可。我收到了这个大纲，没有发现什么问题。

当然，就对我个人而言，我更偏爱你在文章中所探讨的某些议题。你的论文研究方法与此并不冲突；实际上，这为你的研究增添了双重优势。巴恩斯

的邀请让我倍感欢喜，尤其是奥托的热烈反响——他是四五位值得尊敬和重视的美国哲学家之一。倘若你还有多余的论文复印件，请寄送一份至：

阿德尔伯特·埃姆斯博士

观察力研究所

汉诺威，新罕布什尔州

…………

带着满满的爱

你的父亲杜威

（四十六）致阿德尔伯特·小埃姆斯（John Dewey to Adelbert Ames，Jr.，1949.03.20）

亲爱的阿德尔伯特：

如果我在教哲学的时候得到了与您的引用相似的答案，我可能会认为我的教学相当成功。从这个视角来看，这些答案显示了课堂在激发学生反思性观察和形成特定思维习惯上的成功。但在通常情况下，即使是在大学层面，教学方式也多是建立在这样一个前提下：教学应该首先让学生得到一个给定问题的唯一正确答案，其次让学生能够复述这个特定答案。

总的来说，我觉得，学校教育的最大弊端就是它倾向于将之前形成的特定假设或习惯具体化和永久化。与培训不同的是，教育的真正考验在于学生能否充分意识到问题，并能够明确阐述这些问题。这样的教学方式能让学生从一成不变的常规中解脱出来，培养出一种观察和反思的习惯。

…………

您真诚的约翰·杜威

（四十七）致约翰·B. 史密斯①（John Dewey to John B. Smith，1949.04.09）

我尊敬的史密斯教授：

我对于所听闻的关于阿拉巴马大学和该校艺术系（据我了解，您是系主任）拒绝塔拉迪加学院②艺术系的教师和学生参加艺术节正式会议的事情感到非常困扰。③他们的艺术作品本是应阿拉巴马大学（我想贵系也参与其中）的邀请，在艺术节上进行展示的。本来，在表现人类精神自由的艺术节中引入种族界限，是与艺术的真正意义相悖的，但若不是因为我得知自己也卷入了这场风波，我可能不会倾向于就此事写信给您。

在关于托马斯·芒罗（Thomas Munro）博士作为演讲嘉宾的宣传册中，我发现我的名字以一种方式被提及，这间接地让我成为了他在这次公开划分种族的活动中的支持者。我必须公开抗议这种歪曲我的公民和教育工作者形象的行为。我相信，名字也出现在宣传册上的巴恩斯博士也定会有同感。特别是考虑到塔拉迪加学院艺术系的主任克劳德·克拉克教授④曾是巴恩斯基金会的一名得意门生。因此，我将此信的副本寄送给克劳德·克拉克，并授权他根据需要自由使用。

诚挚的约翰·杜威（哥伦比亚大学荣誉退休教授）

---

① 约翰·B. 史密斯（John B. Smith），曾经在贝勒大学、芝加哥大学、哥伦比亚大学学习。——原注

② 塔拉迪加学院（Talladega College）是一所知名的黑人学院。——原注

③ 1949年，巴恩斯基金会准备在阿拉巴马大学举办一场艺术节。史密斯是阿拉巴马大学艺术系领导，安排了黑人艺术家作品在展览会上展出，而且安排黑人学生进入博物馆，然而他不让黑人参加正式会议。这种做法被指控为种族歧视。——原注

④ 克劳德·克拉克（Claude Clark），美国画家、工匠、教育者。在费城博物馆学校和巴恩斯基金会学习。曾获得加州大学和州立学院学位。后在加州旧金山州立学院等学校任教。——原注

（四十八）致尼玛·赫申松·阿德勒布卢姆[①]（John Dewey to Nima Hirschensohn Adlerblum，1949.07.12）

亲爱的尼玛：

感谢您的亲切来信，也感谢您所做的一切。根据您对日本的描述，我想说，与其他任何国家相比，日本和意大利都在更多地翻译、重印和出版我的书籍。很多年前就有人翻译了《民主主义与教育》，但据说翻译得很糟糕，所以现在京都的一位教授正在进行新的翻译工作。由于某些原因，他们的出版公司似乎不像其他国家的那样窘迫。

…………

约翰·杜威敬上，感激不尽

（四十九）致樊星南（John Dewey to Sing-nan Fen，1949.08.12）

亲爱的星南：

阿德里安娜[②]正在波科诺派恩斯（Pocono Pines）的女童夏令营，她在信中说玩得非常开心，尤其是她喜欢游泳和骑马。说起莱尔·埃迪的事，真的挺遗憾的，我简直无法相信他会在公正的评判下没通过那些考试。我也不愿意去想系里的那些人是否对他做出了公正的评判。但我知道，有些时候，教员们会根据候选人是否说出了他们想听的话来做评判，而不是看他如何巧妙地从自己的观点出发进行讨论，展现出他未来职业生涯的潜力。我认为哲学系不应该成

---

① 尼玛·赫申松·阿德勒布卢姆（Nima Hirschensohn Adlerblum），1904年从以色列来到美国，在哥伦比亚大学巴纳德学院学习。在杜威的指导下，1924年获得哥伦比亚大学哲学博士学位，是杜威思想的重要传播者。——原注

② 即杜威和格兰特1948年12月结婚后领养的比利时的战后孤儿姐弟俩中的姐姐阿德里安娜（Adrienne）。——编译者注

为宣传部门，哲学系比其他任何系都更不适合承担这样的角色。我也不相信莱尔·埃迪是基于其他原因而被拒绝的。希望我以后能了解更多的关于这件事的详情。

爱你的杜威爸爸

（五十）致约翰·D. 格莱夫斯（John Dewey to John D. Graves，1949.09.02）

亲爱的格莱夫斯：

　　…………

　　美国人在文学以外的其他方面，比如说历史，所接受的教育都挺不错的。甚至可以说，在某些方面，他们的教育比英国最顶尖的教育还要好。我非常赞同这个观点。一个对南非金矿开采感兴趣的英国大工业家派遣了一个由英国教育工作者、一些工会成员和少数工业家组成的代表团前往美国研究美国的学校。我当时在芝加哥，当我问他为什么要自费带这么多人来美国时，他说他手下既有英国毕业生也有美国毕业生。他发现，当他派他们出去勘探时，英国人会就他特别要求的事项进行忠实汇报，而美国人则会对他们遇到的任何事情都保持好奇心。我认为，美国人在战争中发挥了巨大作用，因为他们能巧妙地将手头的任何东西都派上用场。日本人和德国人在某种程度上"出局"了，因为他们无法超越自己的知识范围去行事——这里，我把知识当作是他们被教授的内容。到目前为止，我完全同意这一点；但我不确定您是否会同意我的这一认识，这些美国人的特质是由于他们习惯与各种各样的人打交道，并假定他们可以从任何人身上学到东西。无论如何，这都说明了我一直在强调的一点：重要的不是平等主义理论（Equalitarian Theory），而是在与其他人交往的过程中养成的习惯，这对培养神经肌肉系统至关重要——包括勇气在内。虽然我认为勇气是首要的，但神经肌肉系统、外周器官和大脑最终会跟随它的引导。我相信，这就是交往的长期影响。

…………

约翰·杜威祝您安好

（五十一）致有关人士（John Dewey，William S. Tacey & Richard Hope to To whom it may concern，1949.09.18）

女士们、先生们，晚上好：

我是匹兹堡大学演讲系的威廉·S.塔思[1]，现在正从宾夕法尼亚州新亚历山大的约翰·杜威教授的避暑别墅向您发表讲话。我们将记录对杜威教授的采访，悉尼·胡克先生曾形容他为"美国境外唯一知名的在世的美国哲学家和教育家"。匹兹堡大学的哲学教授理查德·霍普博士[2]将对杜威先生进行采访。……

…………

霍普：哲学家很少有机会看到自己的观点被刻意实施，然而，您的教育观点却得到了实施。目前，您认为美国教育的最大优势和最大弱点是什么？您对联邦政府的教育援助有何看法？

杜威：嗯，霍普博士，我提到过教育哲学这一领域，显然哲学在这一领域中需要发挥实际作用。事实上，我甚至曾说过，如果您从广义上理解教育，而不仅仅局限于学校中的岁月，那么所有的哲学都直接或间接地与教育问题有

---

[1] 威廉·S.塔思（William S. Tacey），1928年，在日内瓦学院（Geneva College）获艺术学士学位；1932年，在哥伦比亚大学获艺术硕士学位；1947年，成为匹兹堡大学教育演讲系教授；1960年，在宾夕法尼亚州立大学获教育博士学位。——原注

[2] 理查德·霍普（Richard Hope），毕业于南加州大学。1930年，在哥伦比亚大学获哲学博士学位。后在匹兹堡大学教哲学，1955年成为哲学系主任。——原注

关。当然，关于美国教育的优缺点这个问题很难回答。我想说，所有美国好学校中的人文、友善氛围，以及师生之间、学生之间更好的关系，至少是美国教育的一个非常强大的优势。我认为，美国教育的最薄弱环节是一种潜在的趋势，是将理论和实践相互对立。今天，我们常常将其相互对立，而不是寻找某种方式使文化教育与实践教育相融合，并实现文化教育的理想。

…………

（五十二）致悉尼·胡克（John Dewey to Sidney Hook，1949.09.18）

亲爱的悉尼：

…………

我们该回纽约了，但具体日期还没定。我选择把信寄到纽约，因为这样似乎比寄到沃兹伯罗（Wardsboro）更安全。几个月前，我就开始为《经验与自然》（*Experience and Nature*）的再版写作导言，整个夏天我都在写，但到现在还没写完。主要是想说的东西太多，我总是写着写着就跑题了，然后不得不重新开始。这本书将由灯塔出版社（The Beacon Press）出版。上周我在《泰晤士报》上看到，他们选择在我生日那天出版杜威和本特利合著的书——他们拿到这本书的校样已经很久了，却一直推迟出版，真的让人恼火。

约翰·杜威诚挚问候

（五十三）致博伊德·H. 博德（John Dewey to Boyd H. Bode，1949.09.29？ ）

亲爱的博伊德：

昨天，我收到了努里·贾法尔[1]的来信，他之前在枫木旅馆住了几天。信里说您将在5日到9日之间来这里参加一个会议。听到您身体恢复得能旅行了，我真的很开心。我们上周日才回来，我碰到了克伯屈，他跟我说他邀请您参加20日的庆贺活动，您回信说医生建议不要去。说实话，我觉得快90岁了也没什么好庆贺的。庆贺的事我没怎么参与，但我确实跟委员会的人说了，希望您能当主持人。不过，听说莱德勒[2]已经自封为主持人了。不管怎样，您要来的话我真的很高兴。我问克伯屈知不知道这次活动，他说不知道。

罗比[3]和我都很想念您，您来了一定要抽时间来看看我们。说实话，我真的需要点精神支持来应对那个所谓的庆祝活动，我也不知道我怎么就答应下来了，时间越近我就越紧张。委员会的人好像想找些名人来，而不是我们这些老朋友和专业人士。听说他们还想请伯特兰·罗素来晚宴上做演讲，好在克伯屈给阻止了。斯托尔·海斯（Stoll Heis）也成了赞助商。哎，跟您发这些牢骚也没用。我就希望您身体能好点，也很高兴快能见到您了。

约翰·杜威把最好的祝福送给您，现在和永远

（五十四）致约翰·L. 蔡尔兹（John Dewey to John L. Childs，1949.10.08）

亲爱的蔡尔兹：

非常感谢您给我寄来您的论文副本，更感谢您精心撰写了这篇论文。您深入透彻地理解了我的观点，因此，您无需我确认您是否正确理解并准确阐述

---

[1] 努里·贾法尔（Nouri Jafar），获巴格达师范学院教师资格证书和开罗教育学院教育文凭，1948—1949年获俄亥俄州立大学教育硕士、博士学位。——编译者注

[2] 哈瑞·莱德勒（Harry W. Laidler），工业民主联盟执行董事，约翰·杜威90岁生日宴会组织委员会主席。——编译者注

[3] 罗比（Roberta Lowitz Grant Dewey），杜威的第二任夫人。——原注

了它。您的准确理解和阐述显得尤为珍贵，因为它们明确反驳了那些普遍存在的误解。

关于您引用的我关于哲学和教育问题的观点，我本该强调，对教育议题讨论中所蕴含的哲学思想进行一定程度的理解是有益而无害的。

我说出上述观点，并非在吹毛求疵。10月20日的临近及其相关事宜，让我变得更为审慎与反思。总的来说，这些经历让我意识到，在大部分人生时光中，我始终都应该努力成为一名哲学学子。

非常感谢，并致以最诚挚的祝福。

您真诚的约翰·杜威

（五十五）致伊利诺伊大学教育学院，社会学、哲学与历史学基础部，以及美国教育联谊会（John Dewey to the College of Education, University of Illinois，Its Division of Social，Philosophical and Historical Foundations，and the American Education Fellowship，1949.10.15）

伊利诺伊大学教育学院，社会学、哲学及历史学基础部和美国教育联谊会的朋友们：

通过贝恩博士[1]，我向你们表达一份深深的感激之情，以回应90岁生日庆典上给予我的那份莫大荣誉。当我回首往昔，发现在过去的半个世纪里，我与你们之间有着诸多令人愉悦的联系，其中最近的一次便是在纽约哥伦比亚大学师范学院与贝恩博士进行的愉快的学术交流。这让我感到由衷欣慰。

大约50年前，我与州立大学和州立师范学院的教育系与哲学系的教师们建立了深厚的友谊与频繁的交流。那时，我在芝加哥大学教授哲学与教育（最

---

[1] 肯尼思·D. 贝恩（Kenneth D. Benne），美国教育联谊会主席。——原注

初是教育学）。这些交流给予我无尽的激励与智慧，远远超出了我所能言表的范畴。

如今，恐怕已少有人记得当年全国赫尔巴特学会①的盛况，以及麦克默里兄弟、德加谟与哈里斯博士之间的那些热烈而友好的思想碰撞。然而，我仍心怀感激地回忆起那段时光，那些学术交流在我思想形成的关键时期，为我的教育事业提供了宝贵的启示。

在过往的岁月里，有一段记忆尤为闪亮，那便是麦克卢尔（McClure）院长和弗吉尼亚大学的阿尔弗雷德·巴尔茨（Alfred Balz）一同来此学习哲学的日子。后来，麦克卢尔成为了伊利诺伊大学的哲学教授和院长，并与阿尔弗雷德·巴尔茨（现为弗吉尼亚大学哲学教授）共同在哥伦比亚大学深造。这些记忆，如同璀璨的星辰，点亮了我的回忆。

除了这些令人怀念的交往与联系，我还想提及与威斯康星大学的那位演讲者的共鸣。尽管我们各自的研究领域不同，但都深受马克斯·奥托（Max Otto）的影响，对他的工作皆充满敬意。在这个充满挑战与压力的时代，我们意识到，每个人都是知识与道德传承链条上的重要一环。我们能够给予后辈的，正是前辈们的慷慨馈赠。

即便在最为艰难的时刻，我们也应怀揣希望，甚至超越希望，拥有坚定的信心。因为多年前，乔西亚·罗伊斯②曾提出"大共同体"（The Great Community）的概念，而如今回想起来，这个共同体不仅是广阔的，更是连绵不断、持续发展的。

衷心感谢。

您真诚的约翰·杜威

---

① 全国赫尔巴特学会（National Herbart Society），其前身是1892年成立的赫尔巴特俱乐部，1895年改为此名。1902年，又改名为全国教育研究会（National Society for the Study of Education）。——编译者注

② 乔赛亚·罗伊斯（Josiah Royce，1855—1916），美国哲学家。——原注

（五十六）致伊莱亚斯·莱曼[①]（John Dewey to Elias Lyman，1949.10.27）

亲爱的莱曼校长：

我事前怎么也想不到，事后回想起来也依然觉得，昨晚你们安排的晚宴真是太温馨了，给了我一种真正的回家感觉。我衷心希望你们能知道，我内心深受触动。能再次回到母校，本身就已经让我很感动了。乔治和海伦·迪克惠森（Helen Dykhuisen）为我们打点了一切。你们的话语和陪伴，让我们的心更加温暖。愿你们能长久地引领佛蒙特大学，也愿你们的工作一切顺利。

约翰·杜威敬上并诚挚问候

（五十七）致安妮·卡罗尔·穆尔[②]（John Dewey to Anne Carroll Moore，1949.11.06）

亲爱的安妮·卡罗尔·穆尔：

请别因为我迟迟未回信就误以为我不珍视您温馨的生日祝福，我最近忙得焦头烂额，所以想着先处理那些正式的感谢信，再抽空写私人回信。您给我的便签，让我重温了许多珍贵的回忆，我内心的感激之情难以言表。您的话语让我感到非常温暖和满足——我很难想象，还有什么比听玛丽·希德洛克[③]给我们收养的两个孩子（一个 7 岁，一个快 10 岁了）讲述安徒生童话更令人愉

---

① 伊莱亚斯·莱曼（Elias Lyman），佛蒙特大学校长。——原注

② 安妮·卡罗尔·穆尔（Anne Carroll Moor），美国儿童文学领域领导者。其著作有：《儿童、图书馆和爱上阅读》（*Children, Libraries and the Love of Reading*，1916）、《我的童年之路》（*My Roads to Childhood*，1920）、《儿童读物的评价和再评价》（*Views and Reviews of Children's Books*，1939）等等。——原注

③ 玛丽·希德洛克（Marie Shedlock），美国儿童文学作者，撰写了几本讲故事的艺术的著作，她的一些著作由安妮·卡罗尔·穆尔撰写导言或前言。——编译者注

悦的事情了。她和安徒生一样，都是各自领域里的艺术家——她从不以居高临下的态度对待孩子们，而且她总是能让故事变得栩栩如生，引导孩子们深入理解故事的内涵。亲爱的朋友，您应该会感到非常欣慰，因为图书馆与孩子们之间关系的变化，您的贡献功不可没，而且这种良好的变化将会一直持续下去。

约翰·杜威衷心感谢

（五十八）致戴维·W. 拉塞尔① （ John Dewey to David W. Russell， 1949.11.07 ）

谈及学校与社会生活之间的紧密联系时，有些人认为学生已经是社会生活的一部分，而在不久的将来，他们将会成为积极推动社会进步的重要力量，他们甚至可以努力改善社会成员间的关系。然而，这种观念在许多人看来，似乎只是一个可选项，虽然令人向往，但并非不可或缺。如果说这种看法在过去还有一定道理，那么如今它早已过时，甚至可以说是一种有害的偏见。对于美国人民与其他国家的关系而言，以及对于国内人与人之间的相处而言，我们未来的幸福，甚至全世界的福祉，在很大程度上都取决于我们的学校。学校需要培养出既聪明又有责任感的社会成员，这些成员应致力于促进每个个体的持续发展。这是一个难题，没有固定的解决方案；但教师和学生的态度，以及学校教室、操场乃至街道的氛围，都是至关重要的因素。

"进步教育"对不同的人来说，含义各不相同。但我们希望在这多样性中能寻找到一个共同的目标：学校能在各个层面都取得不断的进步。我们要培养

---

① 戴维·W. 拉塞尔（David W. Russell，1903—1996），国家教育学院儿童学校助理主任。1943—1949年，任埃弗里·孔利学校校长，是国家教育学院儿童学校的记录者之一。从1949年起，任宾夕法尼亚州立大学教育学教授。——原注

出能够在家庭、职业、专业领域以及公民社会中积极贡献的人才，共同塑造一个未来充满友好与和谐的世界，摒弃敌意与对抗。

约翰·杜威

（五十九）致樊星南（John Dewey to Sing-nan Fen，1949.11.23）

爱子星南：

我为这么久才回复你几周前的来信而感到羞愧，我们很高兴收到你的信以及你和你工作方面的消息。听起来你在专业工作方面相当幸运。教学可以对自己的工作产生有益的激励，如果你有优秀的学生，他们提出的问题或发表的评论往往能给你带来有用的建议。当我教书的时候，我发现忽视一个看似持反对意见的问题是不明智的。很多时候，当出现了反对或刁难的意见时，做一下进一步的探讨，也就是给学生一个机会来阐述他的困扰，这会帮助他们更好地做出更清晰的陈述，有时甚至可以开辟出一条新的思路。不过，这一切你已经发现了，或者你日后自己会发现的。

当然，庆贺活动在很多方面都非常好，展现出了深厚的友谊，尤其是去柏灵顿的那一天特别美好，尽管时间紧凑。但搞这样的活动太费神了，而且涉及大量的通信，以至于我把所有不需要立即回复的信件都推迟了。恐怕我没有向你表达清楚，我是多么感谢你在《进步教育》杂志上发表的文章：你强调了一个我很乐于看到的观点，特别是在教育方面，许多人没有意识到这其中涉及的艰难挣扎，而且相当多的教育工作者忽视了生活和社会的基本哲学，并将其视为需要刻板遵守的规则，尽管它们不应该被割裂开来。

…………

我本应该早点给你写信，安排你在某个周末来纽约的行程，也许这个周末就是个好时机——但正如我所说，我疏忽了。幸运的是，我们还会在这里待一段时间。阿尔文·约翰逊[①]，这位新学校[②]的校长，将在9月18日迎来70岁生日。新学校将为他举办一场晚宴，并邀请我发表演讲。我非常钦佩、尊敬和喜爱他，所以我们决定至少在那次活动之后再离开。

我很高兴知晓你正在写的论文，对你来说，当下和未来似乎拥有很多可能性。我当然很高兴看到这一切。我仍然保留着你多年前从芝加哥寄给我的论文，如果你没有副本的话，我可以帮你复印。

养父

（六十）致贝克·布劳内尔[③]（John Dewey to Baker Brownell，1950.03.29）

亲爱的贝克·布劳内尔：

您可以随意引用，不用把引用清单发给我。现在的出版商们对于版权分成的要求比过去挑剔多了，他们总想着为自己多争取点利益。如果引用的内容简短随意，就像您之前寄给我的那些页面上的例子的话，那您就没必要跟他们多费口舌。从您的说法来看，应该就是这个情况，所以您就不用太操心了。

我想说，除了引用的我那段话之外，我真的很喜欢您寄来的书稿样本，我很高兴能从我最初发表的教育类文章中找到那段引用。而且，其基本思想对

---

① 阿尔文·桑德斯·约翰逊（Alvin Saunders Johnson，1874—1971），1902年，获得哥伦比亚大学哲学博士学位，后留校教经济学；1912—1916年，先后成为内布拉斯加大学、得克萨斯大学、芝加哥大学、康奈尔大学教授；1916—1917年，到斯坦福大学任政治科学系主任；当他成为《新共和》杂志编辑后移居纽约；1919年，在哥伦比亚大学同事的帮助下成立了社会研究新学校（The New School for Social Research）并任校长（1922—1946）。——原注

② 即纽约社会研究新学校。——编译者注

③ 贝克·布劳内尔（Baker Brownell），在西北大学和哈佛大学学习。1921—1925年，教新闻学；1925—1953年，任现代思想教授，有一段时间担任哲学系主任和哲学教授；1930年，任美国农业部顾问；1952—1964年，任南伊利诺伊大学哲学教授，并建立社区服务系。——原注

芝加哥实验学校的创办产生了影响，这一点在《学校与社会》中应该也有所体现。不过，我在这里想跟您说的是您的评论中流露出的真挚情感。现在很多哲学书籍都太过形式主义，剔除了情感，思想变得枯燥乏味。如果您引用的那段话真能代表您整本书的水准，那我相信，您的书肯定会成为一股新风，受到大家的热烈追捧。

…………

您真诚的约翰·杜威

（六十一）致博伊德·H. 博德（John Dewey to Boyd H. Bode, 1950.07.02）

亲爱的博伊德：

我希望我们能坐下来好好聊聊，但实际上，不用多说什么，您也能明白，对于"教育的社会基础"而言，我并没有什么特别的看法。因为我对它的了解，全都是通过您上周日给我的信得知的。我已经很久没去关注教育领域的话题了。我一是没时间，二是没精力，尽管我很乐意您随时给我更新相关信息。如果约翰·杜威学会（The John Dewey Society）在做一些让您感到担心的事情，或许我应该多留意一下，以免被人误解，虽然我并不认为单凭我的名字就有资格去指导别人。

既然克伯屈对学会和学会名称负有主要责任，而且他显然对教育领域的最新动态了如指掌，您为何不直接给他写封信？……您可以写一封咨询信，问问您心存疑虑的那些方面，或者直接告诉他您的担忧，然后引导他说出事实以及他对这些事实的看法。或许，您的第一封信最好还是以咨询为主。这个您自己来决定。我甚至都不知道"教育的社会基础"到底是什么意思，尽管我能理解教育的社会应用、社会后果以及教育中的社会问题。

上周二，我们来到了这个夏日度假小屋，周围环境特别美，有树林，有迷人的多样化风景。我在医院里彻底检查了 10 天，但只发现了一个之前医生都不知道的问题，而且并没有发现什么新的治疗药物。这个新发现确实很重要。这些年来，我一直在看泌尿科医生，治疗膀胱感染，目前已经控制住了。看起来，我的肾脏也有些感染，现在正在治疗当中，希望能够痊愈。

没人会相信，在离匹兹堡只有 25 英里的地方，能有这么美的乡村——丘陵和山谷相间，不管往哪个方向走，风景都变化无穷。来这里之前，罗比做了扁桃体残留切除手术，希望之后她能摆脱关节炎的困扰。到目前来看，情况是在好转。

我现在在户外给您写信。自从我们来到这儿以后，有几个晚上气温都降到了十几度，以致我们得开几个小时的火炉。我们住的地方离主干道挺远的，这样我的灰尘过敏应该会减轻一些。

一如既往的约翰·杜威

（六十二）致哈洛德·泰勒（John Dewey to Harold Taylor，1950.09.07）

亲爱的哈洛德：

您写给巴恩斯的信，确实用了他能理解的语言。他通常会给我发送他那些有趣信件的复写本，但其中并没有您提到的他给您写的信。我想，我现在应该告诉您，当我第一次听说他邀请您在巴恩斯基金会待一年（或任何一段时间）时我的想法。他非常担心基金会的未来，毕竟它是一个教育机构。他总是在想，基金会以后会怎么发展。他尝试过同匹兹堡大学还有哈弗福德学院进行谈判，但都没能谈成。匹兹堡大学真是愚蠢至极，他们本可以获得美国最好的现代绘画藏品以供教育之用。我个人认为，他可能觉得，在他所了解的所有学院和大学中，如果您能接受邀请，那将是一个合理且理想的选择。从他的角度来看，这是一个合理且令人满意的结果。基金会将在良好的教育指导下永久发展，而圣路易斯学院也能得到一大批珍贵的艺术资料和巨额捐赠。他对您表现出的某些热情，可能源于这一计划未能实现所带来的失望。我不得不说，巴恩斯是一个非常不寻常的人。想当年，他为了赚钱读书，还去打过半职业的棒球，甚至参加过拳击表演。在德国攻读博士学位时，他甚至通过代理销售美国制造的炉子来支付学费。……

约翰·杜威祝福您

（六十三）致工业民主联盟（John Dewey to League for Industrial Democracy，1950.12.26）

亲爱的主席：

我谨代表工业民主联盟的官员们，对您在过去一年中的大力支持和合作表示衷心的感谢。正是有了您的帮助，我们才能将刚刚落幕的第 45 个活动季举办得如此成功。在未来的日子里，我们期待能继续得到您的关心和助力。

在如今这样的国际形势下，有些人可能认为，社会和经济复兴方面的教育并不那么重要，所有的精力都应该投入到军事行动上。然而，历史已经证明，这样的观点是大错特错的。我们不能步历史的后尘，反而应该更加重视民主教育。

工业民主联盟长期以来都是美国杰出的教育机构，致力于推动工业、政府和文化生活中的民主进步。在当前反动势力大肆宣传，且我们急需加强自身民主制度建设的情况下，我们的工作显得尤为重要。

目前，我们正在筹备重要的 46 周年庆祝大会（3 月 31 日），届时将邀请诺贝尔和平奖得主拉尔夫·J. 邦奇（Ralph J. Bunche）博士、美国劳工联合会主席威廉·格林（William Green），以及我们的前学生领袖、参议员保罗·H. 道格拉斯（Paul H. Douglas）等人发表精彩演讲。同时，我们也计划继续由我们的外勤秘书在各地组织和发展大学及城市团体，并进一步扩大我们的小册子、研究、广播、讲座及信息服务等。

但要实现这些计划，我们需要消除 1950 年的财务赤字，并筹集比 1950 年多至少 15000 美元的资金。我们没有固定的捐赠基金，因此非常需要像您这样支持我们理想的朋友的帮助。为了建设更美好的美国和世界，您是否愿意尽可能慷慨地支持我们这项富有创造性和民主精神的教育事业？如果方便的话，您能否尽快寄来支票或承诺支持我们的工作？

您真诚的名誉主席约翰·杜威

（六十四）致阿奇博尔德·W. 安德森[①]（John Dewey to Archibald W. Anderson，1950.12.28）

亲爱的安德森先生：

当然，我明白您的意思，但为您的首期刊物撰写那篇文章，我确实无能为力。

有一本专门探讨教育理论的杂志，对当前这个领域的出版物来说，无疑是个很好的补充。我当然希望教育问题能被更广泛、更明智地讨论，任何推动这种讨论的努力都是值得的。但是，若要我明确支持您计划中的这本杂志，我确实不知该如何具体表态。是否支持您的杂志，还得看编委会的实际政策，以及他们选来发表的文章质量如何。这显然是未来的事，现在还说不准。不过，我还是要祝您一切顺利，希望您能对教育理论和实践产生积极影响。

您真诚的约翰·杜威

---

① 阿奇博尔德·W. 安德森（Archibald W. Anderson），在哥伦比亚大学和俄亥俄州立大学学习。1940年起，任伊利诺伊大学教师；1951年，任教育学教授；1947—1949年，任约翰·杜威学会执行董事；1947—1954年，先后任《进步教育》（*Progressive Education*）杂志副主编、主编；1950年，任《教育理论》（*Educational Theory*）杂志主编。——原注

（六十五）致厄尔·C.凯莉[①]（John Dewey to Earl C. Kelley，1951.03.08）

亲爱的厄尔：

得知有一群战士正在为正义事业积极奋战，我感到非常振奋。这不仅关乎所谓的进步教育，更关乎教育的本质。人类还需要一场期待已久的革命，以实现文化和政治变革的巨大潜力。说不定有一天，我们甚至会感谢俄罗斯，因为是它阻止了我们陷入自满的泥淖。

约翰·杜威诚挚问候

（六十六）致玛丽安·H. 史密斯[②]（John Dewey to Marian H. Smith，1951.08.09）

亲爱的史密斯小姐：

您的信被转发了好几次，直到今天才到我手里。请原谅我这么晚才回复。

这个问题其实根本不存在，除非是在反对所有新教育方法的背景下才会被提出来。说我的教育理念鼓励青少年犯罪，这完全是无端的揣测。除了当前那股反对所有先进和真正现代的教育方法的反动潮流之外，这种说法根本站不住脚。这种说法只有在这股反动潮流中，才说得通，而跟我所了解的任何其他事实或理论都扯不上关系。

诚挚的约翰·杜威

---

① 厄尔·C.凯莉（Earl C. Kelley），1920年，在芝加哥大学获得科学学士学位；1936年与1940年，分别在西北大学获得硕士和哲学博士学位。从1940年起，先后担任过科学教师、密尔沃基职业学校（Milwaukee Vocational School）校长、教育心理学讲师、中等教育督学等职。后任维恩州立大学中等教育教授。建立了底特律青少年局（The Detroit Youth Bureau）和底特律儿童和青少年委员会（The Detroit Commission on Children and Youth）。——原注

② 玛丽安·H. 史密斯（Marian H. Smith），新泽西州特伦顿汉密尔顿镇的一位幼儿园教师。——原注

（六十七）致博伊德·H. 博德（John Dewey to Boyd H. Bode，1951.09.22）

亲爱的博伊德：

　　收到您的信真是让人开心，虽然我在回信方面不太在行。我刚从医院出来，家里请了个护士照料。我们这边海拔大约 1600 英尺，天气马上要转凉了，所以我们打算今晚坐火车回第五大道 1180 号。说实话，我觉得我的身体很难再有大的好转了，但还是希望在专业护士和我夫人的帮助下，尽量不住院。您很清楚，我夫人的能力非常强。说到我的工作，就脑力劳动而言，我感觉已经快到头了。这主要是身体原因，应该不是大脑出了什么问题。每次收到您的信，都能给我打点气。每当我灰心的时候，罗比就会提到您，说您躺着都在教书，让我看看您都能做些什么，也激励我不要老想着自己已经快 92 岁了。"好客"挺烦人的，但一想到您做的事情，还有您本人，我就觉得这也不算什么了。继续加油吧。现在社会上的反动思潮似乎对教育以及社会其他方面都有影响，有您在，我们就放心多了。"新政"好像已经过时了。我之所以还对未来抱有希望，是因为很多事情的发展都有其规律，这是板上钉钉的。所以，反动思潮最后肯定会被镇压。好希望能跟您面谈，不过现在好像没什么机会了。……亲爱的博伊德，祝您万事如意。

满怀爱意的约翰·杜威

（六十八）致厄尔·C. 凯莉（John Dewey to Earl C. Kelley，1951.12.25）

亲爱的厄尔：

人为了生存，必须要学习，而人与人的交流几乎自然而然地为此提供了学习的环境。因此，人类是出类拔萃的学习型生物，唯有愚蠢之人才会逃避这一过程，而他们只会更加依赖他人生活。

约翰·杜威致以诚挚问候与感激